LE LANGAGE C

CHEZ LE MEME EDITEUR

Les solutions de tous les exercices proposés dans cet ouvrage sont développées dans :

LE LANGAGE C, solutions. Par C. L. TONDO et S. E. GIMPEL. Traduit de l'anglais par A. BERTIER. *Collection Manuels Informatiques Masson*. 1986, 168 pages.

Pour la collection Manuels Informatiques Masson, voir pages 2 et 3 de couverture.

Autres ouvrages :

PROGRAMMER en C. Par M. I. BOLSKY et AT & T BELL Laboratories. Traduit de l'anglais par M. CALLEUX. *Collection des Memo-Guides*. 1987, 86 pages (reliure spirale).

UNIX SYSTEM V. Rédigé et traduit de l'anglais par AT & T.
Manuel de référence de l'utilisateur. 1988, 360 pages.
Manuel de référence du programmeur. 1988, 736 pages.
Manuel de référence du gestionnaire système. 1988, 292 pages.

ALGORITHMIQUE. Conception et analyse. Par G. BRASSARD et P. BRATLEY. *Collection Manuels Informatiques Masson*. 1987, 358 pages.

ASSEMBLEUR SUR IBM PC. Par J. BRADLEY. Traduit de l'américain par L. de PARDIEU. 1986, 384 pages.

PASCAL POUR IBM PC. Par M. PARDEE *(the Waite Group)*. Traduit de l'anglais par J. L. HOFFSTETTER. 1987, 320 pages.

FORTRAN 77. LE LANGAGE FORTRAN. Par P. LIGNELET. 4e édition, 1988, 192 pages.

LA PRATIQUE DU FORTRAN 77, 77 exercices résolus. Par P. LIGNELET. 1988, 2e édition, 232 pages.

LES FICHIERS EN FORTRAN 77, avec exercices résolus. Par P. LIGNELET. 1988, 240 pages.

PASCAL. Normes ISO et extensions. Par P. LIGNELET. 1983, 230 pages.

LA PRATIQUE DU PASCAL, NORME ISO. Par P. LIGNELET. 1985, 304 pages.

PROGRAMMER EN LISP. Par H. FARRENY. *Collection ABC des langages*. 1984, 120 pages.

ARCHITECTURE DES ORDINATEURS.
Tome 1. Le sous système central. Par J.-A. MONTAGNON et E. PICHAT. 1986, 232 pages.
Tome 2. Systèmes d'exploitation et extensions du matériel. Par J. A. MONTAGNON. 1987, 296 pages.

MANUELS INFORMATIQUES MASSON

LE LANGAGE C

PAR

Brian W. KERNIGHAN ET Dennis M. RITCHIE

Traduit de l'anglais par
Thierry BUFFENOIR

Préface de Gérard ROUCAIROL

6e tirage

MASSON
Paris Milan Barcelone Mexico
1988

Traduction autorisée de l'ouvrage
publié en langue anglaise sous le titre
THE C PROGRAMMING LANGUAGE
© *Prentice-Hall, Inc.*

© *Masson, Paris, 1983, pour la traduction française.*
ISBN : 2-225-80068-5
ISSN : 0249-6992

MASSON	120, bd Saint-Germain, 75280 Paris Cedex 06
MASSON ITALIA EDITORI	Via Statuto 2, 20121 Milano
MASSON S.A.	Balmes 151, 08008 Barcelona
MASSON EDITORES	Dakota 383, Colonia Napoles, 03810 Mexico D.F.

PRÉFACE

Il est difficile de dissocier un langage tel que C du système UNIX qui lui servit tout d'abord de banc d'essai, puis de référence, pour en constituer ensuite l'un des principaux vecteurs de diffusion. Le pari réussi d'UNIX et de son inventeur, K. THOMPSON, fut au début des années soixante-dix, de rendre disponible sur un mini-ordinateur, des fonctions qui n'étaient alors remplies que par de très gros systèmes d'exploitation. Ecrit quasi-entièrement en C par D. RITCHIE, le concepteur du langage, et grâce au développement par S. JOHNSON d'un compilateur aisément «portable», UNIX pouvait alors être installé, à faible coût, sur une grande variété de calculateurs. Le pari initial était ainsi couronné d'un succès qui ne s'est depuis jamais démenti.

Ce bref rappel des faits comporte plusieurs enseignements.

Dès l'origine, la preuve fut réalisée que C autorisait la maîtrise par une équipe réduite de programmeurs, d'un logiciel complexe et de taille significative. Il est devenu depuis un instrument couramment utilisé de ce qu'il est convenu d'appeler le «Génie Logiciel».

Sa large diffusion, qui accompagne celle d'UNIX ou simplement celle de son compilateur «portable» est donc garantie d'une normalisation certaine de son implantation. Elle ne peut laisser indifférent l'industriel, l'ingénieur ou le chercheur soucieux de la propagation et de la mise en valeur rapide de ses produits ou idées, sur une grande échelle.

Mais venons-en au langage lui-même et à la présentation qui en est faite, dans ce livre.

Le langage C, comme PASCAL auquel on l'a souvent comparé voire opposé, est avant tout un langage qui permet au programmeur de définir les objets ou structures de données propres au problème qu'il doit traiter sans avoir à les couler dans le moule d'un nombre restreint de types élémentaires. Doté de structures de contrôle, d'une structure de blocs et de procédures classiques, mais présentant parfois des particularités souvent utiles, le langage C s'accommode parfaitement des préceptes usuellement admis d'une programmation claire, lisible et structurée et favorise particulièrement une certaine concision des énoncés. Soulignons par ailleurs que le programmeur qui vise l'efficacité, trouvera dans ce langage, les moyens de contrôler la représentation interne de ses types de données ainsi que leur implantation et leur durée de vie en mémoire. Quant à la conduite de gros projets, elle s'en trouvera facilitée par le principe, inhérent au langage, de compilation séparée des fonctions mais aussi des données, ainsi que par la possibilité de restreindre la visibilité des variables globales à des sous-ensembles de fonctions.

Décrire un langage de programmation sans s'engager dans une litanie exhaustive de ses constructions syntaxiques et de leur sémantique est un écueil que B. KERNIGHAN et D. RITCHIE ont brillamment évité. En effet ce livre est avant tout un véritable manuel d'enseignement. Chaque notion est introduite à partir d'exemples qui sont ensuite repris pour être progressivement enrichis de nouveaux éléments du langage. Ces éléments, les auteurs les mettent en perspective par rapport à des concepts généraux de la programmation, les assortissent de conseils méthodologiques quant à leur emploi et soumettent leur apprentissage à des exercices de difficulté croissante.

Sans exclure d'aucune manière la précision dans la rédaction, cet ouvrage offre à l'ingénieur, l'étudiant ou le chercheur, un moyen agréable et rapide de savoir écrire des programmes en C.

Gérard ROUCAIROL
Professeur à l'Université Paris-Sud

Table des matières

Avant-propos

Le langage C est un langage conçu pour de nombreuses utilisations et caractérisé par une économie d'expression, par des structures de données, par un ordonnancement moderne des instructions, ainsi que par un ensemble très complet d'opérateurs. Ce langage n'est ni d'un «très haut niveau», ni très riche ; il ne se spécialise pas non plus dans un champ particulier d'applications. Mais l'absence de restrictions et son côté général le rendent plus adapté et plus efficace dans beaucoup de cas que des langages supposés plus puissants.

A l'origine, le langage C a été inventé par Dennis Ritchie pour le système d'exploitation UNIX* utilisé sur le DEC PDP 11 et a été mis en œuvre sur ce même système. Le système d'exploitation, le compilateur «C» et la plupart des programmes d'application UNIX (y compris tout le logiciel employé pour préparer ce livre) sont écrits en langage C. Des compilateurs destinés à la production existent également pour certaines autres machines comme le système IBM/370, le Honeywell 6000 et l'Interdata 8/32. Le langage C n'est pas lié à une structure matérielle ou à une machine particulière, il permet donc d'écrire très facilement des programmes qui fonctionnent sur n'importe quelle machine acceptant le langage C, sans qu'il soit nécessaire de les modifier.

Ce livre se propose d'aider le lecteur à apprendre à programmer en langage C. Il contient une introduction servant d'enseignement de base du langage C et préparant les nouveaux utilisateurs à l'expérimenter le plus tôt possible, plusieurs chapitres développant chacun une structure fondamentale du langage et enfin un manuel de référence. La méthode employée dans ce livre s'appuie en grande partie sur la lecture, l'écriture et la reprise d'exemples plutôt que sur un simple exposé des lois. De plus on a préféré des exemples réels et complets à des fragments isolés. Tous les exemples ont été testés directement à partir du texte dans lequel ils sont écrits d'une manière lisible par la machine. Nous avons montré

* UNIX est une marque déposée des Laboratoires BELL. Le système d'exploitation UNIX est disponible sous licence de la Western Electric, Greensboro, N.C.

comment employer efficacement ce langage tout en nous efforçant, dans la mesure du possible, d'illustrer les algorithmes les plus utilisés ainsi que les principes de bon goût et de construction solide.

Le livre ne constitue pas une initiation à la programmation. Il suppose connus quelques concepts de programmation tels que les variables, les instructions d'affectation, les boucles et les fonctions. Néanmoins, un programmeur peu expérimenté devrait être capable de parcourir ce livre et de s'initier rapidement à ce langage, même si besoin était parfois de faire appel à un collègue plus qualifié en la matière.

En ce qui nous concerne, le langage C s'est avéré un langage plaisant, expressif et polyvalent dans une large gamme de programmes. Il est facile à apprendre et son usage s'améliore avec la pratique. Nous espérons que ce livre vous aidera à l'employer correctement.

Les critiques et les suggestions judicieuses de nombreux amis et collègues nous ont beaucoup aidé dans la rédaction de ce livre. Nous remercions particulièrement Mike Bianchi, Jim Blue, Stu Feldman, Doug Mc Ilroy, Bill Roome, Bob Rosin et Larry Rosler de l'intérêt qu'ils ont porté à la lecture des versions successives de ce livre. Nous exprimons également notre gratitude à Al Aho, Steve Bourne, Dan Dvorak, Chuck Haley, Debbie Haley, Marion Harris, Rick Holt, Steve Johnson, John Mashey, Bob Mitze, Ralph Muha, Peter Nelson, Elliot Pinson Bill Plauger, Jerry Spivack, Ken Thompson et Peter Weinberger pour leurs précieux commentaires pendant les étapes successives de la conception, ainsi qu'à Mike Lesk et Joe Ossanna pour leur concours inestimable lors de la dactylographie.

Brian W. Kernighan
Dennis M. Ritchie

Introduction

Le langage C est un langage de programmation conçu pour de multiples utilisations. Il a été développé sur le système UNIX dont le logiciel est écrit en langage C ; par conséquent, il est souvent associé à ce système. Mais, en fait, il n'est lié à aucune machine, à aucun système d'exploitation particulier ; étant utilisé pour écrire des système d'exploitation, il a été baptisé «langage de programmation des ordinateurs», toutefois son usage s'est également étendu à l'écriture des programmes en majorité numériques, de traitements de textes et de base de données.

Le langage C peut être qualifié de bas de gamme. Cette appellation n'est pas péjorative, elle dit simplement que le langage C utilise les mêmes sortes d'objets que la plupart des calculateurs, à savoir des caractères, des nombres et des adresses. Ceux-ci peuvent être combinés avec les opérateurs arithmétiques et logiques usuels mis en œuvre par les machines existant aujourd'hui.

Le langage C ne prévoit aucune opération pour traiter des objets composés tels que des chaînes de caractères, des ensembles, des listes ou des tableaux considérés comme un tout. Par exemple, il n'existe rien qui ressemble aux opérations du PL1 qui manipulent une chaîne ou un tableau complet. Ce langage ne définit aucune fonction d'affectation de la mémoire autre que la définition statique et la structure de la pile où sont rangées les variables locales des fonctions ; il n'y a pas d'accumulation ni de regroupement de positions inutilisées comme dans le cas de l'Algol 68. Enfin, le langage C ne fournit par lui-même, aucun moyen d'entrée-sortie : il ne possède pas d'instructions READ ou WRITE ou de méthodes d'accès toutes faites. Tous ces mécanismes de haut niveau sont réalisables à l'aide de fonctions que l'on doit appeler explicitement.

De la même façon, le langage C n'offre que des structures de programmes permettant l'ordonnancement séquentiel et direct : des tests, des boucles, des groupages et des sous-programmes, mais pas de multiprogrammations, d'opérations effectuées en parallèle, de synchronisation ou de coroutines.

Bien que l'absence de ces fonctions puisse paraître une grave déficience

(«Voulez-vous dire que, pour comparer deux chaînes de caractères, je dois faire appel à une fonction ?), le fait de limiter le langage à des dimensions modestes a apporté des avantages certains. Le langage C étant relativement pauvre peut se décrire dans un espace restreint et s'apprendre rapidement. Un compilateur de langage C est à la fois simple et compact. De tels compilateurs peuvent être écrits aisément en utilisant une technologie courante : ils peuvent être prêts en deux mois environ et on s'apercevra que les 80 % du code d'un nouveau compilateur sont identiques à ceux des codes des autres compilateurs existant déjà. Cela donne au langage un haut degré de mobilité. Puisque les types de données et les structures de commande fournis par le langage C sont directement pris en charge par la plupart des ordinateurs existant, au moment de l'exécution, la bibliothèque nécessaire à la mise en œuvre de programmes autonomes se trouve très réduite. Par exemple, sur le PDP 11, celle-ci ne contient que les programmes qui effectuent des multiplications et des divisions sur 32 bits et qui exécutent des séquences d'entrée-sortie. Bien sûr, chaque mise en œuvre de programme nécessite une bibliothèque de fonctions compréhensible et compatible pour exécuter les entrées -sorties, les traitements de chaînes et les opérations d'affectation de la mémoire ; on peut éviter de faire appel à toutes ces fonctions si cela n'est pas nécessaire, il suffit de n'appeler explicitement que celles qui s'avèrent utiles ; on peut également ment les écrire de façon à les intégrer au langage C lui-même.

D'autre part, ce langage étant adapté aux capacités des ordinateurs courants, les programmeurs qui l'utilisent se montrent assez efficaces pour qu'il n'y ait aucune contrainte lors de l'écriture des langages d'assemblage. L'exemple le plus probant en est le système d'exploitation UNIX lui-même, écrit presque entièrement en langage C. Sur 13 000 lignes de code-système, on en dénombre seulement environ 800 en assembleur, c'est-à-dire au tout plus bas niveau ; la grande majorité des utilisateurs de l'UNIX (y compris l'un des auteurs de ce livre) ne connaissent même pas le langage d'assemblage du PDP-11.

Bien que le langage C réponde exactement aux capacités de beaucoup d'ordinateurs, il est indépendant de l'architecture de toute machine et, ainsi, avec un peu de soin, on écrit facilement des programmes «portables», c'est-à-dire des programmes pouvant être utilisés sur une large gamme de matériels, sans être modifiés. Il est acquis, aujourd'hui, que le logiciel développé sur le système UNIX est transférable sur les systèmes Honeywell, IBM et Interdata. En fait, les compilateurs «C» et toute la logistique mise en œuvre, lors de l'exécution, sur les quatre machines sont beaucoup plus compatibles que les versions de Fortran de l'ANSI* supposées standards. Le système d'exploitation UNIX, lui-même, fonctionne à la fois sur le PDP 11 et l'Interdata 8/32. Hormis les programmes qui dépendent nécessairement de la machine, comme le compilateur, l'assembleur et le «Debug» (mise au point), le logiciel écrit en langage C est identique sur les deux machines. A l'intérieur du système d'exploitation lui-même, si l'on retire la logistique du langage d'assemblage et les programmes de commande des périphéri-

*ANSI : American National Standard Institut

ques entrées-sorties, les 7000 lignes de code sont identiques dans une proportion d'environ 95 %.

Pour les programmeurs habitués à d'autres langages, il peut être intéressant de mentionner quelques aspects historiques, techniques et philosophiques du langage C, pour montrer la ressemblance et les contrastes avec d'autres langages.

La majeure partie des principes fondamentaux du langage C est issue du langage BCPL développé par Martin Richards, un très vieux langage qui reste primordial aujourd'hui. L'influence du BCPL s'est exercée indirectement sur le langage C, à travers le langage B inventé par Ken Thomson en 1970, pour le premier système UNIX sur le PDP 7.

Bien que le langage C partage quelques traits caractéristiques avec le BCPL, il n'en est pas du tout une sorte de «dialecte». Les langages BCPL et B sont des langages «sans type». Le seul type de donnée est le mot machine, et l'accès à d'autres types d'objets se fait à l'aide d'opérateurs ou de fonctions. En langage C, les objets fondamentaux qui constituent les données sont les caractères, les entiers de grandeurs différentes et les nombres à virgule flottante. De plus, on a créé toute une hiérarchie de types de données dérivées, à l'aide des pointeurs, des tableaux, des structures, des réunions et des fonctions.

Le langage C fournit des structures fondamentales de programmes nécessaires à l'élaboration de programmes structurés : les agencements des déclarations, les prises de décision (`if`), les boucles avec le test de rebouclage au début (`while, for`)ou à la fin (`do`), le choix d'un cas parmi un ensemble de possibilités (`switch`). (Tout cela existe aussi en BCPL, toutefois, la syntaxe est différente ; le langage BCPL a, en fait, anticipé de quelques années la vogue de la programmation structurée).

Le langage C fournit des pointeurs et la possibilité de faire du calcul d'adresses. Les arguments des fonctions sont transmis en recopiant la valeur de l'argument et il est alors impossible, pour la fonction appelée, de modifier l'argument dans le programme appelant. Quand on désire réaliser un appel par «variable», on fournit explicitement un pointeur et la fonction peut alors changer l'objet que le pointeur désigne. Les noms des tableaux donnent l'adresse de l'origine de ces tableaux ; les arguments tableaux sont donc transmis «par variable».

Toutes les fonctions peuvent être appelées de façon récursive et leurs variables locales sont «automatiques», et alors, elles sont recréées à chaque appel. Les définitions des fonctions ne peuvent pas être emboîtées les unes dans les autres, mais les variables peuvent être déclarées dans un bloc structuré. Les fonctions d'un programme écrit en langage C peuvent être compilées séparément. Les variables peuvent être internes à une fonction, externes mais connues seulement à l'intérieur d'un seul fichier source, ou entièrement globales. Les variables externes peuvent être automatiques ou statiques. Les variables automatiques peuvent être mises dans des fichiers pour accroître l'efficacité, mais la déclaration du registre n'est qu'une indication pour le compilateur et ne fait pas référence aux registres spécifiques de la machine.

Le langage C n'est pas un langage puissant comme le Pascal et l'Algol 68. Il permet une certaine conversion des données bien qu'il ne transforme pas automatiquement les types de données comme le fait le PL1. Certains compilateurs existants ne fournissent aucune vérification des indices, des tableaux, des types d'arguments, etc ..., au moment de l'exécution.

Dans le cas où l'on désire une vérification rigoureuse des types, on utilise une version différente du compilateur. Ce programme est baptisé «lint», car il décortique les programmes. «lint» ne génère pas de code, mais il contrôle rigoureusement le maximum d'éléments du programme qu'il lui est possible de vérifier pendant la compilation et le chargement. Il détecte les types mal adaptés, l'usage d'arguments incohérents, les variables inutilisées ou non initialisées, les difficultés potentielles de «portabilité» et toutes les insuffisances du même genre.

Les programmes compilés par «lint» avec succès sont, à quelques exceptions près, immunisés de façon quasi totale contre les erreurs de types comme le sont, par exemple, les programmes en Algol 68. Nous mentionnerons d'autres propriétés de «lint» quand l'occasion se présentera.

Enfin, le langage C a ses propres défauts : certains des opérateurs ont une mauvaise priorité, certaines parties de la syntaxe pourraient être améliorées, il existe plusieurs versions du langage très peu différentes. Néanmoins, le langage C a prouvé qu'il était très efficace et très expressif dans une large gamme d'applications de programmation.

Le reste du livre est organisé de la façon suivante. Le chapitre 1 est une introduction qui sert en même temps à enseigner la base du langage C. Le but est de permettre au lecteur de commencer à programmer le plus tôt possible, puisque nous croyons fermement que la seule manière d'apprendre un nouveau langage est de l'utiliser en écrivant des programmes. Ce cours suppose connus les éléments de base de la programmation : aucune explication n'est donnée sur les ordinateurs, la compilation ou sur le sens d'une expression du genre : ח=n+1 . Bien que nous ayons essayé, où cela était possible, de montrer les techniques de programmation courantes, ce livre n'est pas destiné à être un ouvrage de référence sur les structures de données et les algorithmes ; partout nous nous sommes concentrés sur le langage lui-même.

Les chapitre 2 à 6 traitent de divers aspects du langage C en détaillant plus et de façon beaucoup plus formelle que le chapitre 1 ne le fait, bien que l'accent ait encore été mis sur des exemples de programmes utiles, complets, plutôt que sur des fragments isolés. Le chapitre 2 présente des types de données fondamentaux, des opérateurs et des expressions. Le chapitre 3 expose les instructions :

if-else, while, for , etc... Le chapitre 4 couvre les fonctions et la structure des programmes — variables externes, règles d'allocation d'espace et ainsi de suite. Le chapitre 5 parle des pointeurs et du calcul d'adresses. Le chapitre 6 contient tous les détails sur les structures et les réunions.

Le chapitre 7 décrit la bibliothèque standard des entrées-sorties du langage C, ce qui engendre un interface commun avec le système d'exploitation. Cette bibliothèque est mise en œuvre sur toutes les machines qui emploient le langage C;

aussi les programmes utilisateurs de cette bibliothèque pour l'entrée, la sortie ou pour d'autres fonctions, peuvent être tranférés d'un système à l'autre, pratiquement sans être modifiés.

Le chapitre 8 présente l'interface entre les programmes écrits en langage C et le système d'exploitation UNIX, en insistant sur les entrées-sorties, le système de fichiers et la «portabilité». Bien que certaines parties de ce chapitre soient spécifiques à l'UNIX, les programmeurs n'utilisant pas ce système devraient y trouver un intérêt, un aperçu, par exemple, sur la manière de mettre en œuvre une version de la bibliothèque standard et des suggestions sur la réalisation d'un code «portable».

L'appendice A contient le manuel de référence du langage C. C'est la grammaire officielle de la syntaxe et de la sémantique du langage C et, (sauf pour son propre compilateur) l'arbitre final qui peut lever toutes les ambiguïtés et les omissions des chapitres précédents.

Puisque le langage C est un langage évolué qui existe sur plusieurs systèmes, certaines parties des éléments utilisés dans ce livre peuvent ne pas correspondre au développement sur un système particulier. Nous avons essayé d'éviter de tels problèmes et de prévenir les difficultés potentielles. Toutefois, dans le cas où un doute subsiste, nous avons généralement choisi de décrire la situation correspondant au système UNIX sur le PDP11, puisque cela représente le cas de la plupart des programmeurs en langage C. L'appendice A examine aussi les différences de mise en œuvre des systèmes écrits en majeure partie en langage C.

1. Présentation générale du langage C

Commençons par une rapide introduction du langage C. Notre but est d'exposer les principes essentiels du langage en utilisant de véritables programmes, sans pour cela être submergé de détails, de lois formelles ou d'exceptions. Sur ce point, nous n'essaierons pas d'être complet ni même précis. (Par contre, les programmes seront censés être corrects). Nous voulons atteindre, le plus vite possible, le moment où vous pourrez écrire des programmes et, pour cela, nous insisterons sur les bases : les variables et les constantes, les structures des programmes, les fonctions et quelques rudiments sur les entrées et les sorties. Dans ce chapitre, nous avons essentiellement laissé de côté tout ce qui peut servir à écrire des programmes plus complexes : par exemple, les pointeurs, les structures, une grande partie de l'ensemble des opérateurs qui est assez dense dans le langage C, quelques intructions qui contrôlent le programme et toute une foule de détails.

Bien sûr, cette approche comporte des défauts, en particulier, le fait de ne pas regrouper, dans un même paragraphe, tout ce qui concerne un sujet précis. Enfin, cet enseignement, par sa brièveté, peut être trompeur. En outre, puisque dans ce chapitre, on ne peut utiliser toutes les possibilités du langage C, les exemples n'ont pas l'élégance et la concision qu'ils pourraient avoir. Nous avons essayé de minimiser ces effets, mais le danger n'est pas écarté.

Un autre défaut réside dans le fait que nous répèterons dans les prochains chapitres certaines parties de celui-ci, mais nous pensons que cette répétition vous aidera plus qu'elle ne vous ennuiera.

Dans tous les cas, les programmeurs expérimentés doivent être capables de retirer de ce chapitre tout ce qui leur est nécessaire pour programmer. Les débutants complèteront en écrivant des programmes similaires de leur cru. Tous peuvent considérer ce chapitre comme la base sur laquelle reposent les explications plus détaillées des chapitres suivants.

1.1 AU DÉPART !

Le seul moyen d'apprendre un nouveau langage de programmation est d'écrire des programmes. Le premier programme est le même pour tous les langages.

— Imprimer les mots : `hello, world`

Voici la difficulté ; pour la surmonter, vous devez être capable de créer un programme, de le compiler de manière satisfaisante, de le charger, de l'exécuter et de découvrir où se trouve la sortie. Si vous maîtrisez tous ces détails techniques, le reste, en comparaison, sera facile.

En langage C, voilà le programme pour imprimer «hello, world».

```
main()
{
        printf("hello, world\n");
}
```

La manière d'exécuter ce programme dépend du système utilisé. Considérons un exemple avec le système d'exploitation UNIX : vous devez créer le programme source dans un fichier dont le nom se termine par «.c», comme «hello .c», puis le compiler en faisant «cc hello .c».

Si vous n'avez pas fait d'erreurs, en oubliant, par exemple, une lettre ou en orthographiant mal un mot, la compilation se déroulera en silence et construira un programme exécutable baptisé «a. out». En faisant «a. out», on obtiendra en sortie : `hello, world` .

Sur d'autres systèmes, les lois sont différentes et vous devez vous renseigner auprès d'un expert.

Exercice 1 - 1. Éxécuter ce programme sur votre système. Recommencer en enlevant certaines parties du programme pour voir les différents messages d'erreur que vous obtiendrez. □

Nous allons donner maintenant quelques explications sur le programme lui-même. Quelle que soit sa taille, un programme en C est formé d'une ou plusieurs fonctions précisant les différentes opérations de calcul qui doivent être faites. En langage C, les fonctions sont identiques aux fonctions et aux subroutines du Fortran ou aux procédures du PL1, du Pascal, etc ... Dans notre exemple, `main` est une de ces fonctions. Normalement, vous êtes libre de donner aux fonctions le nom de votre choix, mais ici `main` est un nom imposé. Tout programme commence par exécuter le début de `main` . Cela veut dire que chaque programme doit avoir quelque part un `main` . En général `main` fera appel à d'autres fonctions pour accomplir son travail, quelques unes proviendront du même programme et d'autres de bibliothèques de fonctions écrites en prévision.

Une méthode pour permettre aux fonctions de communiquer les données est l'utilisation d'arguments. Les parenthèses qui suivent le nom de la fonction encadrent la liste des arguments ; ici `main` est une fonction sans argument, ceci

est indiqué par () . Les accolades { } contiennent les instructions qui composent la fonction ; elles ont un rôle identique aux «Do-End» du PL1, ou aux
«begin-end» de l'Algol, du Pascal et ainsi de suite. On appelle une fonction en la
nommant, puis en faisant suivre son nom d'une liste d'arguments entre parenthèses. Il n'y a pas d'instruction «CALL» comme en Fortran ou en PL1. Les parenthèses doivent être mises même s'il n'y a pas d'arguments.

La ligne suivante

```
printf("hello, world\n");
```

correspond à l'appel de la fonction `printf` , avec les arguments `"hello,
world\n"`. `printf` est une fonction de la bibliothèque qui imprime la sortie
sur le terminal (à moins d'avoir précisé une autre destination). Dans notre cas, elle
imprime la chaîne de caractères qui compose son argument.

Une séquence comprenant un certain nombre de caractères et encadrée par
des doubles guillemets `"..."` est baptisée «chaîne de caractères» ou «chaîne
constante».

Pour le moment, nous n'utiliserons que des chaînes de caractères comme arguments de `printf` ou d'autres fonctions. Dans la chaîne de caractères, `\n` est
une notation propre au langage C qui correspond au caractère d'interligne et qui,
lors de son impression, positionne le terminal contre la marge de gauche de la
ligne suivante. Si vous enlevez le `\n` (une expérience qui en vaut la peine), vous
verrez que le texte en sortie ne se termine pas par un avancement d'un interligne.
L'utilisation de `\n` est le seul moyen d'obtenir un caractère d'interligne : si vous
essayez quelque chose comme :

```
printf("hello, world
");
```

le compilateur C imprimera le message d'erreur indiquant l'absence de guillemets.
`printf` ne fournit pas automatiquement un changement de ligne, on peut aussi
réaliser de multiples appels pour construire par étapes une ligne en sortie. Notre
premier programme pourrait aussi bien être écrit :

```
main()
{
        printf("hello, ");
        printf("world");
        printf("\n");
}
```

et donner le même résultat.

Noter que `\n` ne représente qu'un caractère. Une séquence comme `\n` permet
de représenter des caractères difficiles à obtenir ou invisibles. Le langage C en met
en œuvre d'autres comme `\t` pour la tabulation, `\b` pour l'espacement arrière,
`\"` pour les guillemets et `\\` pour le «backslash» lui-même.

Exercice 1 - 2 Essayer d'utiliser une chaîne de caractères, en tant qu'argument
de `printf` , qui comprenne `\x` où x est un caractère qui n'appartient pas à la
liste ci-dessus.□

1.2 LES VARIABLES ET LE CALCUL.

Le programme suivant imprime la table de conversion des températures en degré Fahrenheit, en degré centigrade ou en degré Celsius, en utilisant la formule :
C = (5/9) (F − 32).

```
  0   -17.8
 20    -6.7
 40     4.4
 60    15.6
...    ...
260   126.7
280   137.8
300   148.9
```

Voici le programme :

```
/* print Fahrenheit-Celsius table
     for f = 0, 20, ..., 300 */
main()
{
    int lower, upper, step;
    float fahr, celsius;

    lower = 0;      /* lower limit of temperature table */
    upper = 300;    /* upper limit */
    step = 20;      /* step size */

    fahr = lower;
    while (fahr <= upper) {
        celsius = (5.0/9.0) * (fahr-32.0);
        printf("%4.0f %6.1f\n", fahr, celsius);
        fahr = fahr + step;
    }
}
```

Les deux premières lignes

```
/* print Fahrenheit-Celsius table
     for f = 0, 20, ..., 300 */
```

constituent un commentaire, qui, dans notre cas, explique brièvement ce que fait le programme. Tout caractère situé entre /* et */ est ignoré par le compilateur ; on peut utiliser librement des commentaires pour rendre un programme plus compréhensible. Ils peuvent être employés partout où on peut trouver un blanc ou un caractère d'interligne.

En langage C, on doit déclarer toutes les variables avant de les utiliser, en général ces déclarations se font au début de la fonction, avant les instructions exécutables. Si vous oubliez une déclaration, le compilateur vous enverra un message d'erreur. Une déclaration se compose d'un «type» et d'une liste de variables appartenant à ce type, comme par exemple :

```
int lower, upper, step;
float fahr, celsius;
```

Le type `int` implique que les variables sont entières. `float` signifie «virgule flottante» : cela représente les nombres qui peuvent avoir une partie fractionnaire. La précision des entiers et des nombres à virgule flottante dépend de la machine avec laquelle on travaille. Sur le PDP-11, par exemple, un entier est un nombre signé de 16 bits, c'est-à-dire, compris entre -32768 et $+32767$. Un nombre en virgule flottante comprend 32 bits, ce qui permet d'avoir environ sept chiffres significatifs avec une amplitude comprise entre 10^{-38} et 10^{+38}. Le chapitre 2 nous donne les tailles pour d'autres machines.

Le langage C fournit quelques autres types de données fondamentaux en plus de `int` et `float`

```
char     type caractère : un seul byte
short    type entier court
long     type entier long
double   type nombre en virgule flottante en double précision.
```

Les précisions de ces objets dépendent aussi de la machine utilisée ; on trouvera des détails dans le chapitre 2. Il existe également des «tableaux», des «structures» et des «unions», ainsi que des «pointeurs» et des «fonctions» qui travaillent sur ces types (nous étudierons tout cela en temps voulu).

Le calcul de conversion de la température commence avec les affectations :

```
lower = 0;
upper = 300;
step = 20;
fahr = lower;
```

qui initialisent les variables. Chaque affectation se termine par un point virgule. Comme on effectue le même travail pour chaque ligne de la table, on utilise une boucle qu'on exécute une fois par ligne ; c'est le but de l'instruction `while`

```
while (fahr <= upper) {
    ...
}
```

On teste les conditions entre parenthèses. Si elles sont vraies (c'est-à-dire si `fahr` est inférieur ou égal à `upper`), alors on exécute le corps de la boucle (toutes les instructions comprises entre les accolades `{` et `}`). Puis on fait le test, s'il est toujours vrai, on recommence l'exécution. Quand les conditions deviennent fausses (`fahr` supérieur à `upper`) la boucle est finie et on exécute l'instruction qui vient juste après la boucle. Dans ce programme, il n'y a pas d'autre instruction, donc on s'arrête là.

Le corps d'un `while` peut comporter soit une ou plusieurs instructions à l'intérieur d'accolades, comme dans le cas de la conversion des températures, soit une instruction unique sans accolades comme :

```
while (i < j)
    i = 2 * i;
```

Dans tous les cas, pour que vous puissiez distinguer immédiatement les instructions qui font partie de la boucle, celles-ci sont décalées par un taquet de tabulation. Ce décalage met en valeur la structure logique du programme. Bien que le langage C soit assez tolérant sur la position des instructions, les décalages et l'emploi d'espaces blancs se révèlent essentiels pour faciliter la lecture des programmes.

Nous recommandons de n'écrire qu'une instruction par ligne et, en général, de laisser des blancs autour des opérateurs. La position des accolades est moins importante. Nous avons choisi une des situations les plus courantes. Il suffit de sélectionner un style qui vous convient et vous y tenir.

En fait, la majeure partie du travail se fait dans la boucle. La température en degrés Celsius est calculée puis affectée à `celsius` par l'instruction :

```
celsius = (5.0/9.0) * (fahr-32.0);
```

Nous avons utilisé 5.0/9.0 au lieu de 5/9 car, en langage C comme dans beaucoup de langages, la division des nombres entiers donne un résultat entier, éliminant la partie fractionnaire. Ainsi 5/9 est nul et, par conséquent, toutes les températures seraient égales à zéro. Un point décimal dans une constante caractérise un nombre en virgule flottante, aussi 5.0/9.0 est égal à 0,555....ce que nous voulions.

Nous avons aussi écrit 32.0 au lieu de 32 bien que, puisque `fahr` est du type `float`, 32 soit converti automatiquement en nombre de type `float` (32.0) avant la soustraction. C'est une question de style, il est sage d'écrire des constantes du type virgule flottante avec des points décimaux explicites même lorsqu'elles ont une valeur entière ; cela aide les lecteurs et assure que le compilateur verra les choses telles que vous les voyez.

Dans le chapitre 2, on trouvera les lois détaillées qui précisent quand un entier est converti en un nombre en virgule flottante. Notez seulement qu'en ce qui concerne l'affectation

```
fahr = lower;
```

et le test

```
while (fahr <= upper)
```

l' `int` est bien converti en `float` avant de faire l'opération.

Cet exemple montre aussi comment travaille `printf` , qui, en fait, est une fonction effectuant des conversions de format ; nous la décrirons de façon plus complète dans le chapitre 7. Le premier de ses arguments est la chaîne de caractères à écrire, dans laquelle chaque pourcentage `%` indique l'endroit où on écrira l'un des arguments qui suit (le second, le troisième ...) et sous quelle forme il devra être écrit.

Par exemple dans l'instruction :

```
printf("%4.0f %6.1f\n", fahr, celsius);
```

`%4.0f` indique que l'on écrira à cet endroit un nombre en virgule flottante sur au moins 4 caractères sans chiffre après le point décimal ; `%6.1f` , un nombre en virgule flottante sur au moins 6 caractères avec 1 chiffre après le point décimal. Ces notations sont identiques au F 6.1 du Fortran ou au F (6,1) du PL1. On peut omettre cependant certaines précisions : par exemple, `%6f` représente un nombre en virgule flottante écrit sur au moins 6 caractères, `%.2f` indique que le nombre aura 2 chiffres après le point décimal, seul le nombre total de caractères n'est pas précisé ; enfin `%f` implique qu'à cet emplacement, on écrira un nombre en virgule flottante. `printf` reconnait aussi les symboles : `%d` pour un entier décimal, `%o` pour un nombre octal, `%x` pour un hexadécimal, `%c` pour un caractère, `%s` pour une chaîne de caractères et `%%` pour `%` lui-même.

Tout % dans le premier argument de printf fait référence à l'un des arguments de la liste (le second, le troisième...) ; la correspondance entre les deux expressions doit être exacte aussi bien en ce qui concerne le type qu'en ce qui concerne le nombre, sinon vous obtiendrez des réponses incompréhensibles.

Au fait, `printf` ne fait pas partie du langage C, il n'y a aucune entrée, aucune sortie définies dans ce langage. Mais `printf` n'a rien de magique, c'est une fonction très utile qui appartient à la bibliothèque standard des sous-programmes accessibles aux programmes écrits en langage C. Pour se concentrer uniquement sur le langage lui-même, nous n'aborderons les entrées sorties qu'à partir du chapitre 7. En particulier, jusque là, nous laisserons de côté l'étude des entrées avec format. Si vous devez rentrer des nombres, lisez d'abord le paragraphe 7.4 du chapitre 7 concernant la fonction `scanf` . `scanf` ressemble à `printf` , elle lit simplement les entrées alors que l'autre écrivait les sorties.

Exercice 1 - 3 Modifier le programme de conversion des températures de façon à imprimer une en-tête au-dessus de la table. □

Exercice 1 - 4 Écrire un programme pour obtenir la table de conversion des températures Celsius en Fahrenheit. □

1.3 L'INSTRUCTION FOR.

Comme vous vous en doutez, il y a plusieurs manières d'écrire un programme : voici une autre version pour convertir des températures :

```
main()      /* Fahrenheit-Celsius table */
{
    int fahr;

    for (fahr = 0; fahr <= 300; fahr = fahr + 20)
        printf("%4d %6.1f\n", fahr, (5.0/9.0)*(fahr-32));
}
```

Cela donne le même résultat, mais la manière de les obtenir est différente. Ici on n'utilise plus que la variable `fahr` qui est du type `int` (cela pour montrer la conversion `%d` utilisée dans `printf`). Les limites inférieures lower et supérieures upper ainsi que le pas de calcul step sont devenues des constantes dans l'instruction for et l'expression qui calcule la température en degrés Celsius constitue le troisième argument de printf au lieu de former une instruction à elle toute seule.

Cette dernière transformation est un exemple d'une loi générale du langage C —partout où il est permis d'utiliser la valeur d'une variable d'un certain type, on peut travailler avec une expression du même type. Puisque le troisième argument de printf doit être un nombre du type virgule flottante pour correspondre à %6.1f , toute expression en virgule flottante peut convenir.

L'instruction for est une boucle qui est une généralisation de la boucle while. Si vous comparez for à while , la différence est simple, for contient trois parties séparées par des points virgules : tout d'abord avant d'entrer dans la boucle elle-même, on fait :

```
fahr = 0
```

puis on trouve le test ou la condition qui entraîne le rebouclage.

```
fahr <= 300
```

On évalue cette condition ; si elle se réalise, on exécute le corps de la boucle (qui n'est ici qu'une simple printf).

Enfin, on augmente la variable testée de la valeur du pas de travail et on

```
fahr = fahr + 20
```

regarde à nouveau si la condition est toujours réalisée. Quand cela n'est plus, la boucle est terminée. Comme avec while , le corps de la boucle peut être soit une seule instruction, soit un groupe d'instructions entre accolades. On peut remplacer l'initialisation de la variable testée et la réinitialisation à chaque rebouclage par une seule et même expression.

Le choix entre for et while est arbitraire, on choisit ce qui semble le plus clair. Généralement for est utilisée pour des boucles dans lesquelles l'initialisation et la réinitialisation se font chacune par une seule instruction (ces instructions ayant un rapport logique l'une avec l'autre), car, en effet, elle est plus compacte que while et garde, en un seul endroit, les instructions de commande de la boucle.

Exercice 1 - 5 Modifier le programme de conversion des températures de façon à imprimer la table dans l'ordre inverse, c'est-à-dire de 300 à 0 degrés. □

1.4 LES CONSTANTES.

Une dernière observation peut être faite avant de quitter définitivement la conversion des températures. Il est très mauvais de projeter dans un programme des nombres comme 300 et 30 sans préciser ce qu'ils représentent, ils ne constituent qu'une très faible information pour ceux qui auraient à lire le programme plus tard et il est difficile alors de les modifier. Heureusement, il existe un moyen d'éviter de telles situations. En utilisant `#define` au début du programme, vous pouvez définir un nom symbolique ou une constante symbolique et lui affecter une chaîne de caractères. Par la suite, le compilateur remplacera le nom à chaque fois qu'il le rencontrera par la chaîne correspondante, celle-ci pouvant comprendre aussi bien des nombres que du texte.

```
#define    LOWER  0       /* lower limit of table */
#define    UPPER  300     /* upper limit */
#define    STEP   20      /* step size */

main()     /* Fahrenheit-Celsius table */
{
     int fahr;

     for (fahr = LOWER; fahr <= UPPER; fahr = fahr + STEP)
          printf("%4d %6.1f\n", fahr, (5.0/9.0)*(fahr-32));
}
```

Les quantités `LOWER`, `UPPER` et `STEP` sont des constantes, aussi on ne les trouve pas lors des déclarations. Les noms symboliques sont en général écrits en majuscules ainsi on les distingue, en les lisant des noms de variables qui eux sont en minuscules. Il faut remarquer qu'une définition ne se termine pas par un point virgule. En effet le compilateur substitue toute la ligne qui suit le nom symbolique, il y aurait alors redoublement de points virgules dans l'instruction `for`.

1.5 QUELQUES PROGRAMMES UTILES.

Nous allons considérer plusieurs programmes qui permettent d'effectuer des opérations simples sur une donnée d'un caractère. Vous trouverez que beaucoup de programmes ne sont que des versions évoluées des prototypes que nous vous présentons ici.

— Rentrer ou sortir un caractère.

La bibliothèque standard fournit des fonctions pour lire ou écrire un caractère à la fois. Chaque fois qu'on fait appel à `getchar()`, celle-ci va chercher le caractère suivant qui se trouve à l'entrée et renvoie la valeur correspondant à ce caractère. Une fois que :

```
c = getchar()
```

la variable c contient le caractère qui se trouve juste à l'entrée. Celui-ci provient, en général, du terminal, mais laissons cela de côté jusqu'au chapitre 7.

La fonction `putchar(c)` est le complément de `getchar` :

```
putchar(c)
```

Elle imprime le contenu de la variable c sur un périphérique de sortie, en général aussi un terminal. Les appels aux fonctions `putchar` et `printf` peuvent être imbriqués les uns dans les autres, en sortie, nous retrouverons l'ordre dans lequel nous les avons appelées.

Ces fonctions n'appartiennent pas au langage C, mais elles sont utilisées très couramment.

— Recopier un fichier.

A l'aide de `getchar` et `putchar`, vous pouvez écrire un nombre surprenant de choses sans pour cela connaître quoi que ce soit sur les entrées/sorties. Le programme le plus simple est celui qui recopie en sortie ce qui se présente en entrée, caractère par caractère. Dans les grandes lignes, cela consiste à prendre un caractère ; tant que ce caractère n'est pas le signal de fin de fichier, sortir le caractère qui vient d'être lu ; prendre un nouveau caractère.

Si on transforme cela en langage C, on obtient :

```
main()      /* copy input to output; 1st version */
{
      int c;

      c = getchar();
      while (c != EOF) {
            putchar(c);
            c = getchar();
      }
}
```

L'opérateur de relation `!=` veut dire «différent de».

Le problème principal est la détection de la fin de l'entrée. Par convention, `getchar` renvoie une valeur qui ne soit pas un caractère usuel lorsqu'il arrive à la fin de l'entrée ; de cette manière, les programmes peuvent détecter où se terminent les données en entrée.

La seule complication qui pose un sérieux problème est l'existence de deux conventions différentes, autant utilisées l'une que l'autre, qui définissent la vraie valeur de la fin du fichier. Nous avons esquivé le problème en utilisant le symbole `EOF` pour désigner la fin du fichier, quelle que soit sa valeur. En pratique, `EOF` sera égal soit à 0, soit à − 1. Pour mettre les choses au clair, il faut commencer le programme en définissant la constante `EOF`. On écrira donc :

```
#define    EOF    −1
```

ou

```
#define    EOF    0
```

En utilisant la constante `EOF` pour représenter la valeur que `getchar` renvoie lorsqu'il rencontre la fin du fichier, nous sommes sûr que, dans le programme, seule cette constante dépendra d'une valeur numérique spécifique.

Nous déclarons aussi `c` du type `int` et non pas `char`, ainsi cette variable pourra recevoir la valeur que renverra `getchar`. Comme nous le verrons dans le chapitre 2, cette valeur est réellement du type `int` car elle doit être capable de représenter la constante `EOF` en plus de toutes les valeurs possibles du type `char`.

Ce programme qui recopie pourrait être écrit de façon beaucoup plus concise par des programmeurs ayant de l'expérience en langage C. En effet, toute affectation en langage C comme

```
c = getchar()
```

peut être utilisée dans une expression, sa valeur prend alors la valeur qu'on a affectée au premier membre de l'égalité. Si l'affectation à la variable c d'un caractère est intégrée dans l'expression du test de la boucle while , le programme devient :

```
main()     /* copy input to output; 2nd version */
{
      int c;

      while ((c = getchar()) != EOF)
            putchar(c);
}
```

Le programme prend un caractère, l'affecte à la variable c, puis teste si le caractère est celui de fin de fichier. Sinon, on exécute le corps de la boucle (ici, on imprime le caractère). Puis on recommence jusqu'au moment où on atteint la fin du fichier, la boucle while se termine alors ainsi que main.

Cette version permet de réduire les appels à la fonction getchar et de raccourcir le programme. Un des exemples qui prouvent la concision du langage C est la possibilité d'inclure une instruction dans un test (Il est possible de se laisser emporter par son élan et ainsi de créer un code inextricable, nous devons essayer de ne pas tomber dans cet excès).

Il est important de remarquer que les parenthèses qui encadrent l'affectation à l'intérieur de la condition sont vraiment nécessaires. La priorité de != est plus grande que celle du = , ce qui veut dire qu'en l'absence de parenthèses on ferait le test != avant d'effectuer l'affectation. L'instruction

```
c = getchar() != EOF
```

est équivalente à

```
c = (getchar() != EOF)
```

Cela a l'effet néfaste de mettre la variable c à 0 ou à 1 selon que l'appel de la fonction getchar rencontre ou non la fin de fichier (voir le chapitre 2).

— Compter le nombre de caractères.

Le programme suivant compte les caractères ; c'est une petite élaboration du programme de copie.

```
main()     /* count characters in input */
{
      long nc;

      nc = 0;
      while (getchar() != EOF)
            ++nc;
      printf("%ld\n", nc);
}
```

L'instruction ++nc; utilise un nouvel opérateur, ++ , qui sert à incrémenter de 1 unité. On peut écrire nc = nc + 1 mais ++nc est plus concis et souvent plus efficace. Il y a l'opérateur correspondant -- qui sert à décrémenter de 1 unité. Ces deux opérateurs peuvent être utilisés de deux manières, soit devant la variable (++nc) soit derrière (nc++) ; leurs valeurs dans les expressions sont différentes, nous le verrons dans le chapitre 2, mais toutes deux (++nc et nc++) incrémentent nc . Pour le moment nous n'utiliserons l'opérateur que placé devant la variable.

Le programme qui compte les caractères travaille sur une variable du type long et non pas de type int . Sur le PDP11, la valeur maximum d'un int est 32767 ; il serait relativement facile de dépasser ce nombre si on déclarait la variable qui sert de compteur, de type int ; dans les systèmes Honeywell et IBM utilisant le langage C, les types long et int sont synonymes et de dimensions beaucoup plus importantes. %ld précise à la fonction printf que l'argument correspondant est un entier de type long.
Dans le cas de très grands nombres, vous pouvez utiliser le type double (c'est-à-dire un float de longueur double). Dans le programme qui suit on utilisera une instruction for au lieu du while pour illustrer un autre moyen d'écrire la boucle

```
main()      /* count characters in input */
{
      double nc;

      for (nc = 0; getchar() != EOF; ++nc)
            ;
      printf("%.0f\n", nc);
}
```

printf utilise %f à la fois pour le type float et double ; %.0f supprimera l'écriture de la partie fractionnaire inexistante.

Le corps de la boucle for est vide car tout le travail se fait soit dans le test soit dans l'incrémentation. Or les lois du langage C interdisent l'absence du corps d'une instruction for , pour cette raison, on utilise un point virgule seul qui correspond à une instruction nulle. On a utilisé une ligne entière pour ce point virgule afin de le mettre en valeur. Avant de quitter ce programme de comptage de caractères, il faut noter que s'il n'y a aucun caractère en entrée, les conditions de bouclage du while ou du for ne sont pas réalisées dès le tout premier appel à la fonction getchar et on obtient zéro comme résultat, ce qui est le bon résultat. C'est une observation importante. Un des principaux avantages des instructions while et for est que le test se fait au début avant d'exécuter le corps de la boucle. Ainsi, s'il n'y a rien à faire, rien ne sera exécuté même dans le cas où on ne doit jamais traverser le corps de la boucle. Le programme réagit correctement dans le cas où il n'y a pas de caractères à l'entrée. Les instructions while et for permettent aux programmes de ne pas faire n'importe quoi lorsque les conditions sont limites.

— Compter le nombre de lignes.

Ce programme compte le nombre de lignes en entrée . Les lignes en entrée sont supposées être terminées par le caractère d'interligne \n   qui doit toujours accompagner toute ligne à écrire.

```
main()     /* count lines in input */
{
    int c, nl;

    nl = 0;
    while ((c = getchar()) != EOF)
        if (c == '\n')
            ++nl;
    printf("%d\n", nl);
}
```

Le corps de la boucle   while   se résume maintenant à une instruction qui détermine l'incrémentation   ++nl . Ce if teste l'expression entre parenthèses et, si celle-ci est vraie, il effectue l'instruction (ou le groupe d'instructions entre accolades) qui suit. Pour expliciter qui contrôle qui, nous devons décaler à nouveau.

Le double signe égal   ==   est, en langage C, le symbole pour désigner «est égal à» (il correspond à .EQ. en Fortran). Ce double signe égal est utilisé pour distinguer l'opérateur d'égalité de l'opérateur d'affectation (qui s'exprime par un seul signe =). Si on considère que le symbole d'affectation est deux fois plus utilisé que celui d'égalité, il est normal que ce dernier soit deux fois plus long.

Tout caractère peut être écrit entre apostrophes, sa valeur est égale à la valeur des caractères dans le code des caractères de la machine : on l'appelle alors «constante de type caractère». Ainsi, par exemple, 'A' est une constante de type caractère. Dans le code ASCII, sa valeur est 65 ; c'est la représentation interne du caractère A. Bien sûr, il est préférable d'utiliser 'A' plutôt que 65 ; sa signification est évidente et indépendante de tout code particulier. Les notations qui sont utilisées dans les chaînes de caractères sont valables aussi dans les constantes de type caractère, ainsi dans les tests et les expressions arithmétiques '\n' correspond à la valeur du caractère d'interligne. Il faut remarquer que '\n' représente un seul caractère et qu'il est équivalent à un entier unique dans les expressions ; par contre, "\n" est une chaîne de caractères ne comprenant qu'un seul caractère. Ce thème sera repris plus tard dans le chapitre 2.

Exercice 1 - 6 Écrire un programme qui compte les blancs, les tabulations et les caractères d'interligne. □

Exercice 1 - 7 Écrire un programme qui recopie en sortie ce qu'il y a en entrée en remplaçant toute suite de «blancs» par un seul blanc. □

Exercice 1 - 8 Écrire un programme qui remplace chaque tabulation par la séquence composée de 3 caractères : >, *backspace*, –,   et qui imprime ➤, et chaque espacement arrière par la séquence ◄. . Ce qui permet de visualiser les tabulations et les espacements arrières. □

— Compter le nombre de mots.

Le quatrième programme usuel de la série sert à compter les lignes, les mots et les caractères. Il prend comme définition approximative du mot : toute séquence de caractères ne comprenant ni blanc, ni tabulation, ni caractère d'interligne. (C'est une version simplifiée du programme «wc» de l'UNIX.

```
#define    YES   1
#define    NO    0

main()     /* count lines, words, chars in input */
{
     int c, nl, nw, nc, inword;

     inword = NO;
     nl = nw = nc = 0;
     while ((c = getchar()) != EOF) {
          ++nc;
          if (c == '\n')
               ++nl;
          if (c == ' ' || c == '\n' || c == '\t')
               inword = NO;
          else if (inword == NO) {
               inword = YES;
               ++nw;
          }
     }
     printf("%d %d %d\n", nl, nw, nc);
}
```

Chaque fois que le programme rencontre le premier caractère d'un mot, il le compte. La variable inword enregistre si le programme est actuellement à l'intérieur d'un mot ou non ; initialement, il «n'existe pas à l'intérieur d'un mot» ce qui affecte à cette variable la valeur NO. On préfère utiliser les constantes YES et NO plutôt que les valeurs littérales 1 et 0 car elles rendent le programme plus lisible. Il est évident que dans un programme aussi petit que celui-ci, cela ne fait pas grande différence, mais dans des programmes plus longs, l'utilisation de cette notation ne coûte pas un gros effort et pourtant elle apporte beaucoup de clarté au programme. De plus, lorsque les valeurs littérales n'apparaissent qu'au moyen des constantes symboliques, il est beaucoup plus facile de les modifier.

La ligne

```
nl = nw = nc = 0;
```

met les trois variables à zéro. Ce n'est pas un cas spécial mais une conséquence du fait qu'une affectation a une valeur et qu'elle prend la valeur de droite pour la mettre dans la gauche. Cela équivaut à écrire :

```
nc = (nl = (nw = 0));
```

L'opérateur || veut dire OU, la ligne

```
if (c == ' ' || c == '\n' || c == '\t')
```

indique donc : «Si c est un blanc ou un caractère d'interligne ou une tabulation.» (Ici \t représente une visualisation du caractère de tabulation). Il existe un opérateur correspondant à ET : && . Les expressions qui sont liées par les opérateurs && et | | sont évaluées de gauche à droite ; cette évaluation stoppe aussitôt qu'on sait si l'expression totale est vraie ou fausse. Dans notre exemple, si c comprend un blanc, il n'est pas nécessaire de tester si elle contient un caractère de tabulation ou d'interligne et on ne continue pas les tests. Ici ce n'est pas très important, mais cela le devient dans les situations plus compliquées comme nous le verrons.

L'exemple comprend aussi l'instruction else propre au langage C qui précise l'instruction à exécuter lorsque la condition de l'instruction if ne se réalise pas. La forme générale est :

if (expression) instruction 1
else   instruction 2

Dans if-else   , une et une seule des deux instructions est exécutée. Si l'«expression» est vraie, c'est l'instruction 1, sinon c'est l'instruction 2. Chacune de ces instructions peut être plus compliquée. Dans notre exemple, celle qui suit le else   est en fait un autre if qui, lui-même, contrôle deux instructions entre accolades.

Exercice 1 - 9 Comment testeriez-vous le programme qui compte les mots ? Quelles en sont les limites ? □

Exercice 1 - 10 Écrire un programme qui recopie les mots en n'en mettant qu'un par ligne. □

Exercice 1 - 11 Revoir le programme qui compte les mots en utilisant une définition meilleure du «mot» : par exemple, une séquence de lettres, chiffres et apostrophes qui commence par une lettre. □

1.6 LES TABLEAUX.

Écrivons maintenant un programme qui compte le nombre de fois où apparaissent chaque chiffre, chaque caractère d'espace (comme le blanc, la tabulation, l'interligne) et tous les autres caractères. C'est un programme artificiel qui permet pourtant d'illustrer quelques aspects du langage C.

Il y a douze sortes de données en entrées, on va donc utiliser un tableau pour regrouper le nombre d'apparitions de chaque chiffre plutôt que d'introduire une variable par chiffre. Voici une version de ce programme :

```
main()      /* count digits, white space, others */
{
      int   c, i, nwhite, nother;
      int   ndigit[10];

      nwhite = nother = 0;
      for (i = 0; i < 10; ++i)
            ndigit[i] = 0;
```

```
while ((c = getchar()) != EOF)
    if (c >= '0' && c <= '9')
        ++ndigit[c-'0'];
    else if (c == ' ' || c == '\n' || c == '\t')
        ++nwhite;
    else
        ++nother;

printf("digits =");
for (i = 0; i < 10; ++i)
    printf(" %d", ndigit[i]);
printf("\nwhite space = %d, other = %d\n",
    nwhite, nother);
}
```

La déclaration :

```
int  ndigit[10];
```

indique que `ndigit` est un tableau de 10 entiers. Les indices des tableaux commencent toujours à zéro en langage C (et non pas à 1 comme en Fortran et en PL1) ; on a donc `ndigit[0]`, `ndigit[1]`, ..., `ndigit[9]`. On le retrouve dans la boucle `for` qui initialise et imprime le tableau.

Un indice est une expression entière qui de toute évidence est composée de variables entières comme `i` et de constantes entières.

Ce programme est basé principalement sur les propriétés de la représentation des chiffres sous forme de caractère. Par exemple, le test :

```
if (c >= '0' && c <= '9') ...
```

détermine si le contenu de `c` est un chiffre. Si c'en est un, la valeur numérique de ce chiffre est :

```
c - '0'
```

Cela n'est possible que si `'0'`, `'1'` etc ... sont positifs, rangés en ordre croissant et si il n'y a rien d'autre que des chiffres entre `'0'` et `'9'`. Heureusement cela est vrai pour tous les codes.

Par définition, les calculs comportant des éléments du type `char` et `int` les transforment tous en `int` avant de débuter les opérations, ainsi les variables et les constantes du type `char` sont identiques à celles du type `int` lors du calcul. Cela paraît assez naturel et fort pratique : par exemple `c - '0'` est une expression entière dont la valeur est comprise entre 0 et 9 selon le caractère contenu dans `c` (de `'0'` à `'9'`) ; cette expression donne alors naissance à un indice correct du tableau `ndigit`.

On arrive à savoir si le caractère est un chiffre, un caractère d'espace ou quelque chose d'autre grâce à la séquence

```
if (c >= '0' && c <= '9')
    ++ndigit[c-'0'];
else if (c == ' ' || c == '\n' || c == '\t')
    ++nwhite;
else
    ++nother;
```

La configuration `if` (condition) instruction
  `else if` (condition) instruction
    `else` instruction

apparaît fréquemment dans les programmes car c'est un moyen d'exprimer une structure à plusieurs cas. Le programme lit la séquence à partir du début jusqu'à ce qu'il arrive à une «condition» qui est réalisée, il exécute l'«instruction» correspondante et la séquence se termine là. (Il est évident qu'«instruction» peut être représentée par plusieurs instructions entre accolades). Si aucune des conditions n'est réalisée, le programme exécute l'«instruction» qui se trouve juste après le dernier `else` (si celle-ci existe). Si ce `else` ainsi que l'instruction correspondante n'existent pas (comme dans notre programme qui compte les mots), alors rien ne sera effectué. Il peut y avoir un nombre arbitraire de :

  `else if` (condition) instruction

entre le `if` initial et le `else` final. Pour une question de style, il est conseillé de respecter le format que nous avons utilisé pour cette structure, afin que de trop longues instructions ne dépassent pas le côté droit de la page.

L'instruction `switch` que nous verrons au chapitre 3, fournit un autre moyen de réaliser un branchement à plusieurs directions qui convient particulièrement bien lorsque le test est de savoir si une expression entière ou de type caractère est égale à un élément d'un ensemble de constantes. Au chapitre 3, nous présenterons une version du programme précédent utilisant l'instruction `switch`.

Exercice 1 -12 Écrire un programme qui réalise un histogramme des longueurs des mots des données en entrée. Il est plus facile de dessiner l'histogramme horizontalement ; un histogramme vertical relève du défi. □

1.7 LES FONCTIONS.

En langage C, une «fonction» est équivalente à une fonction ou à une subroutine du Fortran, ou à une procédure du Pascal ou du PL1, etc ... Une fonction est une sorte de boîte noire où on effectue certaines opérations et qu'on peut utiliser sans se préoccuper de ce qui se passe à l'intérieur. Les fonctions sont vraiment le seul moyen de réduire la complexité des très gros programmes. En utilisant des fonctions correctement définies, il est possible d'ignorer comment le travail est exécuté ; il suffit de savoir ce qui peut être réalisé. Le langage C est destiné à permettre une utilisation facile, commode et efficace des fonctions ; vous verrez très souvent des fonctions dont la longueur ne dépasse pas quelques lignes et dont on ne se sert qu'une fois, mais qui permettent juste de clarifier une partie du programme. Jusqu'ici nous n'avons utilisé que des fonctions comme `printf`, `getchar` et `putchar` qui nous ont été fournies ; maintenant il est temps d'écrire quelques fonctions de notre cru. Puisqu'en langage C, il n'existe pas d'opérateur d'élévation à la puissance comme le `**` du Fortran ou du PL1, nous allons illustrer comment définir une fonction en écrivant la fonction `power(m, n)` qui élève un entier m à la puissance entière n.

Par exemple, `power(2, 5)` est égal à 32. Cette fonction ne remplace pas complètement le `**` puisqu'elle ne manipule que des puissances entières positives, mais il est préférable de séparer les problèmes pour ne pas tout compliquer.

Voici la fonction `power` et le programme principal qui l'utilise, ainsi vous pouvez découvrir, en une fois, la structure complète programme principal-sous programme.

```
main()     /* test power function */
{
    int i;

    for (i = 0; i < 10; ++i)
        printf("%d %d %d\n", i, power(2,i), power(-3,i));
}

power(x, n)     /* raise x to n-th power; n > 0 */
int x, n;
{
    int i, p;

    p = 1;
    for (i = 1; i <= n; ++i)
        p = p * x;
    return(p);
}
```

Chaque fonction a la même structure :
— nom (liste d'arguments s'ils existent)
— déclarations d'arguments s'il y a lieu

{

— déclarations
— Instructions

}

Les fonctions peuvent apparaître dans un ordre différent, dans un seul fichier source ou dans deux. Bien sûr, si la source est composée de deux fichiers, vous devez donner des explications supplémentaires au compilateur et ne charger la source que si chaque fichier contient toutes les informations, mais c'est un problème de système d'exploitation et non de langage. Pour le moment, nous supposons que le programme principal et le sous-programme appartiennent au même fichier, ainsi ce que nous avons appris sur l'exécution de programmes en langage C reste valable.

La fonction `power` est appelée deux fois à la ligne :
```
printf("%d %d %d\n", i, power(2,i), power(-3,i));
```

Chaque appel transmet deux arguments à la fonction `power` qui renvoie à chaque fois un résultat entier qui sera mis en forme et écrit. Dans une expression, `power(2,i)` est un entier au même titre que `2` et `i`. (Les fonctions ne donnent pas toutes un résultat entier, nous en parlerons au chapitre 4).

Dans `power`, on doit déclarer les arguments de façon à connaître leurs types. Cela est réalisé à la ligne qui suit le nom de la fonction :

```
int x, n;
```

Les déclarations d'arguments se font entre la liste des arguments du tout début et l'ouverture de l'accolade ; chaque déclaration se termine par un point virgule. Les noms que donne `power` à ses arguments sont des noms «locaux» appartenant à `power` et qui ne sont pas compréhensibles par une autre fonction, mais celle-ci peut utiliser le même nom sans qu'il y ait conflit. Cela est vrai pour les noms des variables `i` et `p` : dans `power`, le `i` n'a aucune relation avec le `i` dans `main`.

Le résultat que calcule `power` est renvoyé au programme principal `main`. par l'instruction `return` (celle-ci est identique à celle existant en PL1). On peut trouver n'importe quelle instruction à l'intérieur des parenthèses. Une fonction peut ne pas renvoyer une valeur ; une instruction `return` sans argument rend la main au programme appelant, mais, en aucun cas, ne lui renvoie une valeur utile : par exemple, lorsque l'accolade fermante est atteinte, c'est la fin de la fonction et cette indication est renvoyée.

Exercice 1 - 13 Écrire un programme qui convertisse les données en entrée en lettres minuscules en utilisant la fonction `lower (c)` qui renvoie `c` au programme principal, lorsque `c` n'est pas une lettre, ou, dans le cas contraire, la minuscule correspondant à `c`. □

1.8 LES ARGUMENTS ET L'APPEL «PAR VALEUR».

Les programmeurs familiers d'autres langages tels que le Fortran et le PL1 seront surpris de constater qu'en langage C, tous les arguments des fonctions sont transmis «par valeur». Cela veut dire que la fonction appelée reçoit les valeurs de ses arguments par l'intermédiaire de variables provisoires (en fait, dans une pile) et non pas leurs adresses. Cela entraîne des propriétés différentes de celles qu'on peut trouver dans les langages qui utilisent l'appel «par adresse», comme le Fortran et le PL1, et dans lesquels le sous-programme appelé reçoit l'adresse de l'argument et non pas sa valeur.

La différence principale est que, dans le langage C, la fonction appelée ne peut pas modifier une variable dans le programme appelant ; elle ne peut que modifier la variable provisoire qu'elle a reçue.

L'appel par valeur est une chose dont on peut tirer avantage mais, en aucun cas, une obligation à subir. Il conduit, en général, à des programmes plus compacts n'utilisant que de très rares variables étrangères car les arguments peuvent être considérés de façon commode comme des variables locales initialisées dans le sous-programme appelé. Voici, par exemple, une version de la fonction `power` utilisant ces remarques :

```
power(x, n)    /* raise x to n-th power; n>0; version 2 */
int x, n;
{
    int p;

    for (p = 1; n > 0; --n)
        p = p * x;
    return(p);
}
```

L'argument n est utilisé comme une variable provisoire qui est décrémentée de 1 jusqu'au moment où elle devient nulle ; on n'a donc plus besoin de la variable i précédente.

De plus, le travail qui est effectué sur la variable n dans power n'a aucun impact sur l'argument initialement transmis à power

Quand cela est nécessaire, il est possible de permettre à une fonction de modifier une variable dans le programme appelant. Celui-ci doit fournir l'adresse de cette variable (en utilisant un pointeur de cette variable) et la fonction appelée doit déclarer l'argument en tant que pointeur et, par son intermédiaire, désigner indirectement la vraie variable. Nous développerons cela en détail dans le chapitre 5.

Quand le nom d'un tableau est utilisé comme argument, la valeur transmise à la fonction est l'endroit ou l'adresse du début de ce tableau. (Il n'y a pas de «copie» des éléments du tableau). En indiquant cette valeur, la fonction peut avoir accès et modifier n'importe quel élément du tableau. C'est le thème du paragraphe suivant.

1.9 LES TABLEAUX DE CARACTERES.

En langage C, les tableaux les plus employés sont de type caractère. Nous allons illustrer l'utilisation des tableaux de caractères ainsi que les fonctions qui les manipulent à l'aide d'un programme qui lit un ensemble de lignes et qui écrit la plus longue d'entre toutes. La structure est assez simple :

wnile (il y a encore une autre ligne)
    if (sa longueur est supérieure à la plus grande longueur obtenue jusqu'à présent.)
    Cette ligne est conservée et on mémorise sa longueur.
On écrit la plus longue ligne.

Cette structure montre clairement que le programme est divisé en plusieurs parties. La première recherche la nouvelle ligne, une autre partie la teste, une autre encore la stocke et le reste contrôle le processus.

Puisque les choses paraissent claires, il serait bon de retrouver cette clarté dans l'écriture. Pour cela, commençons par écrire une fonction getline qui va chercher la ligne qui se trouve en entrée, c'est, en fait, une généralisation de getchar. Pour rendre cette fonction utilisable dans d'autres contextes, nous essaierons de lui donner une structure aussi souple que possible. Au minimum, getline doit être capable de renvoyer un signal indiquant la fin du fichier ; la meilleure manière serait de renvoyer soit la longueur de la ligne, soit zéro si on se trouve à la fin du fichier. En effet, zéro ne peut correspondre à une longueur de ligne puisque toute ligne possède au moins un caractère : une ligne qui ne contient que le caractère d'interligne a une longueur égale à 1.

Quand nous trouvons une ligne dont la longueur est supérieure à la plus grande longueur obtenue auparavant, on stocke cette nouvelle ligne quelque part. Cela suggère de créer une autre fonction, copy , qui recopie cette nouvelle ligne dans un endroit en sûreté.

Enfin, nous avons besoin d'un programme principal pour gérer getline et copy . On obtient :

```
#define    MAXLINE    1000 /* maximum input line size */

main()     /* find longest line */
{
      int  len; /* current line length */
      int  max; /* maximum length seen so far */
      char line[MAXLINE]; /* current input line */
      char save[MAXLINE]; /* longest line, saved */
      max = 0;
      while ((len = getline(line, MAXLINE)) > 0)
            if (len > max) {
                  max = len;
                  copy(line, save);
            }
      if (max > 0)    /* there was a line */
            printf("%s", save);
}
getline(s, lim)      /* get line into s, return length */
char s[];
int lim;
{
      int c, i;

      for (i=0; i<lim-1 && (c=getchar())!=EOF && c!='\n'; ++i)
            s[i] = c;
      if (c == '\n') {
            s[i] = c;
            ++i;
      }
      s[i] = '\0';
      return(i);
}
copy(s1, s2)    /* copy s1 to s2; assume s2 big enough */
char s1[], s2[];
{
      int i;

      i = 0;
      while ((s2[i] = s1[i]) != '\0')
            ++i;
}
```

main et getline communiquent entre elles à l'aide d'une paire d'arguments et d'une valeur renvoyée par getline . Dans getline , voici les déclarations des arguments.

```
char s[];
int lim;
```

On voit que le premier argument est un tableau et le second, un entier. La longueur du tableau s n'est pas précisée dans getline puisqu'elle est déterminée dans main. getline utilise l'instruction return pour renvoyer une valeur au programme appelant comme le faisait la fonction power . Certaines fonctions renvoient une valeur utile au programme principal, d'autres comme copy ne sont utilisées que pour ce qu'elles sont et non pas pour obtenir une valeur en retour.

getline met le caractère \0 (le caractère nul dont la valeur est égale à zéro) à la fin du tableau qu'elle crée pour marquer la fin de la chaîne de caractères. Cette convention est utilisée également par le compilateur C : quand on écrit en langage C, une chaîne de constantes du type :

```
"hello\n"
```

le compilateur crée un tableau de caractères contenant les caractères de la chaîne et se terminant par un \0 afin qu'une fonction telle que printf puisse détecter la fin de cette chaîne :

h	e	l	l	o	\n	\0

Avec la spécification de format %s dans printf , on peut attendre, en sortie, une chaîne représentée sous la forme précédente. Si vous examinez copy , vous découvrirez qu'elle tient compte du fait que son argument d'entrée s1 se termine par un \0 et qu'elle recopie ce caractère dans son argument de sortie s2 . (Tout cela suppose que \0 ne fait pas partie du texte normal).

On profitera de l'occasion pour remarquer qu'un programme, aussi petit qu'il soit, peut présenter des difficultés de conception. Par exemple, que devrait faire main si il rencontrait une ligne dont la longueur est supérieure au maximum qu'il peut lire ? getline travaille bien car cette fonction s'arrête quand son tableau est plein, même si elle n'a pas trouvé le caractère d'interligne. En testant la longueur et le dernier caractère renvoyé, main peut déterminer si la ligne est trop longue et réagir comme il le désire. Pour rester bref, nous passons sur la conclusion.

Il n'y a aucun moyen pour un utilisateur de getline de connaître à l'avance de quelle longueur sera la ligne, aussi getline contrôle les erreurs par dépassement de capacité. Par contre, l'utilisateur de copy connaît déjà (ou peut la déterminer) la grandeur de la chaîne de caractères ; nous avons donc choisi de ne pas lui adjoindre de contrôle d'erreurs.

Exercice 1 - 14 Revoir le programme principal du programme écrivant la plus longue ligne d'un fichier en entrée afin qu'il puisse imprimer correctement la longueur des lignes quelles que soient leurs longueurs et le plus possible de texte.
□

Exercice 1 - 15 Écrire un programme qui imprime toutes les lignes dont la longueur dépasse les 80 caractères. □

Exercice 1 - 16 Écrire un programme qui efface les blancs et les tabulations qui traînent à la fin de chaque ligne en entrée et qui détruise toutes les lignes de blancs. □

Exercice 1 - 17 Écrire une fonction `reverse(s)` qui inverse la chaîne de caractères s. L'utiliser pour écrire un programme qui inverse une par une chaque ligne du fichier d'entrée. □

1.10 L'ESPACE DE VALIDITÉ. LES VARIABLES EXTERNES.

Les variables du programme `main` (`line, save` etc ...) sont des variables locales ou réservées à `main`, car elles sont déclarées à l'intérieur de `main` et aucune autre fonction ne peut y avoir accès directement. Cela est vrai pour toute fonction, par exemple, la variable `i` qu'on trouve dans `getline` n'a aucune rapport avec le `i` de `copy`. Chaque variable locale d'un sous-programme n'existe que lorsque ce sous-programme est appelé, et disparaît dès qu'on en sort. C'est pour cette raison que de telles variables sont baptisées en général variables «automatiques», si on prend la terminologie d'autres langages. Nous utiliserons désormais le terme automatique pour parler de ces variables dynamiques locales. (Le chapitre 4 traite du stockage `static` dans lequel les variables locales mémorisent leurs valeurs pendant les instants où les fonctions ne sont pas appelées).

Comme les variables automatiques vont et viennent à chaque appel de la fonction, elles ne retiennent pas leurs valeurs d'un appel à l'autre et doivent être initialisées à chaque fois de façon explicite. Si cela n'est pas fait, ces variables contiendront des valeurs parasites.

Il est possible de définir des variables qui sont «externes» à toutes les fonctions, ce sont les variables globales auxquelles peut avoir accès en les nommant n'importe quelle fonction qui en a besoin. (Ce mécanisme ressemble plutôt au COMMON du Fortran ou à l'EXTERNAL du PL1). Puisque ces variables externes sont accessibles de façon globale, on peut les utiliser à la place des listes d'arguments pour communiquer les données entre les fonctions. En outre, puisque ces variables existent en permanence, au lieu d'apparaître puis de disparaître à chaque appel d'une fonction, leur valeur est conservée même lorsque la fonction qui les a créées ne travaille plus.

Une variable externe doit être définie en dehors de toute fonction ; ainsi une place lui est réservée en mémoire. La variable doit être déclarée dans chaque fonction qui désire y avoir accès ; cela peut-être fait soit par une déclaration explicite `extern`, soit implicitement par le contexte. Pour illustrer cela, nous avons réécrit le programme du paragraphe 1.9 en considérant `line, save` et `max` comme des variables externes. Cela exige de changer les appels, les déclarations et les corps des trois fonctions.

```
#define   MAXLINE   1000 /* maximum input line size */

char line[MAXLINE]; /* input line */
char save[MAXLINE]; /* longest line saved here */
int  max; /* length of longest line seen so far */

main()   /* find longest line; specialized version */
{
    int len;
    extern int max;
    extern char save[];

    max = 0;
    while ((len = getline()) > 0)
        if (len > max) {
            max = len;
            copy();
        }
    if (max > 0)   /* there was a line */
        printf("%s", save);
}

getline() /* specialized version */
{
    int c, i;
    extern char line[];

    for (i = 0; i < MAXLINE-1
        && (c=getchar()) != EOF && c != '\n'; ++i)
            line[i] = c;
    if (c == '\n') {
        line[i] = c;
        ++i;
    }
    line[i] = '\0';
    return(i);
}


copy()   /* specialized version */
{
    int i;
    extern char line[], save[];

    i = 0;
    while ((save[i] = line[i]) != '\0')
        ++i;
}
```

Les variables externes dans `main`, `getline` et `copy` sont définies dans les premières lignes de l'exemple ci-dessus qui établissent leurs types et leur réservent de la place en mémoire. Au point de vue syntaxe, les définitions des variables externes ressemblent aux déclarations que nous avons utilisées auparavant, mais comme elles sont à l'extérieur des fonctions, elles sont devenues des variables externes. Pour qu'une fonction puisse utiliser une telle variable, il faut lui faire connaître son nom. Un moyen d'y parvenir est d'écrire une déclaration du type `extern` dans la fonction, c'est le même genre de déclaration qu' auparavant mais en y ajoutant le mot clé `extern`.

Dans certaines circonstances, on peut omettre cette déclaration du type `extern` si la définition externe de la variable se trouve dans le fichier source avant d'être utilisée par une fonction particulière. Ainsi les déclarations sous `extern` dans `main`, `getline` et `copy` sont redondantes. En pratique, on définit toutes variables externes en début de fichier source et on omet de les déclarer sous `extern`.

Si le programme est écrit sur plusieurs fichiers sources et si une variable est définie dans le fichier dit 1 et utilisée dans le numéro 2, il faut la déclarer sous `extern` dans le fichier 2 pour qu'elle soit rattachée à la variable définie dans le fichier 1. Ce sujet est longuement développé dans le chapitre 4.

Il faut noter la différence dans l'emploi des mots «définition» et «déclaration» quand on parle des variables externes. «Définition» fait référence à l'endroit où a été créée la variable et où on lui a affecté de la mémoire, tandis que «déclaration» s'emploie à chaque fois qu'on énonce la nature de la variable sans que de la mémoire soit réservée.

A ce propos, on essaie, de plus en plus, d'utiliser les variables externes car apparemment elles simplifient les communications — les listes d'arguments sont raccourcies et les variables sont toujours présentes là où on en a besoin. Par contre, ces variables sont toujours là même si vous n'en avez pas l'utilité. Ce style de codage comporte des dangers car il conduit à des programmes dans lesquels la façon de communiquer les données n'est pas toujours évidente — des variables peuvent être modifiées de manière inattendue et même par étourderie, et le programme devient difficile à transformer si besoin est. La seconde version du programme qui écrit la plus longue ligne du fichier entrée est plus courte que la première, en partie pour ces raisons et en partie parce qu'elle donne des noms précis aux variables de `getline` et de `copy`, empêchant ainsi l'utilisation de ces deux fonctions dans d'autres programmes.

Exercice 1 - 18 Le test dans l'instruction `for` de `getline` ci-dessus est plutôt lourd. Réécrire le programme plus clairement tout en conservant le même comportement en fin de fichier ou lors du dépassement du «buffer». Est-ce le comportement le plus raisonnable ? □

1.11 RÉSUMÉ.

Nous avons traité très rapidement, dans ce chapitre, l'essentiel du langage

C. Avec l'aide de tous les paragraphes vous pouvez écrire des programmes utiles de très grande taille ; une bonne idée serait de marquer une pause assez longue pour que vous puissiez les écrire.

Les exercices qui suivent vous donnent quelques suggestions de programmes plus complexes que ceux qui ont été présentés dans ce chapitre.

Quand vous aurez dominé cette partie du langage C, il serait bon que vous continuiez à lire car le contenu des chapitres suivants montre la puissance et la force d'expression du langage.

Exercice 1 - 19 Écrire un programme `detab` qui remplace chaque tabulation dans le fichier par un nombre de blancs correspondant à l'espace qui la sépare du taquet suivant de tabulation. Supposer qu'il existe un ensemble de taquets de tabulation préfixés, par exemple, tous les n caractères.☐

Exercice 1 - 20 Écrire le programme `entab` qui remplace les chaînes de blancs par un nombre minimum de tabulations et de blancs correspondant aux espaces qui représentent les chaînes détruites. Utiliser les mêmes taquets de tabulation que dans l'exercice 1 - 19. ☐

Exercice 1 - 21 Écrire un programme qui coupe les lignes trop longues du fichier d'entrée. Par exemple, on considère un paramètre n, on coupe la ligne après le dernier caractère (différent du blanc) qui arrive juste avant la nième colonne du fichier d'entrée et on écrit la suite dans la ligne suivante. Il faut être sûr que le programme réalise un travail intelligent avec les très longues lignes et lorsqu'il n'y a pas de blanc ou de tabulation avant la colonne attendue. ☐

Exercice 1 - 22 Faire un programme pour effacer tous les commentaires d'un programme en langage C. Attention aux différences de manipulation entre les chaînes entre guillemets et les constantes de caractères ! ☐

Exercice 1 - 23 Écrire un programme pour vérifier si un programme en C ne comporte pas d'erreurs de syntaxe comme une parenthèse, un crochet ou une accolade oubliés. Ne pas omettre les guillemets, les apostrophes et les commentaires (Ce programme est difficile si vous le traitez dans le cas le plus général).☐

2. Les types, les opérateurs et les expressions

Les éléments principaux utilisés par les programmes sont les constantes et les variables. Les déclarations dressent la liste des variables en indiquant leurs types et parfois leurs valeurs initiales. Les opérateurs précisent le travail à réaliser. Les expressions mélangent les variables et les constantes pour donner naissance à de nouvelles valeurs. Voilà le contenu de ce chapitre.

2.1 LES NOMS DES VARIABLES.

Bien que nous ne l'ayons pas dit, il existe certaines restrictions dans l'emploi des noms des variables et des constantes. Les noms sont constitués de lettres et de chiffres ; le premier caractère doit être une lettre. Le caractère «souligné» noté "_" est considéré comme une lettre. Il faut veiller à ce que les noms longs des variables soient lisibles. Les caractères majuscules et minuscules sont différents : en langage C, on utilise généralement les majuscules pour les constantes et les minuscules pour les variables.

Le système ne prend en compte que les huit premiers caractères des noms internes, bien qu'on puisse en utiliser plus. Pour les noms externes tels que les noms des fonctions ou des variables externes, ce nombre peut être inférieur à huit car ces noms peuvent être utilisés par des assembleurs ou des chargeurs de différents types. On trouvera d'autres détails dans l'appendice A.

De plus, certains mots clés comme if, else, int, float, ... sont réservés et ne sont pas utilisables pour représenter les variables (ils existent déjà en minuscules).

Il est conseillé de choisir des noms de variables qui ont un sens, par exemple, qui indiquent à quoi correspondent les variables, et il serait invraisemblable de mélanger des caractères de manière incohérente.

2.2 LES TYPES DE DONNÉES ET LEURS TAILLES.

En langage C, il n'existe que quelques types fondamentaux de données :

— le type `char` : un seul byte représentant un caractère parmi l'ensemble des caractères du système.

— le type `int` : un nombre entier dont la taille correspond à celle des entiers du système d'exploitation.

— le type `float` : un nombre en virgule flottante en simple précision.

— le type `double` : un nombre en virgule flottante en double précision.

Un certain nombre de qualificatifs peuvent préciser le type `int` : `short`, `long`, et `unsigned`. Les deux premiers précisent la taille de l'entier. Les nombres `unsigned` obéissent aux lois de l'arithmétique modulo 2^n où n est le nombre de bits d'un entier. Ces nombres sont toujours positifs. Les déclarations qui font appel à ce genre de types s'écrivent de la manière suivante :

```
short int x;
long int y;
unsigned int z;
```

Ce sont les seuls cas où on peut ne pas indiquer le mot `int`

La précision de ces différents éléments dépend de la machine sur laquelle on travaille, la table ci-dessous montre quelques exemples :

	DEC PDP-11	Honeywell 6000	IBM 370	Interdata 8/32
	ASCII	ASCII	EBCDIC	ASCII
`char`	8 bits	9 bits	8 bits	8 bits
`int`	16	36	32	32
`short`	16	36	16	16
`long`	32	36	32	32
`float`	32	36	32	32
`double`	64	72	64	64

short et long sont censés caractériser des tailles différentes d'entiers ; alors qu'en général int fait référence à la longueur «naturelle» de l'entier de la machine utilisée. Comme vous le voyez, chaque compilateur est libre d'interpréter short et long de manière adaptée à sa propre structure naturelle. Vous devez surtout retenir qu'un «short» n'est jamais plus long qu'un «long».

2.3 LES CONSTANTES.

Les constantes du type `int` et du type `float` ont déjà été présentées, il faut préciser que la notation scientifique habituelle (`123.456e-7` ou `0.12E3`) concernant la virgule flottante est valable ici aussi. Chaque constante du type virgule flottante est considérée du type `double` , on utilise la notation "e" à la fois pour `float` et `double`.

On écrit la constante du type `long` de la manière suivante `23L` . Toute constante entière qui est trop longue pour être du type `int` est considérée comme du type `long` . Il existe une notation pour les constantes octales et hexadécimales : la présence d'un `0` (zéro) devant une constante du type `int` implique

que celle-ci est en base huit, la présence de `0x` ou `0X` indique une constante en base seize. Par ensemble, l'entier 31 peut s'écrire `037` en base 8, et `0x1f` ou `0X1F` en base 16. Si on veut augmenter la taille de ces constantes, on les fait suivre d'un L pour indiquer leur appartenance au type `long`

Une constante de type caractère est un caractère écrit entre apostrophes comme `'x'`. La valeur d'une constante de ce type est égale à la valeur numérique de ce caractère dans le code caractère de la machine. Par exemple, dans le code ASCII, le caractère zéro (`'0'`) a pour valeur 48 et, en EBCDIC, 240 ; on remarque que ces deux valeurs sont très différentes alors qu'elles sont représentées par un même caractère. Si on utilise `'0'` au lieu de 48 ou de 240 , on rend le programme indépendant du système d'exploitation. Comme les autres nombres, on peut utiliser des constantes de caractères pour faire des opérations numériques bien qu'elles soient généralement employées pour être comparées à d'autres caractères. Un paragraphe traitera des opérations de conversion.

Certains caractères qu'on ne peut symboliser graphiquement peuvent apparaître dans des constantes de caractères sous la forme `\n` (interligne), `\t` (tabulation), `\0` (nul), `\\` («blackslash» = barre oblique inverse), `\'` (apostrophe) etc ... ; ceux-ci semblent être composés de 2 caractères mais, en réalité, ils n'en forment qu'un. De plus, on peut engendrer une configuration avec un nombre de bits arbitraire en écrivant `'\` *ddd* où *ddd* est composé de 1 à 3 chiffres en base huit comme dans :

```
#define   FORMFEED   '\014'     /* ASCII form feed */
```

La constante `'\0'` représente un caractère de valeur zéro. On utilise `'\0'` à la place de O pour insister sur le type caractère de l'expression.

Une expression constante est une expression qui ne met en jeu que des constantes. De telles expressions sont évaluées à la compilation et non pas au moment de l'exécution. Elles sont utilisées partout où on peut trouver des constantes, par exemple

```
#define   MAXLINE   1000
char line[MAXLINE+1];
```

ou

```
seconds = 60 * 60 * hours;
```

Une constante de type chaîne est une séquence comprenant un nombre quelconque (même nul) de caractères encadré par des guillemets, telle

```
"I am a string"
```

ou

```
""    /* a null string */
```

Les guillemets ne font pas partie de la chaîne, ils servent simplement à la délimiter. Dans les chaînes de caractères, pour représenter le caractère guillemet, on utilise `\"`.

En fait, une chaîne est un tableau dont les éléments sont des caractères. Pour reconnaître la fin d'une chaîne, le compilateur fait suivre automatiquement le dernier caractère par le caractère nul `\0` . Ainsi, cette représentation n'impose aucune limite de longueur à la chaîne mais les programmes doivent la parcourir entièrement pour en mesurer la longueur. La mémorisation nécessite donc une case de plus que le nombre de caractères entre guillemets. La fonction ci-dessous `strlen(s)` calcule la longueur d'une chaîne de caractères en excluant le `\0` final.

```
strlen(s) /* return length of s */
char s[];
(
    int i;

    i = 0;
    while (s[i] != '\0')
        ++i;
    return(i);
)
```

Il faut savoir distinguer la constante de la chaîne de caractères ; en effet, `'x'` et `"x"` ne sont pas équivalents : le premier représente un seul caractère qui remplace la valeur numérique de la lettre x dans le code de la machine, le second est une chaîne ne comprenant qu'un caractère (la lettre x) en plus du `\0` final.

2.4 LES DÉCLARATIONS.

Les variables doivent toutes êtres déclarées avant d'être utilisées bien que certaines déclarations soient faites implicitement par le contexte. Une déclaration indique un certain type et regroupe derrière une ou plusieurs variables de ce type : par exemple :

```
int  lower, upper, step;
char c, line[1000];
```

On aurait pu répartir ces déclarations comme on l'entendait, l'exemple ci-dessous donne le même résultat :

```
int  lower;
int  upper;
int  step;
char c;
char line[1000];
```

Cette dernière forme occupe plus de place mais elle est plus commode si on veut, sur chaque ligne, ajouter un commentaire ou apporter des modifications.

On peut ainsi initialiser les variables lors des déclarations, mais il existe des restrictions. Si le nom est suivi d'un signe égal et d'une constante, alors la variable peut être initialisée. Voici quelques exemples :

```
char backslash = '\\';
int  i = 0;
float eps = 1.0e-5;
```

Si la variable en question est externe ou statique, l'initialisation est faite une fois pour toutes avant que le programme ne commence l'exécution. Les variables automatiques dont l'initialisation est explicite seront initialisées à chaque fois qu'on appellera la fonction dont elles font partie. Les variables automatiques qui ne sont pas initialisées explicitement ont des valeurs indéfinies (parasites). Les variables externes et statiques sont mises à zéro par défaut mais, de toute façon, il est préférable de les initialiser.

Nous reparlerons de l'initialisation lorsqu'apparaîtront de nouveaux types de données.

2.5 LES OPÉRATEURS DE CALCUL.

Les opérateurs de calcul binaire sont +, -, *, /, ainsi que l'opérateur «reste de la division» %. . Il existe un opérateur - qui n'a qu'un opérande (opérateur unaire) mais pas de + . La division entière donne un résultat sans partie fractionnaire. L'expression `x % y` calcule le reste de la division de x par y, celui-ci est égal à zéro lorsque x est divisible par y. Par exemple, une année est bissextile lorsqu'elle est divisible par 4 et pas par 100, à l'exception des années divisibles par 400 qui sont bissextiles. On a, par conséquent,

```
if (year % 4 == 0 && year % 100 != 0 || year % 400 == 0)
```

C'est une année bissextile :

```
else
```

Ce n'en est pas une.

L'opérateur `%` ne peut être utilisé avec des nombres de type `float` et `double`.. Les opérateurs + et - ont la même priorité, celle-ci est inférieure à celle des opérateurs *, /, et %, qui est elle-même inférieure à celle du - unaire. Les opérateurs de calcul effectuent les opérations de gauche à droite. (Une table, à la fin de ce chapitre, résume les priorités et les associativités de tous les opérateurs). L'ordre d'évaluation n'est pas précisé pour la commutativité et l'associativité d'opérateurs tels que * et + ; le compilateur peut réorganiser une expression avec parenthèses en les modifiant.

Ainsi, `a+(b+c)` peut être évalué comme `(a+b)+c`. Cela est rarement différent mais, si l'on exige un ordre particulier, des variables temporaires explicites doivent être utilisées.

Cette action entraînant un dépassement de capacité positif ou négatif dépend de la machine sur laquelle on travaille.

2.6 LES OPÉRATEURS DE RELATION ET LES OPÉRATEURS LOGIQUES

Voici la liste des opérateurs de relation > >= < <= qui ont une priorité identique. Nous trouvons ensuite les opérateurs d'égalité == != qui ont une priorité identique mais inférieure à celle des opérateurs précédents. Les opérateurs de relation sont moins prioritaires que les opérateurs de calcul, ainsi, comme on le désirait, des expressions telles que `i < lim-1` sont équivalentes à `i < (lim-1)`

Les opérateurs logiques `&&` et `||` sont plus intéressants. Les expressions dans lesquelles ces opérateurs interviennent sont évaluées de gauche à droite, l'évaluation s'arrête dès qu'on sait si l'expression est vraie ou fausse. Ces propriétés sont essentielles pour écrire un programme qui fonctionne. Par exemple, considérons la boucle tirée de la fonction `getline` que nous avons écrite au chapitre 1.

```
for (i=0; i<lim-1 && (c=getchar()) != '\n' && c != EOF; ++i)
    s[i] = c;
```

Avant de lire un nouveau caractère, il est nécessaire de vérifier qu'il reste de la place pour le mémoriser dans le tableau `s` ; pour cela, on doit tester en premier si `i<lim-1` . Si le test est négatif, nous ne devons même pas continuer, ni lire un autre caractère. De la même manière, il serait mal venu de tester si `c` est égal à `EOF` avant d'avoir appelé la fonction `getchar` ; l'appel doit se faire avant que le caractère contenu dans `c` ne soit testé. L'opérateur `&&` est plus prioritaire que `||` , et tous deux sont eux-mêmes moins prioritaires que les opérateurs de relation et d'égalité.

Des expressions telles que :

```
i<lim-1 && (c = getchar()) != '\n' && c != EOF
```

ne nécessitent aucune parenthèse supplémentaire. Par contre, les parenthèses sont indispensables dans des expressions comme :

```
(c = getchar()) != '\n'
```

pour obtenir le résultat désiré car `!=` est plus prioritaire que l'affectation.

L'opérateur de négation unaire `!` convertit un opérande non nul ou qui a la valeur «vrai» en 0, ainsi qu'un opérande nul ou qui a la valeur «faux» en 1. On utilise couramment le `!` dans des constructions du type

```
if (!inword)
```

plutôt que d'écrire

```
if (inword == 0)
```

Il est difficile de dire quelle est la meilleure forme. Certaines instructions comme `!inword` se lisent assez facilement alors que d'autres plus compliquées seront difficiles à comprendre.

Exercice 2 - 1 Écrire une boucle équivalente à la boucle `for` ci-dessus, sans utiliser `&&`. □

2.7 LES CONVERSIONS DE TYPES.

Quand des opérandes de types différents interviennent dans une même expression, ils sont tous convertis en un seul type selon un nombre réduit de lois. En général, les seules conversions qui se font automatiquement sont celles qui donnent un sens aux expressions comme la conversion d'un entier en réel du type virgule flottante dans une expression du genre `f + i` .Les expressions qui n'ont aucun sens telles qu'utiliser un nombre du type `float` comme indice sont rejetées à la compilation.

Tout d'abord on peut mélanger dans des expressions arithmétiques des élé-ments du type char et du type int ; en effet, le type char sera automatiquement converti en type int . Cela permet une très grande souplesse dans certains cas de transformations des caractères. Illustrons cette remarque par la fonction atoi qui convertit une chaîne de chiffres en son équivalent numérique.

```
atoi(s)    /* convert s to integer */
char s[];
{
    int i, n;

    n = 0;
    for (i = 0; s[i] >= '0' && s[i] <= '9'; ++i)
        n = 10 * n + s[i] - '0';
    return(n);
}
```

Comme nous l'avons dit dans le chapitre 1, l'expression :

```
s[i] - '0'
```

donne la valeur numérique du caractère contenu dans s[i] , en effet, les valeurs '0', '1'... forment une suite croissante d'entiers positifs et consécutifs.

Un autre exemple de conversion du type char en int est la fonction lower qui transforme un caractère seul en une minuscule dans le cas du code ASCII. Si le caractère n'est pas une lettre majuscule, la fonction le renvoie inchan-gé.

```
lower(c)    /* convert c to lower case; ASCII only */
int c;
{
    if (c >= 'A' && c <= 'Z')
        return(c + 'a' - 'A');
    else
        return(c);
}
```

Cela marche pour le code ASCII dans lequel minuscules et majuscules sont ordonnées sans rupture de séquence. Ce ne serait pas le cas pour l'EBCDIC (IBM 360/370), où on risquerait de convertir d'autres éléments que des lettres.

Il existe une subtilité dans la conversion de caractères en entiers. Le langa-ge ne précise pas si les variables de type char sont des quantités signées ou pas. Quand un type char est converti en int , peut-il donner naissance à un entier négatif ? Malheureusement, cela dépend de la machine et de son architecture. Sur certaines (le PDP-11, par exemple), un élément de type char dont le bit le plus à gauche est un 1 sera converti en un entier négatif («bit d'extension de signe»). Sur d'autres, un type char devient int en ajoutant des zéros sur la gauche et ainsi, il est toujours positif.

En langage C, tout caractère appartenant au code standard de la machine est toujours positif, aussi, il peut être utilisé dans n'importe quelle expression en tant que quantité positive. Mais des configurations de bits arbitraires correspondant à des variables de caractères peuvent être négatives sur certaines machines et positives sur d'autres.

L'exemple le plus courant d'une telle situation se produit lorsque la valeur −1 représente `EOF` . Considérons la séquence suivante :

```
char c;

c = getchar();
if (c == EOF)
    ...
```

Sur une machine où il n'y a pas d'extension de signe, `c` est toujours positive car c'est une variable de type `char` , cependant `EOF` est négatif. Donc il reste un problème pour le test. Pour l'éviter, on a utilisé le type `int` au lieu de `char` pour toutes les variables qui peuvent contenir une valeur donnée par la fonction `getchar`.

La véritable raison du choix de `int` à la place de `char` n'a aucun rapport avec les questions de possibilité d'extension de signe. `getchar` doit tout simplement renvoyer tous les caractères existants (afin d'être capable de lire n'importe quelle donnée en entrée) ainsi qu'une valeur distincte pour `EOF` . Cette valeur ne peut correspondre alors à un type `char` mais, à la place, doit être rangée dans un type `int`.

Une autre forme courante de conversion automatique de types apparaît dans les expressions de relation telles que `i > j` et les expressions logiques contenant les opérateurs `&&` et `||` . Les expressions sont définies comme ayant la valeur 1 si elles sont vraies et 0 dans l'autre cas. L'instruction ci-dessous met la variable `isdigit` soit à 1 si `c` est un chiffre (entre 0 et 9) soit à 0 dans le cas contraire. (Dans les tests des instructions `if`, `while`, `for`, etc ... «vrai» équivaut à «non nul»).

```
isdigit = c >= '0' && c <= '9';
```

Il existe aussi des conversions implicites pour le calcul. En général, si un opérateur comme `+` ou `*` travaille sur deux opérandes (un opérateur «binaire») de types différents, le type «le plus faible» est transformé dans le type «le plus fort» avant que ne commence le calcul. Le résultat est alors donné dans le type «le plus fort». Nous allons préciser maintenant les lois qui régissent les conversions pour le calcul :

— `char` et `short` sont convertis en `int` , et `float` en `double`.

— Puis, si un des opérandes est du type `double` , l'autre est converti en `double` , et le résultat sera du type `double`.

— Si un des opérandes est du type `long`, l'autre est converti en `long`, et le résultat sera du type `long`.

— Si un des opérandes est du type `unsigned` , l'autre est converti en `unsigned` , et le résultat sera du type `unsigned`.

— Autrement, les opérandes doivent être du type `int` et le résultat sera en `int`.

Il faut remarquer qu'en langage C, dans un calcul, tout type float est transformé en double , ainsi tous les calculs en virgule flottante se font en double précision.

Des conversions se font également lors des affectations ; la valeur de côté droit est convertie dans le type du côté gauche qui sera le type du résultat. Un caractère est transformé en un entier, soit avec l'extension de signe, soit sans, comme on l'a vu plus haut. L'opération inverse, le passage du type int en char, s'effectue sans mal ; les bits des poids les plus forts en trop sont tout simplement éliminés. Voilà un exemple où la valeur de c reste inchangée.

```
int  i;
char c;

i = c;
c = i;
```

Cela est plus ou moins vrai selon qu'on a utilisé l'extension de signe ou non.

Si x est du type float et i un int alors x = i et i = x entraînent tous deux des conversions : lorsque float est transformé en int la partie fractionnaire est supprimée. Pour passer d'un type double à float, on fait une erreur d'arrondi et la conversion d'entiers de type long en entier de type short ou même en caractères, nécessite l'élimination des bits de poids les plus forts.

Comme un argument d'une fonction est, en fait, une expression, des conversions se produisent quand les arguments sont transmis aux fonctions ; en particulier le type char et le type short sont transformés en int , ainsi que le type float en double . C'est la raison pour laquelle nous avons déclaré certains arguments de types int et double , alors qu'à l'appel de la fonction nous avons utilisé des variables de types char et float.

Enfin, dans n'importe quelle expression, il est possible d'imposer certaines conversions de types à l'aide d'une construction appelée «cast» qui a la forme :

(nom du type) expression.

L'expression est alors convertie dans le type précisé entre parenthèses selon les lois essentielles de conversion citées auparavant. En fait, le «cast» équivaut à affecter l'expression qui suit la parenthèse à une variable du type désiré qu'on utilisera alors dans les calculs à la place de l'expression. Par exemple, le sous programme sqrt de la bibliothèque a besoin d'un argument de type double , sinon il fait n'importe quoi. Si n est un entier, on doit alors écrire :

```
sqrt((double) n)
```

pour que n soit converti en double avant d'être transmis à sqrt . (Il faut remarquer que la variable n n'est pas modifiée, ce «cast» a simplement transféré la valeur de n dans une variable du type désiré). Cet opérateur a la même priorité que les autres opérateurs unaires, comme on le verra dans la table qui sert de résumé à la fin de ce chapitre).

Exercice 2 - 2 Écrire la fonction htoi(s), qui transforme une chaîne de chiffres en base seize en son équivalent en nombres entiers. Les chiffres admissibles sont : 0 jusqu'à 9, a jusqu'à f et A jusqu'à F. □

2.8 LES OPÉRATEURS D'INCRÉMENTATION ET DE DÉCRÉMENTATION.

En langage C, nous trouvons deux opérateurs nouveaux pour incrémenter et décrémenter des variables. L'opérateur ++ ajoute 1 à son opérande, de même -- retranche 1 à son opérande. Nous avons très souvent utilisé ++ pour incrémenter des variables comme par exemple dans :

```
if (c == '\n')
    ++nl;
```

La nouveauté provient du fait qu'on puisse utiliser ces opérateurs soit devant la variable (++n), soit derrière (n++). Dans tous les cas, la variable n est incrémentée de 1, mais il y a une différence : l'expression ++n incrémente n avant que sa valeur ne soit utilisée, alors que n++ incrémente n une fois que sa valeur a été utilisée. Considérons un exemple : si n est égal à 5, x = n++ affecte 5 à la variable alors que x = ++n affecte 6 à la variable x, dans les deux cas n deviendra égal à 6. On ne peut utiliser ces opérateurs qu'avec des variables, une expression telle x=(i+j)++ n'a aucun sens.

Dans un contexte où aucune valeur n'entre en jeu et où seul nous intéresse l'effet d'incrémentation comme dans

```
if (c == '\n')
    nl++;
```

vous pouvez choisir la position de l'opérateur suivant votre goût. Mais il existe des situations où l'un et l'autre ont des emplois bien définis. Par exemple, considérons la fonction squeeze(s, c) qui efface tous les caractères c de la chaîne s.

```
squeeze(s, c)   /* delete all c from s */
char s[];
int c;
{
    int i, j;

    for (i = j = 0; s[i] != '\0'; i++)
        if (s[i] != c)
            s[j++] = s[i];
    s[j] = '\0';
}
```

A chaque fois qu'on est en présence d'un caractère différent de c, on le recopie dans le tableau s à la position numéro j, puis on incrémente j pour être prêt à recevoir le caractère suivant. La structure précédente est donc équivalente à celle qui suit :

```
if (s[i] != c) {
    s[j] = s[i];
    j++;
}
```

La fonction getline que nous avons écrite au chapitre 1 nous fournit un autre exemple de cette structure. Nous pouvons en effet remplacer

```
if (c == '\n') {
    s[i] = c;
    ++i;
}
```

par une structure plus compacte :

```
if (c == '\n')
    s[i++] = c;
```

La fonction `strcat(s, t)` qui sera notre troisième exemple vient écrire la chaîne t à la fin de la chaîne s. Cette fonction suppose qu'il reste assez de place dans s pour y écrire t.

```
strcat(s, t)    /* concatenate t to end of s */
char s[], t[];  /* s must be big enough */
{
    int i, j;

    i = j = 0;
    while (s[i] != '\0")     /* find end of s */
        i++;
    while ((s[i++] = t[j++]) != '\0')   /* copy t */
        ;
}
```

Comme chaque élément de t est recopié dans s, on utilise l'opérateur ++ à la fois derrière les variables i et j pour être sûr qu'ils sont déjà positionnés pour le prochain passage dans la boucle.

Exercice 2 - 3 Écrire une autre version de `squeeze(s1, s2)` qui supprime tous les caractères de chaîne s1 qui appartiennent à la chaîne s2. □

Exercice 2 - 4 Écrire une fonction `any(s1, s2)` qui donnerait les adresses dans la chaîne s1 où on retrouve des caractères de la chaîne s2 ou alors, qui nous donnerait − 1 si s1 ne contenait aucun caractère de s2 .

2.9 LES OPÉRATEURS LOGIQUES DE BITS.

Le langage C utilise un certain nombre d'opérateurs qui travaillent sur les bits. Ils ne peuvent pas être employés avec des types `float` ou `double`. Voici la liste :

- `&` : ET, opérateur de bits
- `|` : OU (inclusif), opérateur de bits
- `^` : OU (exclusif), opérateur de bits
- `<<` : décalage à gauche
- `>>` : décalage à droite
- `~` : complément à un (opérateur unaire).

L'opérateur de bits ET `&` est souvent utilisé pour masquer un ensemble de bits. Par exemple, l'expression

```
c = n & 0177
```

met à zéro tous les bits de n sauf les 7 de poids les plus faibles.

L'opérateur de bits OU | sert à mettre des bits à 1 ; l'expression :

```
x = x | MASK
```

met à 1, dans x, tous les bits qui étaient déjà à 1 dans MASK.

Vous devez soigneusement distinguer les opérateurs & et | des opérateurs de relation && et || qui impliquent une analyse de gauche à droite, à la recherche d'une valeur vraie. Par exemple, si x est égal à 1 et y à 2, alors x & y est égal à 0 tandis que x && y est égal à 1. (Avez-vous compris pourquoi ?).

Les opérateurs de décalage << et >> exécutent des décalages à gauche et à droite. Ils décalent l'opérande qui se trouve à gauche d'un nombre de bits donné par l'opérande de droite. Ainsi, x << 2 décale le contenu de la variable x de deux bits vers la gauche, on remplit alors avec des zéros les bits laissés libres ; cela équivaut à une multiplication par 4. Lors d'un décalage à droite de quantités non signées, les bits laissés libres sont remplis par des zéros alors que pour des quantités ayant un signe, on remplira ces mêmes bits soit avec des bits de signe («décalage arithmétique») sur certaines machines comme le PDP-11, soit avec des zéros («décalage logique») sur d'autres.

L'opérateur unaire ~ fournit le complément à un d'un entier, en transformant chaque bit égal à 1 en 0 et réciproquement chaque 0 en 1. Cet opérateur est utilisé généralement dans des expressions telles que :

```
x & ~077
```

où on veut masquer les six derniers bits en les mettant à zéro. Remarquez que x & ~077 est indépendant de la longueur de la variable, une telle expression est préférable à, par exemple, x & 0177700 , qui suppose que x est sur 16 bits. La première forme n'entraîne aucun coût supplémentaire puisque ~077 est une constante qui sera évaluée à la compilation.

Pour illustrer l'utilisation des opérateurs qui ne travaillent que sur les bits, considérons la fonction getbits(x, p, n) qui donne le bit numéro p dans x, ainsi que les n − 1 bits qui le suivent (après les avoir décalés vers la droite). Nous supposons que le bit numéro zéro correspond au bit le plus à droite (de poids le plus faible) et que n et p sont des valeurs positives judicieusement choisies. Par exemple, getbits(x, 4, 3) nous donne trois bits correspondant aux bits 4, 3 et 2 (convenablement décalés vers la droite).

```
getbits(x, p, n)        /* get n bits from position p */
unsigned x, p, n;
{
    return((x >> (p+1-n)) & ~(~0 << n));
}
```

x >> (p+1−n) décale les n bits désirés vers l'extrémité droite du mot. En déclarant que l'argument x est du type unsigned , on est assuré que lors du décalage vers la droite, les bits vacants seront remplis par des zéros et non pas par des bits de signe, sans tenir compte de la machine sur laquelle on travaille. ~0 est équivalent à un ensemble de 1 ; on le décale vers la gauche de n positions avec ~0 << n ; ceci positionne des zéros dans les n bits de droite et des 1 partout ailleurs ; enfin on prend le complémentaire, ce qui nous donne des 1 dans les n bits de droite.

Exercice 2 - 5 Modifier `getbits` pour numéroter les bits de gauche à droite. □

Exercice 2 - 6 Écrire une fonction `wordlength()` qui calcule la longueur d'un mot dans le système central, c'est-à-dire, le nombre de bits qui représentent un `int`. La fonction devra être «portable» dans l'hypothèse que le même code source puisse s'adapter sur toutes les machines.□

Exercice 2 - 7 Écrire la fonction `rightrot(n, b)` qui effectue une permutation circulaire vers la droite, de `b` bits d'un entier `n`.□

Exercice 2 - 8 Écrire la fonction `invert(x, p, n)` qui inverse (c'est-à-dire transforme 1 en 0 et vice versa) les `n` bits de `x` à partir du bit numéro `p` et qui laisse les autres inchangés. □

2.10 LES OPÉRATEURS ET LES EXPRESSIONS SE RAPPORTANT AUX AFFECTATIONS.

Des expressions comme `i = i + 2` dans lesquelles on répète à droite le membre de gauche peuvent être écrites de façon plus concise sous la forme `i += 2`, en utilisant un opérateur d'affectation tel que +=.

La plupart des opérateurs binaires (les opérateurs comme `+` qui ont un opérande à gauche et un à droite) ont un opérateur d'affectation correspondant. Celui-ci apparaît sous la forme «op =» où op est un des opérateurs suivants :

`+ - * / % << >> & ^ |`

Si «e_1» et «e_2» sont des expressions, alors «e_1 op $= e_2$» est équivalent à : $e_1 = (e_1)$ op (e_2), mais alors l'expression e_1 n'est calculée qu'une fois. Remarquez la présence des parenthèses autour de e_2 ; en effet `x *= y + 1` est équivalent à `x = x * (y + 1)` et non pas à `x = x * y + 1`

Pour illustrer cette remarque, étudions la fonction `bitcount` qui compte le nombre de bits à 1 qu'elle trouve dans son argument de type entier.

```
bitcount(n)        /* count 1 bits in n */
unsigned n;
{
    int b;

    for (b = 0; n != 0; n >>= 1)
        if (n & 01)
            b++;
    return(b);
}
```

Hormis la concision qu'ils apportent, les opérateurs d'affectation ont l'avantage de correspondre mieux avec notre façon de penser. En effet, nous disons «ajouter 2 à i» ou «incrémenter i de 2» et non pas «prendre i, ajouter 2 et remettre le résultat dans i». On écrit alors `i += 2`. De plus, dans des expressions compliquées comme, par exemple,

```
yyval[yypv[p3+p4] + yypv[p1+p2]] += 2
```

l'opérateur d'affectation rend le code plus compréhensible puisque le lecteur ne doit pas vérifier soigneusement que deux longues expressions sont vraiment équivalentes ou se demander pourquoi elles ne le sont pas. Enfin, l'opérateur d'affectation peut même aider le compilateur à créer un code plus efficace.

Nous avons déjà utilisé le fait qu'une instruction d'affectation possédait une valeur et que celle-ci pouvait intervenir dans une expression. L'exemple le plus courant était

```
while ((c = getchar()) != EOF)
    ...
```

Les affectations utilisant d'autres opérateurs (comme `+=` , `-=` , etc...) peuvent rentrer dans des expressions même si cela arrive moins fréquemment.

Le type d'une expression d'affectation correspond au type de l'opérande de gauche.

Exercice 2 - 9 Dans un système de nombres complémentés à 2, `x & (x-1)` détruit le bit le plus à droite dans `x`. (Pourquoi ?). Utiliser cette observation pour écrire une version plus rapide de la fonction `bitcount`. □

2.11 LES EXPRESSIONS CONDITIONNELLES.

Les instructions :

```
if (a > b)
    z = a;
else
    z = b;
```

recherchent le maximum de a et b et l'écrivent dans la variable z. L'«expression conditionnelle» écrite avec l'opérateur ternaire « `?:` » qui possède trois opérandes nous fournit un autre moyen d'obtenir la même structure et le même résultat.

Considérons la structure «e_1 ? e_2 : e_3». «e_1» est évaluée en premier, si elle n'est pas égale à 0 (elle est vraie), alors on évalue «e_2» qui donne la valeur de l'expression conditionnelle. Autrement, c'est l'expression «e_3» qui est évaluée et qui représente la valeur de l'expression conditionnelle. Ainsi, pour affecter le maximum de a et b à la variable z, on écrira :

```
z = (a > b) ? a : b;     /* z = max(a, b) */
```

Il faut noter qu'une expression conditionnelle est réellement une expression qu'on peut employer comme toute autre expression. Si «e_2» et «e_3» sont de types différents, le résultat aura le type obtenu à partir des lois de conversions dont on a parlé dans le paragraphe 2.7. Par exemple, si f est du type `float` et n un `int`, alors l'expression

```
(n > 0) ? f : n
```

est du type `double` quelle que soit la valeur de n (positif ou non).

Les parenthèses ne sont pas nécessaires dans la première expression d'une expression conditionnelle car la priorité de `?:` est petite, juste supérieure à l'affectation. De toute façon, il est conseillé de les utiliser pour faciliter la lecture de la condition de l'expression.

L'expression conditionnelle mène souvent à une structure simple. Par exemple, la boucle ci-dessus imprime N éléments d'un tableau, en n'en écrivant que dix par ligne et en laissant un blanc en chaque colonne. De plus, chaque ligne est terminée par un caractère d'interligne (y compris la dernière).

```
for (i = 0; i < N; i++)
    printf("%6d%c", a[i], (i%10==9 || i==N-1) ? '\n' : ' ');
```

On écrit donc un caractère d'interligne tous les dix éléments ainsi qu'après le Nième. Tous les autres éléments seront suivis d'un blanc. Bien que cela paraisse compliqué, il serait instructif d'essayer d'écrire cette boucle sans utiliser d'expression conditionnelle.

Exercice 2 - 10 Réécrire la fonction `lower`, qui transformait les majuscules en minuscules en utilisant une expression conditionnelle à la place du `if-else`. □

2.12 LA PRIORITÉ ET L'ORDRE D'ÉVALUATION.

La table ci-dessous résume les lois de priorité ainsi que d'associativité de tous les opérateurs (y compris ceux dont nous n'avons pas encore parlé). Les lignes sont rangées par ordre de priorité décroissante. Ainsi, par exemple, les opérateurs `*`, `/`, et `%` ont tous la même priorité qui est, par ailleurs, supérieure à celle du `+` et du `-`.

Opérateur	Associativité
() [] -> .	de gauche à droite
! ~ ++ -- - (*type*) * & sizeof	de droite à gauche
* / %	de gauche à droite
+ -	de gauche à droite
<< >>	de gauche à droite
< <= > >=	de gauche à droite
== !=	de gauche à droite
&	de gauche à droite
^	de gauche à droite
|	de gauche à droite
&&	de gauche à droite
||	de gauche à droite
?:	de droite à gauche
= += -= etc:	de droite à gauche
, (Chapitre 3)	de gauche à droite

Les opérateurs `->` et `.` sont utilisés pour accéder à des «membres» de structures, ils sont traités dans le chapitre 6, avec `sizeof` (taille d'un objet). Le chapitre 5 présentera les opérateurs `*` (adressage indirect) et `&` (indiquant l'adresse d'un objet).

Remarquez que la priorité des opérateurs logiques de bits `&`, `^` et `|` est inférieure à celle des `==` et `!=`. En conséquence, on écrira des expressions qui testent un bit comme

```
if ((x & MASK) == 0) ...
```

en utilisant convenablement des parenthèses.

Comme on l'a vu plus haut, les expressions dans lesquelles on trouve des opérateurs associatifs et commutatifs (`*`, `+`, `&`, `^`, `|`) peuvent être réorganisées même quand il y a des parenthèses. Dans la plupart des cas, il n'y a pas de différence, lorsque cela est possible, on peut contraindre le système à évaluer les expressions dans un ordre différent en utilisant des variables explicites.

Le langage C, comme la plupart des langages, ne précise pas dans quel ordre sont évalués les opérandes d'un opérateur. Par exemple, dans l'instruction suivante :

```
x = f() + g()
```

il se peut que f soit évalué avant g ou vice versa ; si jamais l'une des variables, f ou g, modifie une variable externe dont dépend l'autre variable, x peut alors dépendre de l'ordre dans lequel se fait l'évaluation. De nouveau, on peut utiliser des variables temporaires dans lesquelles on mémorise des résultats intermédiaires pour être plus sûr de réaliser une opération particulière.

De la même façon l'ordre dans lequel sont évalués les arguments d'une fonction n'est pas précisé, aussi l'instruction

```
printf("%d %d\n", ++n, power(2, n));    /* WRONG */
```

est capable de donner des résultats différents sur diverses machines selon que n est incrémenté avant d'appeler `power` ou après l'avoir appelé. La solution est alors d'écrire :

```
++n;
printf("%d %d\n", n, power(2, n));
```

Les appels de fonctions où sont emboîtées les instructions d'affectation, les opérateurs d'incrémentation et de décrémentation provoquent des «effets de bords» — certaines variables sont modifiées sans qu'on le veuille par l'évaluation d'une affectation. Dans toute expression qui comporte des «effets de bords», il peut exister quelques relations subtiles avec l'ordre dans lequel les variables sont mises en mémoire. Une telle situation est illustrée par l'instruction :

```
a[i] = i++;
```

La question est de savoir si l'indice est égal à l'ancienne valeur de i ou à la nouvelle.

Le compilateur peut choisir selon différentes façons et engendrer des réponses différentes suivant son interprétation. Quand des «effets de bords» (affectation à des variables réelles) surviennent, la décision revient au compilateur puisque tout dépend de l'architecture de la machine.

On en déduit que l'écriture des instructions dont le résultat dépend de l'ordre de l'évaluation est un exemple de mauvaise programmation dans n'importe lequel des langages. Il est naturellement nécessaire de connaître les fautes à éviter mais, si vous ignorez comment la machine réalise certaines opérations, vous avez la chance, en langage C, de pouvoir recourir à un vérificateur baptisé «lint» qui détectera tous les éléments dont l'évaluation dépendra de l'ordre dans lequel ils seront pris en compte.

3. La structure des programmes

Les instructions constituant un programme précisent l'ordre dans lequel se font les calculs. Nous avons déjà rencontré les instructions de ce type les plus courantes dans le langage C dans des exemples ; nous allons compléter la liste et préciser celles que nous avons déjà examinées.

3.1 LES INSTRUCTIONS ET LES BLOCS.

Une «expression» de la forme `x = 0` ou `i++` ou `printf(...)` devient «une instruction» quand elle est suivie d'un point virgule comme dans :

```
x = 0;
i++;
printf(...);
```

En langage C, le point virgule est un terminateur et non un séparateur comme dans les langages du type Algol.

Les accolades { et } sont utilisées pour regrouper des déclarations et des instructions dans une «instruction composée» appelée aussi «bloc» afin que celle-ci soit équivalente à une instruction simple sur le plan de la syntaxe. Les accolades qui encadrent les instructions d'une fonction en sont un exemple évident. Un autre exemple est l'emploi d'accolades pour encadrer des instructions multiples après un `if, else, while` ou `for` . (Les variables peuvent être déclarées à l'intérieur de n'importe quel «bloc», nous en parlerons au chapitre 4). Il n'y a jamais de point virgule après l'accolade qui termine un «bloc».

3.2 LA STRUCTURE If-Else

On utilise l'instruction `if-else` pour prendre des décisions. Sur le plan formel, la syntaxe est la suivante : `if (expression)` instruction 1
`else` instruction 2
où on peut ommettre la partie commençant par `else` . Le programme examine «l'ex-

pression», si elle a la valeur «vrai» (c'est-à-dire si sa valeur est non nulle), il exécu-te «l'instruction 1». Dans le cas contraire (sa valeur est alors nulle), il exécute «l'instruction 2» si celle-ci existe.

Puisque une instruction `if` teste la valeur numérique d'une expression, il est possible d'alléger les écritures. L'exemple le plus évident est d'écrire :
`if` (expression) à la place de `if` (expression != 0)
Parfois, cela est plus compréhensible ; dans d'autres cas, cela peut l'être moins.

Comme on n'est pas obligé d'écrire toute l'instruction et qu'on peut omet-tre le mot-clé `else` ainsi que l'instruction correspondante, il naît une certaine am-biguïté lorsqu'on est dans le cas d'instructions `if` emboîtées les unes dans les autres et qu'il manque un certain nombre de `else` . Cette ambiguïté est levée de la manière suivante : la séquence `else` est associée au dernier `if` sans `else` qui précède. Par exemple, dans :

```
if (n > 0)
    if (a > b)
        z = a;
    else
        z = b;
```

le `else` correspond au second `if`, comme nous l'avons indiqué par une indentation Si ce n'était pas ce que nous voulions, il fallait utiliser des accolades qui entraî-neraient une autre structure

```
if (n > 0) {
    if (a > b)
        z = a;
}
else
    z = b;
```

L'ambiguïté se révèle particulièrement déroutante dans des situations telles que

```
if (n > 0)
    for (i = 0; i < n; i++)
        if (s[i] > 0) {
            printf("...");
            return(i);
        }
else        /* WRONG */
    printf("error - n is zero\n");
```

L'utilisation d'indentation lève toute équivoque sur la structure désirée, mais le compilateur ne comprend pas le message et associe le `else` au `if` qui précède. Ce genre d'erreur peut être difficile à localiser.

En passant, notez qu'il y a un point virgule après `z = a` dans :

```
if (a > b)
    z = a;
else
    z = b;
```

la raison est qu'une «instruction» suit le `if` et que toute instruction se termine par un point virgule.

3.3 L'INSTRUCTION Else-If

La construction :

```
if   (expression)
          «instruction»
else if(expression)
          «instruction»
else if (expression)
          «instruction»
else
          «instruction»
```

se rencontre si souvent qu'il est préférable de lui consacrer un paragraphe. Cette construction constitue le moyen le plus courant d'exprimer une structure à plusieurs cas. Les expressions sont évaluées dans l'ordre : si l'une d'elles est vraie, l'instruction correspondante est exécutée et c'est terminé. Chaque instruction peut être soit une instruction simple, soit un bloc entre accolades.

La dernière partie correspondant au `else` final traite le cas où aucune des conditions n'est satisfaite. On omet parfois cette dernière partie, il arrive en effet qu'il n'y ait rien à faire dans le cas où aucune condition ne se réalise, on supprime donc `else` «instruction» qui peut être également utilisée lors de la détection des erreurs pour exprimer une condition «impossible».

Pour illustrer une structure à trois cas, voici une fonction de recherche binaire qui décide si une valeur particulière x existe dans le tableau ordonné v. Les éléments de v doivent être rangés par ordre croissant. Si x apparaît dans v, la fonction donne sa position (un nombre entre 0 et n−1), sinon on obtient − 1.

```c
binary(x, v, n)      /* find x in v[0] ... v[n-1] */
int x, v[], n;
{
    int low, high, mid;

    low = 0;
    high = n - 1;
    while (low <= high) {
        mid = (low+high) / 2;
        if (x < v[mid])
            high = mid - 1;
        else if (x > v[mid])
            low = mid + 1;
        else /* found match */
            return(mid);
    }
    return(-1);
}
```

La décision fondamentale est de savoir, à chaque étape, si x est inférieur, supérieur ou égal à l'élément de milieu de tableau v[mid]. On utilise tout naturellement une instruction else-if.

3.4 L'INSTRUCTION Switch

L'instruction switch est un moyen particulier qui décide dans une structure à plusieurs cas. A cette fin, elle teste si une expression prend une valeur parmi un ensemble de constantes et fait le branchement en conséquence. Dans le chapitre 1, nous avons fait un programme pour compter le nombre de fois où apparaissent les différents chiffres, le caractère blanc et tous les autres caractères, en utilisant une structure avec des if ... else if ... else . Voici le même programme avec l'instruction switch:

```
main()      /* count digits, white space, others */
{
    int c, i, nwhite, nother, ndigit[10];

    nwhite = nother = 0;
    for (i = 0; i < 10; i++)
        ndigit[i] = 0;
    while ((c = getchar()) != EOF)
        switch (c) {
        case '0':
        case '1':
        case '2':
        case '3':
        case '4':
        case '5':
        case '6':
        case '7':
        case '8':
        case '9':
            ndigit[c-'0']++;
            break;
        case ' ':
        case '\n':
        case '\t':
            nwhite++;
            break;
        default:
            nother++;
            break;
        }

    printf("digits =");
    for (i = 0; i < 10; i++)
        printf(" %d", ndigit[i]);
    printf("\nwhite space = %d, other = %d\n",
        nwhite, nother);
}
```

L'instruction `switch` évalue l'expression entière entre parenthèses (dans ce programme, c'est le caractère c) et compare sa valeur avec celle des différents cas. Chaque cas est numéroté par, soit une constante entière ou de type caractère soit une expression constante. Si le numéro d'un cas correspond à la valeur de l'expression testée, alors on exécute les instructions correspondantes. Si aucun cas ne correspond, on exécute le cas numéroté « `default` ». Ce cas est optionnel ; s'il n'existe pas et si aucun autre cas ne convient, alors aucune action ne se produit. On peut écrire les différents cas ainsi que le cas « `default` » dans n'importe quel ordre. Les cas doivent être tous différents.

L'instruction `break` provoque la sortie immédiate de l'instruction `switch`. Lorsqu'un cas a été sélectionné et que les instructions correspondantes ont été exécutées, le programme passe à la séquence suivante, c'est-à-dire au cas suivant, à moins qu'il ne trouve une instruction lui ordonnant de quitter le `switch`. `break` et `return` sont les moyens les plus courants de quitter une instruction `switch`. Le `break` peut être utilisé aussi quand on veut obliger le programme à abandonner immédiatement une boucle `while`, `for` ou `do` comme nous le verrons plus loin dans ce chapitre.

Le fait de passer d'un cas à l'autre et non pas de sortir automatiquement du `switch` après exécution des instructions présente des avantages mais aussi des inconvénients. Il est avantageux d'exécuter une même action avec un certain nombre de cas différents, comme dans l'exemple avec le blanc, la tabulation et le caractère d'interligne ; mais cela implique de terminer chaque séquence correspondant à chaque cas par une instruction `break` si on veut empêcher l'exécution du cas suivant et provoquer la fin de l'instruction `switch`. De plus, une modification du programme peut entraîner la désagrégation d'une telle structure, il y a donc intérêt à ne l'utiliser que très modérément.

Nous conseillons l'usage régulier d'une instruction `break` à la fin du tout dernier cas (ici `default`), même si cela n'est pas nécessaire. Ainsi, quand on veut plus tard rajouter d'autres cas, cela permet d'éviter des erreurs.

Exercice 3 - 1 Écrire une fonction `expand(s, t)` qui transforme des caractères comme ceux d'interligne ou de tabulation, en séquences visibles comme \n et \t , lorsqu'il recopie la chaîne s dans la chaîne t . Utiliser une instruction `switch`.
☐

3.5 LES BOUCLES While et For

Nous avons déjà rencontré les boucles `while` et `for`. Dans une structure comme :

```
while («expression»)
            «instruction»
```

on regarde la valeur d'«expression». Si elle est non nulle, on exécute «instruction» puis on regarde à nouveau la valeur d'«expression». Le cycle continue jusqu'au moment où la valeur d'«expression» devient nulle. Le programme exécute alors les séquences suivantes.

L'instruction `for` dont la structure ci-dessous :

```
for (expression 1 ; expression 2 ; expression 3)
```
              «instruction»

est équivalente à

```
expression 1;
while (expression 2)  ⎧
      instruction     ⎩
      expression 3 ;
```

Sur le plan grammatical, les 3 composantes d'un for sont des expressions. En général l'«expression 1» et l'«expression 3» sont plutôt des affectations ou des appels de fonctions, et l'«expression 2» une expression de relation. On peut ne pas écrire une des trois composantes, mais il faut laisser les points virgules. Si l'«expression 1» ou l'«expression 3» manque, on l'omet par la suite. Si c'est le test «expression 2» qui est absent, on le considère comme toujours positif, ainsi

```
for (;;) {
    ...
}
```

est une boucle sans fin qui devra comprendre dans la partie instruction un `break` ou un `return`

  Le choix entre `for` et `while` reste une question de goût. Par exemple, dans :

```
while ((c = getchar()) == ' ' || c == '\n' || c == '\t')
    ;     /* skip white space characters */
```

il n'y a ni initialisation, ni réinitialisation d'une variable à chaque rebouclage, ainsi c'est while qui paraît le plus adapté. Par contre, dans le cas où il y a initialisation ou réinitialisation d'une variable à chaque rebouclage, c'est la boucle for qui s'impose afin de rassembler toutes les instructions de commande de la boucle, en début de structure. Considérons par exemple :

```
for (i = 0; i < N; i++)
```

Celui-ci représente, en langage C, un moyen de traiter les N premiers éléments d'un tableau : c'est l'équivalent de la boucle DO du Fortran ou du PL1. L'analogie n'est pas parfaite car les valeurs limites d'une boucle for peuvent être modifiées à l'intérieur de la boucle et la variable i qui commande le rebouclage mémorise sa valeur une fois que la boucle se termine. Comme les composantes de l'instruction for sont des expressions arbitraires, les boucles for ne sont pas réservées à des programmes arithmétiques. Néanmoins il est déconseillé d'effectuer des calculs qui n'ont aucun rapport entre eux dans une même boucle for , il est préférable de la réserver à des opérations de contrôle de boucle.

  Voici une autre version de atoi pour la conversion d'une chaîne en son équivalent numérique. Celle-ci est plus générale et traite le cas d'éventuels blancs en tête de ligne ou d'éventuels signes + ou −. (Dans le chapitre 4, on trouvera atof qui effectue la même conversion dans le cas de nombres en virgule flottante).

La structure principale du programme est à l'image de la forme des données en entrée.

«Sauter les espaces blancs s'il y en a
prendre le signe s'il existe
prendre la partie entière et la convertir».

Chaque étape fait son travail et dispose chaque élément de façon à ce qu'il soit prêt pour l'étape suivante. Le processus s'arrête dès qu'il rencontre un caractère qui ne peut être transformé en un nombre.

```
atoi(s)     /* convert s to integer */
char s[];
{
    int i, n, sign;

    for (i=0; s[i]==' ' || s[i]=='\n' || s[i]=='\t'; i++)
        ;       /* skip white space */
    sign = 1;
    if (s[i] == '+' || s[i] == '-')     /* sign */
        sign = (s[i++]=='+') ? 1 : -1;
    for (n = 0; s[i] >= '0' && s[i] <= '9'; i++)
        n = 10 * n + s[i] - '0';
    return(sign * n);
}
```

Conserver en un même endroit toutes les instructions qui commandent la boucle offre de nombreux avantages qui apparaissent même de façon plus évidente quand il y a plusieurs boucles emboîtées. La fonction ci-dessous baptisée «Shell sort» sert à ranger un tableau d'entiers. L'idée de base est de comparer au départ plutôt des éléments très espacés que des éléments adjacents lors d'une simple permutation. Cela permet d'éliminer rapidement les plus grands désordres, et, ainsi, pendant les étapes suivantes, le travail s'en trouvera abrégé. On diminue progressivement l'intervalle séparant deux éléments à comparer jusqu'à ce que celui-ci soit égal à un ; à ce moment, le rangement deviendra effectivement une permutation d'éléments adjacents.

```
shell(v, n)    /* sort v[0]...v[n-1] into increasing order */
int v[], n;
{
    int gap, i, j, temp;

    for (gap = n/2; gap > 0; gap /= 2)
        for (i = gap; i < n; i++)
            for (j=i-gap; j>=0 && v[j]>v[j+gap]; j-=gap) {
                temp = v[j];
                v[j] = v[j+gap];
                v[j+gap] = temp;
            }
}
```

Il y a trois boucles emboîtées. La première boucle qui englobe toutes les autres contrôle l'intervalle entre deux éléments à comparer, celui-ci est initialisé à n/2 et est divisée par 2 à chaque rebouclage jusqu'à ce qu'il soit égal à zéro. La boucle suivante compare chaque paire d'éléments séparés par un intervalle de longueur égale à gap ; enfin la dernière remet les éléments dans le bon ordre, en les inversant si nécessaire. Puisque la valeur de gap sera ramenée à un, tous les éléments seront donc rangés dans le bon ordre. Remarquez que, la boucle for étant très générale, la première boucle a la même forme que les autres, même si ce n'est pas une progression arithmétique.

Un opérateur général du langage C est la virgule « , » qu'on trouve très souvent dans l'instruction for . Deux expressions séparées par une virgule sont évaluées de gauche à droite, et le type et la valeur du résultat correspondent au type et à la valeur de l'opérande de droite. Ainsi, dans une instruction for, il est possible de placer, dans chaque partie, plusieurs expressions, par exemple, pour traiter deux indices en parallèle. La fonction reverse(s) qui inverse la chaîne s fournit un exemple d'utilisation.

```
reverse(s)          /* reverse string s in place */
char s[];
{
      int c, i, j;

      for (i = 0, j = strlen(s)-1; i < j; i++, j--) {
            c = s[i];
            s[i] = s[j];
            s[j] = c;
      }
}
```

Les virgules qui séparent les arguments de la fonction ainsi que les variables lors des déclarations, etc ..., ne sont pas des opérateurs virgules et ne garantissent pas une évaluation de gauche à droite.

Exercice 3 - 2 Écrire une fonction expand(s1, s2) qui transforme des notations abrégées de la chaîne s1 du genre a-z en une liste complète équivalente dans la chaîne s2: abc...xyz . Ne pas oublier les lettres correspondant à chaque cas ainsi que les chiffres. Il faut également que cette fonction soit capable de traiter des situations comme a-b-c ou a-z0-9 ou -a-z . (Une convention usuelle est de considérer tout — de façon littérale). □

3.6 LES BOUCLES Do-while

Les boucles while et for partagent la caractéristique enviable de tester la condition de fin de rebouclage au début plutôt qu'à la fin comme nous l'avons dit au chapitre 1. En langage C, la troisième boucle qui est le do-while teste cette condition à la fin, après chaque passage dans le corps de la boucle ; ainsi, ce corps est toujours exécuté au moins une fois. La syntaxe d'une telle instruction est :

```
do
    «instruction»
```

```
while («expression»);
```
L'«instruction» est exécutée puis l'expression est évaluée. Si elle est vraie, on ré-exécute l'«instruction» et ainsi de suite. Si l'expression a la valeur fausse, le rebouclage est terminé.

Comme on pouvait le prévoir, la boucle `do-while` est beaucoup moins utilisée que `while` et `for`, environ dans 5 pour cent des cas seulement. Néanmoins, elle est utile de temps en temps dans des fonctions comme par exemple `itoa` qui convertit un nombre en une chaîne de caractères (c'est l'inverse de `atoi`). Le travail est légèrement plus compliqué qu'on ne pouvait le penser car les méthodes habituelles pour créer des chiffres, les produisent dans un mauvais ordre. Nous avons choisi de créer des chaînes en partant de la droite, puis de les inverser.

```
itoa(n, s)        /* convert n to characters in s */
char s[];
int n;
{
    int i, sign;

    if ((sign = n) < 0) /* record sign */
        n = -n;          /* make n positive */
    i = 0;
    do {        /* generate digits in reverse order */
        s[i++] = n % 10 + '0';    /* get next digit */
    } while ((n /= 10) > 0); /* delete it */
    if (sign < 0)
        s[i++] = '-';
    s[i] = '\0';
    reverse(s);
}
```

Ici l'instruction `do-while` est nécessaire, ou tout au moins commode, en effet il y a au moins un caractère qui doit être positionné dans le tableau s, sans pour cela considérer la valeur de n. Nous avons également utilisé des accolades autour de la seule instruction qui forme le corps du `do-while`, bien que cela ne soit pas nécessaire ; ainsi, un lecteur peu attentif ne confondra pas ce `while` avec le début d'une boucle `while`

Exercice 3 - 3 Dans une représentation des nombres en complément à 2, notre version `itoa` ne peut pas manipuler le plus grand nombre négatif représentable, c'est-à-dire, lorsque la valeur de n atteint ($-2^{\text{taille du mot}-1}$). Expliquer pourquoi. Modifier la version pour imprimer correctement cette valeur, sans tenir compte de la machine avec laquelle on travaille. □

Exercice 3 - 4 Écrire la fonction analogue `itob(n, s)` qui transforme un entier non signé n en un nombre binaire représenté dans s. Écrire la fonction `itoh` qui convertit un entier en un hexadécimal. □

Exercice 3 - 5 Écrire une version `itoa` qui accepte trois arguments au lieu de deux, le troisième argument représentant une largeur de champ minimale ; en effet le nombre converti doit être complété avec des blancs sur la gauche si nécessaire pour obtenir la largeur de format désiré. □

3.7 L'INSTRUCTION Break.

Il est parfois commode d'être capable de contrôler la sortie d'une boucle plutôt que de faire un test au début ou à la fin. L'instruction `break` fournit un moyen de sortir de `for` , `while` et `do`, de la même façon que de `switch` . Une instruction `break` oblige le programme à sortir immédiatement de la boucle où il se trouve (ou du `switch`)

Le programme suivant supprime les blancs et les tabulations qui se trouvent en fin de ligne du fichier entrée, il utilise une instruction `break` pour sortir d'une boucle quand il a trouvé le caractère différent du blanc et de la tabulation situé le plus à droite de la ligne.

```
#define   MAXLINE   1000

main()    /* remove trailing blanks and tabs */
{
      int  n;
      char line[MAXLINE];

      while ((n = getline(line, MAXLINE)) > 0) {
            while (--n >= 0)
                  if (line[n] != ' ' && line[n] != '\t'
                  && line[n] != '\n')
                        break;
            line[n+1] = '\0';
            printf("%s\n", line);
      }
}
```

`getline` donne la longueur de la ligne. La première boucle `while` commence par le dernier caractère de `line` (rappelons que `--` n décrémente n avant d'utiliser sa valeur et parcourt la ligne de droite à gauche recherchant le premier caractère qui soit différent du blanc, de la tabulation ou de l'interligne. Le rebouclage s'arrête lorsqu'on a obtenu ce caractère, ou quand n devient négatif (c'est-à-dire lorsqu'on a parcouru toute la ligne). Il faudrait vérifier que cette manière de procéder est correcte même lorsque la ligne ne contient que des blancs.

Au lieu d'utiliser un `break` , on pourrait mettre le test dans la boucle elle-même de la manière suivante :

```
while ((n = getline(line, MAXLINE)) > 0) {
      while (--n >= 0
        && (line[n]==' ' || line[n]=='\t' || line[n]=='\n'))
            ;
      ...
}
```

C'est moins bien que la version précédente car le test est plus difficile à comprendre. On évitera en effet les tests qui nécessitent un mélange de `&&`, `||`, `!` ou de parenthèses.

3.8 L'INSTRUCTION Continue

L'instruction `continue` est proche de l'instruction `break`, mais elle est utilisée moins souvent ; elle fait débuter l'itération suivante de la boucle dans laquelle elle se trouve (`for, while, do`). Dans le `while` et `do`, cela veut dire que la partie test est exécutée immédiatement, dans le `for`, on parcourt la boucle jusqu'à l'étape de réinitialisation. (`continue` ne s'applique qu'aux boucles et pas à l'instruction `switch`. Un `continue` à l'intérieur d'un `switch` lui-même compris dans une boucle entraîne le rebouclage suivant).

Par exemple, on s'intéresse à ce morceau de programme qui ne traite que les éléments positifs du tableau a. On ne considère pas les valeurs négatives.

```
for (i = 0; i < N; i++) {
    if (a[i] < 0)   /* skip negative elements */
        continue;
    ...   /* do positive elements */
}
```

L'instruction `continue` est souvent utilisée quand la partie de la boucle qui suit est compliquée, afin que l'inversion d'un test et le décalage à un autre niveau n'engendrent un programme dont les instructions seraient trop imbriquées les unes dans les autres.

Exercice 3 - 6 Écrire un programme qui recopie le fichier entrée en sortie, à l'exception de chaque groupe de lignes adjacentes identiques dont il n'imprime alors qu'un seul exemplaire. (C'est une version simplifiée du programme utilitaire «uniq» du système UNIX). □

3.9 LES INSTRUCTIONS Goto ET LES ÉTIQUETTES.

Le langage C fournit l'instruction `goto` dont on a trop souvent abusé, ainsi que des étiquettes pour effectuer des branchements. Sur le plan formel, `goto` n'est jamais nécessaire et, en pratique, son emploi peut être presque toujours évité. Nous n'avons pas utilisé de `goto` dans ce livre.

Néanmoins nous suggérons quelques situations où on pourrait recourir à `goto`. Son emploi se justifierait pour sortir de structures très imbriquées où il faut quitter plusieurs boucles à la fois. On ne peut alors user directement de l'instruction `break` qui ne permet que de sortir de la boucle dans laquelle elle se trouve, cette boucle n'en contenant elle même aucune autre.
Ainsi :

```
for ( ... )
    for ( ... ) {
        ...
        if (disaster)
            goto error;
    }
    ...
error: essayez d'y mettre de l'ordre
```

error: *essayez d'y mettre de l'ordre*

Cette organisation est commode si le programme de traitement des erreurs n'est pas évident et si les erreurs peuvent se produire à des endroits différents. Une étiquette a la même structure qu'un nom de variable ; elle est suivie de deux points. Elle peut être attachée à n'importe quelle instruction appartenant à la même fonction que le goto.

Voici un autre exemple : recherchons le premier élément négatif d'un tableau à deux dimensions. (On parlera des tableaux à plusieurs dimensions dans le chapitre 5). Une manière de résoudre ce problème est la suivante :

```
for (i = 0; i < N; i++)
    for (j = 0; j < M; j++)
        if (v[i][j] < 0)
            goto found;
/* didn't find */
...
found:
    /* found one at position i, j */
    ...
```

Un programme utilisant un goto peut toujours être réécrit sans, bien que parfois cela soit au prix de plusieurs tests négatifs ou d'une variable supplémentaire. Par exemple, on peut réécrire le programme précédent de cette façon :

```
found = 0;
for (i = 0; i < N && !found; i++)
    for (j = 0; j < M && !found; j++)
        found = v[i][j] < 0;
if (found)
    /* it was at i-1, j-1 */
    ...
else
    /* not found */
    ...
```

Bien que nous ne soyons pas maître en la matière, il nous semble en effet que l'instruction goto doit être utilisée avec beaucoup de prudence.

4. *Les fonctions et la structure des programmes*

Les fonctions permettent de diviser les tâches importantes de façon à écrire de petits programmes. En outre, elles offrent l'avantage de pouvoir utiliser les résultats acquis par d'autres fonctions au lieu de repartir à zéro. Des fonctions convenablement choisies permettent souvent de dissimuler les détails d'un calcul contenu dans certaines parties du programme qu'on n'a pas besoin de connaître ; cela clarifie l'ensemble du programme et facilite des modifications ultérieures.

Le langage C vise à rendre les fonctions efficaces et faciles à utiliser. Ainsi, un programme en langage C comprend, en général, un grand nombre de petites fonctions plutôt qu'un nombre restreint de fonctions de grandes tailles. Un programme peut se trouver dans un ou plusieurs fichiers sources ; ceux-ci peuvent être compilés séparément et chargés en même temps, tout en utilisant des fonctions appartenant à des bibliothèques qui auront été compilées auparavant. Nous n'expliquerons pas le mécanisme ici puisque celui-ci varie selon le système d'exploitation utilisé.

La plupart des programmeurs sont habitués aux fonctions permettant d'effectuer des entrées-sorties (`getchar`, `putchar`) ainsi qu'aux fonctions réalisant des calculs numériques (`sin`, `cos`, `sqrt`). Ce chapitre sera surtout consacré à l'écriture de nouvelles fonctions.

4.1 PRINCIPES FONDAMENTAUX.

Pour commencer, nous allons concevoir et écrire un programme qui imprime chaque ligne du fichier entrée contenant une configuration particulière ou une chaîne de caractères. (C'est une version spéciale du programme utilitaire de l'UNIX baptisé «grep»). Par exemple, recherchons les lignes où apparaît la configuration «le» dans le texte suivant :

«Les hommes doivent toujours
venir en aide
à leur prochain».

Nous obtiendrons en sortie :
    «Les hommes doivent toujours
    à leur prochain».
La structure fondamentale de ce programme comporte trois parties bien ordonnées :
        while («il y a encore une autre ligne»)
        if   («la ligne comprend la configuration recherchée»)
                «alors on l'imprime».
Bien qu'il soit certainement possible de décrire l'ensemble dans le programme
principal, il est préférable de tirer parti de la structure naturelle du programme en
réalisant chaque étape par une fonction différente. En effet, trois petits morceaux
se traitent plus facilement qu'un gros, car on peut inclure tous les détails encom-
brants dans les différentes fonctions et minimiser ainsi la probabilité d'avoir des
interactions indésirables. De plus, on peut utiliser chaque fonction séparément
si besoin est.

   La fonction `getline` que nous avons écrite au chapitre 1 s'occupera de
«tant qu'il y ait encore une autre ligne» et la fonction `printf` que nous avons
aussi présentée exécutera «alors on l'imprime». Il nous reste donc un sous programme à écrire qui déterminera si la ligne comprend la configuration recherchée.
On peut résoudre le problème en utilisant une fonction appartenant au PL1 :
`index(s, t)` calcule la position ou l'indice du commencement de la chaîne t
dans la chaîne s. Si la chaîne s ne comprend pas la chaîne t, alors la fonction
nous renvoie un − 1. Le premier caractère de la chaîne s a pour numéro 0 plutôt
que 1, car en langage C, les indices des tableaux commencent à zéro. Lorsque,
plus tard, nous aurons besoin de travailler avec des configurations beaucoup plus
complexes, nous n'aurons qu'à remplacer la fonction `index`, le reste du programme restera le même.

   Après avoir établi cette structure, il reste à compléter directement avec les
détails du programme. Voici le programme complet, ainsi vous verrez comment les
différents morceaux s'assemblent. Ici la configuration recherchée est une chaîne
littérale qui se trouve dans l'argument de la fonction `index`, c'est la méthode la
plus générale. Nous reviendrons très brièvement sur la manière d'initialiser des tableaux de caractères et nous indiquerons au chapitre 5 la manière de représenter
un paramètre positivement lors de l'exécution du programme. Nous présentons
aussi une nouvelle version de la fonction `getline`; il serait intéressant de la
comparer à celle du chapitre 1.

```
#define   MAXLINE   1000

main()    /* find all lines matching a pattern */
{
     char line[MAXLINE];

     while (getline(line, MAXLINE) > 0)
          if (index(line, "the") >= 0)
               printf("%s", line);
}
```

```
getline(s, lim)      /* get line into s, return length */
char s[];
int lim;
{
    int c, i;

    i = 0;
    while (--lim > 0 && (c=getchar()) != EOF && c != '\n')
        s[i++] = c;
    if (c == '\n')
        s[i++] = c;
    s[i] = '\0';
    return(i);
}


index(s, t)      /* return index of t in s, -1 if none */
char s[], t[];
{
    int i, j, k;

    for (i = 0; s[i] != '\0'; i++) {
        for (j=i, k=0; t[k]!='\0' && s[j]==t[k]; j++, k++)
            ;
        if (t[k] == '\0')
            return(i);
    }
    return(-1);
}
```

Chaque fonction a la forme :

«nom (liste d'arguments si elle existe)»

«déclarations d'arguments s'ils existent»

{

«déclarations et instructions si elles existent»

}

Comme nous l'avons dit, certaines parties peuvent manquer ; la structure minimale d'une fonction est la suivante :

```
dummy() {}
```

Cette fonction ne fait rien. (Une fonction qui ne fait rien peut servir pour conserver de la place libre pendant l'élaboration du programme). Le nom de la fonction peut être aussi précédé par un type si le résultat de la fonction a une valeur qui n'est pas entière. C'est le sujet du paragraphe 4.2.

Un programme est, en fait, un ensemble de définitions de fonctions individuelles. Les fonctions communiquent entre elles (dans ce cas) les arguments nécessaires pour le calcul et les résultats obtenus ; elles peuvent également utiliser des variables externes. Les fonctions peuvent apparaître dans le fichier source, dans un ordre quelconque et le programme se répartir sur plusieurs fichiers, tant que chaque fonction n'est pas elle-même séparée dans plusieurs fichiers.

L'instruction `return` permet de renvoyer au programme appelant, le résultat calculé par la fonction appelée. Elle peut être suivie par n'importe quelle expression.

`return` (*expression*)

La fonction appelant est libre d'ignorer le résultat fourni par la fonction appelée, si elle le désire. En outre, il se peut qu'aucune expression ne suive `return`, dans ce cas, aucune valeur ne sera transmise au programme appelant. De même, la main est rendue au programme appelant sans transmission de résultat lorsque l'exécution de la fonction se termine en rencontrant l'accolade droite, indiquant la fin de cette fonction. Il n'est pas interdit qu'une fonction transmette un résultat dans un cas et pas dans un autre, mais il y a probablement un problème. Dans tous les cas, le résultat qui n'est pas transmis devient alors un parasite. Le vérificateur «lint» propre au langage C recherche de telles erreurs.

Les mécanismes de compilation et de chargement d'un programme écrit en langage C et qui se répartit sur plusieurs fichiers sources varient d'un système à l'autre. Sur le système UNIX, par exemple, c'est la commande «cc» mentionnée au chapitre 1 qui assure cette tâche. Supposons que les trois fonctions s'insèrent dans trois fichiers différents baptisés «main.c, getline.c et index.c». Alors la commande «cc main.c getline.c index.c» fait compiler les trois fichiers, place le code objet translatable résultant dans les fichiers «main.o, getline.o et index.o» puis les charge tous dans un fichier exécutable appelé «a.out».

S'il y a une erreur dans «main.c», on peut indiquer à l'aide de la commande : «cc main.c getline.o index.o»,
que soit recompilé le fichier et que le résultat soit chargé avec les fichiers objets obtenus préalablement.

La commande «cc» utilise la convention «c» et «o» pour distinguer les fichiers sources des fichiers objets.

Exercice 4 - 1 Écrire une fonction `index(s, t)` qui recherche si t apparaît dans s. Si t n'existe pas dans s, alors elle renverra la valeur -1, dans le cas contraire, elle donnera la position de la chaîne t la plus à droite qui existe dans la chaîne s. □

4.2 LES FONCTIONS DONT LE RÉSULTAT N'EST PAS UN NOMBRE ENTIER.

Pour l'instant, aucun de nos programmes ne contenait de déclarations de types de fonctions. La raison est qu'une fonction est déclarée implicitement lorsqu'elle apparaît dans une expression ou dans une instruction, comme par exemple dans :

`while (getline(line, MAXLINE) > 0)`

Lorsqu'un nom qui n'a pas été déclaré auparavant intervient dans une expression et, quand il est suivi d'une parenthèse gauche, il est alors déclaré de type fonction.

En outre, la fonction est supposée transmettre une valeur entière. Puisque dans des expressions, le type char est transformé en type int, il n'est pas utile de déclarer les fonctions dont le résultat est du type char. Ces affirmations recouvrent la majorité des cas, y compris tous ceux traités jusqu'à maintenant.

Mais regardons ce qui advient lorsqu'une fonction doit renvoyer un résultat d'un type différent. La plupart des fonctions numériques usuelles comme sqrt, sin et cos donnent un résultat de type double ; d'autres fonctions spécialisées transmettent d'autres types encore. Pour illustrer ce qu'il faut faire dans ce cas-là, nous allons écrire et utiliser la fonction atof(s) qui transforme une chaîne s en son équivalent numérique en virgule flottante et en double précision. atof est une extension de la fonction atoi dont nous avons écrit plusieurs versions dans les chapitres 2 et 3 ; cette fonction tient compte du signe et du point décimal ainsi que de l'absence ou de la présence des parties entière et fractionnaire. (Ceci n'est pas un programme de conversion du fichier entrée de très haute qualité, en effet, il occupe plus de place que nous ne voulions en utiliser).

Tout d'abord, atof doit lui-même déclarer le type de valeur qu'il renverra, puisque ce n'est pas un int. Comme le type float est converti en double dans toute expression, ce n'est pas la peine de déclarer que atof renvoie une valeur de type float ; nous pouvons tout aussi bien utiliser la double précision et nous déclarons que le résultat sera de type double. Le nom du type précède alors le nom de la fonction comme dans :

```
double atof(s)  /* convert string s to double */
char s[];
{
    double val, power;
    int  i, sign;

    for (i=0; s[i]==' ' || s[i]=='\n' || s[i]=='\t'; i++)
        ;            /* skip white space */
    sign = 1;
    if (s[i] == '+' || s[i] == '-')    /* sign */
        sign = (s[i++]=='+') ? 1 : -1;
    for (val = 0; s[i] >= '0' && s[i] <= '9'; i++)
        val = 10 * val + s[i] - '0';
    if (s[i] == '.')
        i++;
    for (power = 1; s[i] >= '0' && s[i] <= '9'; i++) {
        val = 10 * val + s[i] - '0';
        power *= 10;
    }
    return(sign * val / power);
}
```

Puis le programme appelant doit savoir que atof va lui transmettre un résultat qui n'est pas de type int. Cela est indiqué dans l'exemple ci-dessous qui représente une calculatrice de bureau (à peine suffisante pour équilibrer les livres de comptes) lisant un nombre par ligne, éventuellement précédé d'un signe, puis effectuant l'addition et imprimant la somme après chaque opération.

```
#define    MAXLINE    100

main()    /* rudimentary desk calculator */
{
      double sum, atof();
      char line[MAXLINE];

      sum = 0;
      while (getline(line, MAXLINE) > 0)
            printf("\t%.2f\n", sum += atof(line));
}
```

La déclaration :
```
      double sum, atof();
```
indique que la variable sum est du type `double` et que la fonction `atof` transmet une valeur du type `double` . Pour le retenir plus facilement, nous suggérons qu'à la fois sum   et `atof(...)` soient du type virgule flottante en double précision.

Si atof n'est pas explicitement déclaré aux deux endroits cités ci-dessus, alors le système suppose que son résultat est du type `int` et vous obtiendrez des valeurs qui n'auront aucun sens. Si les types de la fonction atof elle-même et de l'appel à cette fonction dans le programme main sont incompatibles dans le même fichier source, alors le compilateur détectera cette erreur. Mais si (ce qui est le plus vraisemblable) atof est compilé séparément, cette non concordance ne sera pas détectée et atof transmettra une valeur de type `double` que la fonction main   traitera comme un `int` ; il en résultera des réponses dépourvues de sens. (Le vérificateur «lint» contrôle heureusement ce type d'erreur).

Étant donné atof , nous pouvons en principe en déduire atoi (il convertit une chaîne en son équivalent de type `int`) de la manière suivante :

```
atoi(s)    /* convert string s to integer */
char s[];
{
      double atof();

      return(atof(s));
}
```

Remarquez la structure des déclarations et l'instruction return . La valeur de l'expression qui intervient dans return   («expression») est toujours convertie dans le type de la fonction avant d'effectuer l'instruction return . Par conséquent, la valeur atof , de type double   , est convertie automatiquement en `int` quand elle apparaît dans l'expression qui suit le return   puisque la fonction atoi ne transmet que des résultats du type `int` . (La conversion d'un nombre en virgule flottante en un nombre entier supprime la partie fractionnaire comme nous l'avons dit dans le chapitre 2).

Exercice 4 - 2 Modifier atof de manière à ce qu'elle puisse manipuler la notation scientifique du type

```
123.45e-6
```

où un nombre en virgule flottante peut être suivi d'un e ou d'un E ainsi que d'un éventuel exposant signé. □

4.3 COMPLÉMENTS SUR LES ARGUMENTS DES FONCTIONS.

Dans le chapitre 1, nous avons traité le cas où les arguments des fonctions sont transmis par valeur, c'est-à-dire que la fonction appelée reçoit une copie provisoire, et qui lui est propre, de chaque argument sans connaître leur adresse. Cela veut dire que la fonction ne peut pas modifier l'argument initial dans la fonction appelante. A l'intérieur d'une fonction, chaque argument est, en fait, une variable locale initialisée à la valeur avec laquelle la fonction a été appelée.

Quand le nom d'un tableau constitue l'argument d'une fonction, c'est la position du premier élément du tableau qui est transmise ; les éléments ne sont pas recopiés. La fonction peut alors modifier les éléments du tableau en les indexant à partir de la position initiale transmise. La conséquence est qu'en fait les tableaux sont transmis «par variable». Dans le chapitre 5, nous expliquerons l'emploi des pointeurs qui permet aux fonctions de modifier autre chose que des tableaux dans les fonctions appelantes.

Il n'y a aucun moyen très satisfaisant d'écrire une fonction «portable» qui accepte un nombre variable d'arguments, car il n'existe aucun procédé permettant à une fonction appelée de déterminer le nombre d'arguments qui vont lui être réellement transmis lors d'un appel donné. Ainsi, vous ne pouvez écrire une fonction véritablement «portable» qui calculera l'élément maximum d'un nombre arbitraire d'arguments comme le font les fonctions intégrées «MAX» en Fortran ou en PL1.

Il est prudent de ne traiter un nombre variable d'arguments que si la fonction appelée n'utilise pas d'argument qui ne soit réellement pourvu, et que si les types de ces arguments sont homogènes. `printf`, la fonction du langage C la plus employée avec un nombre variable d'arguments, utilise les informations fournies par le premier argument pour déterminer le nombre d'arguments qui suivent ainsi que leur type. Cela ne marche pas quand le programme appelant ne fournit pas assez d'arguments ou quand les types ne correspondent pas à ce qui a été annoncé dans le premier argument. Cette fonction n'est pas portable et doit être modifiée selon l'environnement dans laquelle elle se trouve.

Si les arguments sont de types connus, il est possible de repérer la fin de la liste d'arguments à l'aide d'une convention, comme par exemple une valeur particulière d'un argument (souvent zéro) qui signifierait la fin de la liste des arguments.

4.4 LES VARIABLES EXTERNES.

Un programme écrit en langage C est composé d'un ensemble d'éléments externes qui sont, soit des variables, soit des fonctions. L'adjectif «externe» est essentiellement employé pour s'opposer à «interne» qui désigne les arguments et les variables automatiques qui sont définies à l'intérieur des fonctions. Les variables externes sont définies à l'extérieur de toute fonction et, ainsi, demeurent disponibles pour beaucoup de fonctions. Les fonctions elles-mêmes sont toujours externes car le langage C ne permet pas à une fonction d'être définie dans une autre. Les variables externes sont également «globales» afin de s'assurer que toutes les indications renvoyant à une telle variable et utilisant le même nom (même dans des fonctions compilées séparément) se réfèrent bien à la même chose. Pour cette raison, les variables externes sont identiques au COMMON du Fortran ou à l'EXTERNAL du PL1. Nous verrons plus tard comment définir des variables externes et des fonctions qui ne sont pas disponibles globalement mais, par contre, qui ne sont utilisables qu'à l'intérieur d'un seul fichier source.

Puisque les variables externes sont accessibles globalement, elles fournissent un moyen autre que les arguments des fonctions et que les résultats retransmis par les fonctions, pour communiquer des données entre diverses fonctions. N'importe quelle fonction peut avoir accès à une variable externe en citant son nom, si ce nom a été déclaré d'une manière ou d'une autre.

Si un grand nombre de variables doit être utilisé en commun par des fonctions, les variables externes sont plus commodes et plus efficaces que les longues listes d'arguments. Cependant, comme cela a été souligné au chapitre 1, ce raisonnement doit être appliqué avec précaution car il peut avoir un effet néfaste sur la structure du programme et même sur des programmes qui comprendraient beaucoup d'échanges de données entre les fonctions.

Une seconde raison d'emploi des variables externes concerne l'initialisation. En particulier, les tableaux externes peuvent être initialisés alors que des tableaux automatiques ne le peuvent pas. Nous essaierons de traiter l'initialisation vers la fin de ce chapitre.

La troisième raison d'utiliser des variables externes est leur espace de validité ainsi que leur durée de vie. Les variables automatiques sont internes à une fonction ; elles naissent quand on fait appel au sous programme et disparaissent quand on le quitte. Les variables externes quant à elles sont permanentes ; de ce fait, elles conservent leurs valeurs entre deux appels à la fonction. Ainsi, lorsque deux fonctions ont des données communes, et qu'en plus aucune des deux ne fait appel à l'autre à un moment donné, il est souvent plus commode de conserver les données communes dans des variables externes plutôt que de les transmettre à l'une et à l'autre au moyen d'arguments.

Examinons de plus près cette remarque à l'aide d'un exemple plus conséquent. Le problème est d'écrire un autre programme calculateur, plus performant que le précédent. Ce calculateur comprendrait les opérateurs +, −, *, /, et = (pour écrire le résultat). Puisqu'il est un peu plus facile à mettre en œuvre, le calculateur utilisera plutôt la notation polonaise inverse que la notation infixée (la notation polonaise inverse est employée par exemple dans les calculatrices de poche Hewlet Packard). Dans cette notation, chaque opérateur suit ses opérandes : une expression en notation infixée qu'on écrit :

```
(1 - 2) * (4 + 5) =
```
se notera, en notation polonaise
```
1 2 - 4 5 + * =
```
Les parenthèses ne sont pas nécessaires.

La mise en œuvre est assez simple. Chaque opérande est placé sur une pile ; quand un opérateur se présente, on sort de la pile le nombre d'opérandes correspondant à cet opérateur (deux pour un opérateur binaire) qui effectue l'opération sur eux et le résultat est remis dans la pile. Ainsi, dans l'exemple ci-dessus, on met 1 et 2 dans la pile, puis on les remplace par leur différence, c'est-à-dire − 1. De même 4 et 5 sont remplacés par leur somme égale à 9. Enfin, on effectue le produit de − 1 par 9, le résultat égal à − 9 est mis à leur place dans la pile. L'opérateur imprime l'élément qui se trouve au-dessus de la pile, sans le changer de place. (Ainsi, on peut vérifier chaque étape du calcul).

Les opérations qui consistent à mettre des données dans une pile, puis à les retirer, sont très faciles mais il faut ajouter la détection des erreurs ainsi que la reprise. Ces deux opérations sont assez longues pour qu'il soit préférable d'utiliser une fonction pour exécuter chacune d'entre elles plutôt que de répéter les mêmes instructions tout le long du programme. De plus, il faut une fonction particulière pour prendre en compte le caractère ou l'opérande suivant dans le fichier entrée. Aussi on obtient la structure suivante :

```
while («l'opérateur ou l'opérande suivant n'est pas le caractère de fin de
fichier»)
if («nombre»)
            «le mettre dans la pile»
else if («opérateur»)
            «sortir le nombre convenable d'opérandes de la pile»
            «effectuer l'opération»
            «remettre le résultat dans la pile»
      else «erreur»
```

La principale chose dont nous n'avons pas encore parlé est de savoir où se trouve la pile, et quels sont les programmes qui y ont accès directement. Une possibilité serait de conserver la pile dans la fonction main et de transmettre la pile, ainsi que la position dans laquelle elle se trouve, aux fonctions qui la remplissent (push) et la vident (pop). Mais main n'a pas besoin d'avoir des informations sur les variables qui contrôlent la pile ; il lui suffit de rendre la pile et les variables externes qui lui sont associées, accessibles aux fonctions push et pop , et pas à main .

La transcription de la structure énoncée ci-dessus, en un programme, est relativement aisée. Le programme principal est constitué par une grande instruction switch réalisée sur le type de l'opérateur ou de l'opérande : ceci est, d'ailleurs, un exemple d'utilisation de l'instruction switch plus typique que celui examiné dans le chapitre 3.

```
#define MAXOP    20     /* max size of operand, operator */
#define NUMBER   '0'    /* signal that number found */
#define TOOBIG   '9'    /* signal that string is too big */

main()     /* reverse Polish desk calculator */
{
    int   type;
    char s[MAXOP];
    double op2, atof(), pop(), push();

    while ((type = getop(s, MAXOP)) != EOF)
        switch (type) {

        case NUMBER:
            push(atof(s));
            break;
        case '+':
            push(pop() + pop());
            break;
        case '*':
            push(pop() * pop());
            break;
        case '-':
            op2 = pop();
            push(pop() - op2);
            break;
        case '/':
            op2 = pop();
            if (op2 != 0.0)
                push(pop() / op2);
            else
                printf("zero divisor popped\n");
            break;
        case '=':
            printf("\t%f\n", push(pop()));
            break;
        case 'c':
            clear();
            break;
        case TOOBIG:
            printf("%.20s ... is too long\n", s);
            break;
        default:
            printf("unknown command %c\n", type);
            break;
        }
}
```

```
#define MAXVAL   100   /* maximum depth of val stack */

int sp = 0;    /* stack pointer */
double val[MAXVAL]; /* value stack */

double push(f) /* push f onto value stack */
double f;
{
    if (sp < MAXVAL)
        return(val[sp++] = f);
    else {
        printf("error: stack full\n");
        clear();
        return(0);
    }
}

double pop()   /* pop top value from stack */
{
    if (sp > 0)
        return(val[--sp]);
    else {
        printf("error: stack empty\n");
        clear();
        return(0);
    }
}

clear()   /* clear stack */
{
    sp = 0;
}
```

La commande c vide la pile complètement à l'aide d'une fonction `clear` qui est également utilisée par les fonctions `push` et `pop` en cas d'erreur. Nous reviendrons un peu plus loin sur la fonction `getop`.

Comme nous l'avons dit dans le chapitre 1, une variable est externe si elle est définie à l'extérieur du corps de toute fonction. Ainsi, la pile et le pointeur de pile qui sont communs aux fonctions `push`, `pop` et `clear`, sont définis hors de ces trois fonctions. Mais la fonction `main` elle-même n'utilise ni la pile, ni le pointeur de pile — la représentation est soigneusement cachée. Ainsi, le programme dans le cas de l'opérateur = , doit être de la forme :

```
push(pop());
```

pour pouvoir examiner le haut de la pile sans le modifier.

Notons que, puisque les opérateurs + et * sont commutatifs, l'ordre dans lequel les opérandes provenant de la pile sont combinés n'a pas d'importance. Par contre, dans le cas des opérateurs — et / , on doit faire la distinction entre les opérandes de gauche et ceux de droite.

Exercice 4 - 3 Étant donnée la structure principale, il est facile de modifier le calculateur pour améliorer ses possibilités. Ajouter l'opérateur modulo (%) ainsi que l'opérateur unaire «moins». Ajouter également une commande «d'effacement» qui efface ce qui est tout en haut de la pile. Ajouter des commandes pour le traitement des variables. (Il est facile d'avoir des noms de variables de vingt six lettres).□

4.5 LES REGLES CONCERNANT LES ESPACES DE VALIDITÉ.

Les fonctions et les variables qui constituent un programme en C n'ont pas besoin d'être compilées en même temps ; le texte source du programme peut être réparti sur plusieurs fichiers et des sous programmes qui ont été compilés auparavant peuvent être chargés directement à partir de la bibliothèque. Les deux problèmes sont :

— Comment écrire les déclarations afin que les variables soient convenablement déclarées pendant la compilation ?

— Comment composer les déclarations afin que tous les morceaux du programme soient convenablement assemblés lors du chargement du programme ?

L'espace de validité d'un nom correspond à la partie du programme à partir de laquelle le nom est défini. Dans le cas d'une variable automatique déclarée en début de fonction, l'espace de validité correspond à la fonction dans laquelle on a défini le nom, et les variables portant le même nom, mais appartenant à différentes fonctions n'ont aucune relation entre elles. Il en est de même pour les arguments des fonctions.

L'espace de validité d'une variable externe commence à l'endroit où elle est déclarée dans un fichier source et se termine à la fin de ce fichier. Par exemple, si `val`, `sp`, `push`, `pop`, et `clear` sont définies dans un seul fichier, dans le même ordre que ci-dessus, c'est-à-dire :

```
int sp = 0;
double val[MAXVAL];

double push(f) { ... }

double pop() { ... }

clear() { ... }
```

alors les variables `val` et `sp` peuvent être utilisées dans les fonctions `push`, `pop` et `clear`, il suffit de les nommer, aucune autre déclaration n'est nécessaire.

D'un autre côté, si une variable externe est utilisée avant d'avoir été définie ou si elle est définie dans un fichier source différent de celui dans lequel on veut utiliser cette variable, alors, il est obligatoire de faire une déclaration `extern`.

Il est important de distinguer la déclaration d'une variable externe et sa définition. Une déclaration présente les propriétés d'une variable (type, taille, etc ..)

une définition lui réserve en plus une place en mémoire. Si les lignes :

```
int sp;
double val[MAXVAL];
```

se situent à l'extérieur de toute fonction, elles définissent alors les variables externes sp et val, leur réservant une place en mémoire, et servent en même temps de déclaration pour le reste du fichier source. Au contraire, les lignes :

```
extern int sp;
extern double val[];
```

déclarent pour le reste du fichier source que sp est une variable de type int et que val est un tableau du type double (dont la taille est déterminée ailleurs), mais, en aucun cas, ces deux lignes ne créent ces variables, ni ne leur réservent de la place en mémoire.

Une variable externe ne doit être définie qu'une seule fois dans tous les fichiers qui constituent le programme source ; les fichiers autres que celui où se trouve la définition peuvent comporter des déclarations extern pour y avoir accès. (Il peut même y avoir une déclaration extern dans le fichier où se trouve la définition). Toute initialisation d'une variable externe va de pair avec la définition. Les tailles des tableaux doivent être précisées dans la définition mais elles sont facultatives dans une déclaration extern

Bien que ce ne soit pas une organisation satisfaisante pour ce programme, val et sp peuvent être définies et initialisées dans un fichier, et les fonctions push, pop et clear dans un autre. Alors, il faudrait écrire les définitions et les déclarations suivantes pour les mettre en relation.

dans le fichier 1 :

```
int sp = 0;     /* stack pointer */
double val[MAXVAL]; /* value stack */
```

dans le fichier 2 :

```
extern int sp;
extern double val[];

double push(f) { ... }

double pop() { ... }

clear() { ... }
```

Puisque les déclarations du type extern ont été faites dans le fichier 2, avant et à l'extérieur des trois fonctions, elles peuvent s'appliquer aux trois ; un ensemble de déclarations suffit donc pour toutes les fonctions du fichier 2.

Dans le cas de programmes plus importants, la fonction d'inclusion du fichier include dont on parlera plus tard dans ce chapitre, permet de ne conserver, pour le programme, qu'une version de la déclaration extern qu'il lui suffit d'insérer dans chaque fichier source au moment de la compilation.

Considérons la mise en œuvre de la fonction getop qui prend en charge l'opérateur ou l'opérande suivant. Le principe de ce travail est simple : ne pas prendre en compte ni les blancs, ni les caractères de tabulation, ni ceux d'interligne. Si le caractère suivant n'est ni un chiffre, ni un point décimal, elle le renvoie au programme appelant. Autrement, elle rassemble une suite de chiffres (y compris éventuellement un point décimal) et renvoie NUMBER , c'est le signal qu'un nombre a été recueilli.

Le sous programme a été compliqué de façon à ce qu'il puisse se comporter convenablement dans les cas où le nombre en entrée est trop long. La fonction getop lit les chiffres (y compris un éventuel point décimal) jusqu'au moment où il n'en reste plus, mais elle ne prend en compte que ceux qui conviennent. S'il n'y a pas de dépassement de la capacité, elle transmet NUMBER , ainsi que la liste des chiffres. Si le nombre est trop long, getop ignore le reste de la ligne, de façon à ce que l'utilisateur n'ait qu'à retaper la partie située après le point décimal, et la fonction transmet TOOBIG , le signal de dépassement, au programme appelant.

```
getop(s, lim)   /* get next operator or operand */
char s[];
int lim;
{
    int i, c;

    while ((c = getch()) == ' ' || c == '\t' || c == '\n')
        ;
    if (c != '.' && (c < '0' || c > '9'))
        return(c);
    s[0] = c;
    for (i = 1; (c = getchar()) >= '0' && c <= '9'; i++)
        if (i < lim)
            s[i] = c;
    if (c == '.') {      /* collect fraction */
        if (i < lim)
            s[i] = c;
        for (i++; (c=getchar()) >= '0' && c <= '9'; i++)
            if (i < lim)
                s[i] = c;
    }
    if (i < lim) { /* number is ok */
        ungetch(c);
        s[i] = '\0';
        return(NUMBER);
    } else {   /* it's too big; skip rest of line */
        while (c != '\n' && c != EOF)
            c = getchar();
        s[lim-1] = '\0';
        return(TOOBIG);
    }
}
```

Que sont getch et ungetch ? Il arrive souvent qu'un programme lisant des données en entrée ne soit pas capable de savoir si ce qu'il a lu lui suffit ou jusqu'où il doit encore lire. Par exemple, pour lire un nombre, le nombre n'est pas complet tant que le programme ne rencontre pas un caractère qui ne soit pas un chiffre. Mais dans ce cas, il a lu un caractère de trop et ce caractère ne lui était pas destiné.

Le problème serait résolu s'il était possible de ne pas lire les caractères dont on ne veut pas. Chaque fois qu'un programme lit un caractère superflu, il faut qu'il le remette dans le fichier entrée et, ainsi, le reste du programme se déroulera comme si ce caractère n'avait jamais été lu. Heureusement, il est facile de simuler un tel système, en écrivant deux fonctions qui s'entraident. getch fournit le caractère suivant qui doit être pris en compte par le programme. ungetch remet un caractère dans le fichier entrée pour que, la fois suivante, getch puisse redonner ce caractère.

Leur fonctionnement est assez simple : ungetch met le caractère qui doit retourner dans le fichier entrée dans un «buffer» qui est commun aux deux fonctions — c'est un tableau de caractères. getch lit ce «buffer» s'il y a quelque chose dedans. Si le «buffer» est vide, elle fait appel à getchar . Il doit y avoir également un index qui mémorise la position du caractère suivant dans le «buffer».

Puisque le «buffer» et l'index sont communs à getch et à ungetch et qu'ils doivent mémoriser leurs contenus entre chaque appel, ils sont obligatoirement tous deux externes aux deux fonctions. Nous pouvons donc écrire getch , ungetch ainsi que les variables qui leur sont communes de la façon suivante :

```
#define   BUFSIZE   100

char buf[BUFSIZE];  /* buffer for ungetch */
int  bufp = 0; /* next free position in buf */

getch()   /* get a (possibly pushed back) character */
{
     return((bufp > 0) ? buf[--bufp] : getchar());
}

ungetch(c)      /* push character back on input */
int c;
{
     if (bufp > BUFSIZE)
         printf("ungetch: too many characters\n");
     else
         buf[bufp++] = c;
}
```

Nous préférons utiliser comme «buffer», un tableau plutôt qu'un seul caractère ; en effet nous aurons peut être besoin plus tard de généraliser.

Exercice 4 - 4 Écrire un programme ungets(s) qui remette une chaîne complète dans le fichier entrée. Est-ce que cette fonction ungets doit connaître buf et bufp , ou ne doit-elle utiliser que ungetch? □

Exercice 4 - 5 Supposer qu'il n'y ait jamais plus d'un caractère à réécrire dans le fichier entrée. Modifier alors en conséquence `getch` et `ungetch` .☐

Exercice 4 - 6 Les fonctions `getch` et `ungetch` ne peuvent traiter un caractère tel que `EOF` . Étudier les propriétés que devraient posséder ces deux fonctions pour employer un caractère comme `EOF` , puis essayer de réécrire les fonctions.☐

4.6 LES VARIABLES STATIQUES.

Les variables statiques constituent une troisième sorte de mémorisation en plus des variables du type `extern` et des variables automatiques que nous avons déjà présentées.

Les variables du type `static` peuvent être soit internes, soit externes. Les variables internes du type `static` sont des variables locales d'une fonction particulière comme le sont les variables automatiques, elles existent même quand la fonction qui les contient n'est pas appelée. Cela implique que de telles variables engendrent une mémorisation permanente, propre à une fonction. Les chaînes de caractères qui apparaissent à l'intérieur d'une fonction, comme, par exemple, les arguments de `printf` , sont des variables internes statiques.

Les variables externes du type `static` sont utilisables à l'intérieur du reste du fichier source dans lequel elles sont déclarées, mais pas dans un autre fichier. Ainsi, elles permettent à des noms tels que `buf` et `bufp` d'être communs à `getch` et à `ungetch` , alors que ceux-là devraient être déclarés en tant que variables externes pour pouvoir être communs aux deux fonctions. Cependant, les utilisateurs de `getch` et de `ungetch` n'ont pas à se préoccuper de `buf` et de `bufp` car ceux-ci ne sont pas visibles à l'extérieur des deux fonctions et ne peuvent provoquer de conflits. Si les deux fonctions et les deux variables sont compilées dans le même fichier de la manière suivante :

```
static char    buf[BUFSIZE];  /* buffer for ungetch */
static int     bufp = 0; /* next free position in buf */

getch() { ... }

ungetch(c) { ... }
```

alors, aucun autre programme ne peut accéder à `buf` et à `bufp` : ainsi, on peut utiliser les mêmes noms dans les autres fichiers du même programme sans qu'il y ait conflit.

On déclare des variables statiques internes ou externes en précisant lors de la déclaration le préfixe `static` . La variable est externe si elle est définie hors de toute fonction, sinon elle est interne.

En général, les fonctions sont des éléments externes, elles sont définies généralement pour tous les fichiers, néanmoins il est possible de déclarer une fonction de type `static` : cela empêche son utilisation dans un autre fichier que celui où elle est déclarée.

En langage C, le mot « `static` » marque l'idée de «permanence», mais aussi un certain degré de «confidentialité». Des éléments internes « `static` » ne sont connus qu'à l'intérieur d'une fonction, les éléments externes « `static` » (variables ou fonctions) ne sont connus qu'à l'intérieur du fichier source dans lequel ils sont définis ; des variables ou des fonctions qui porteraient le même nom mais qui appartiendraient à d'autres fichiers, ne seraient pas en relation avec eux.

Les variables et les fonctions externes du type `static` protègent les données et les sous programmes internes qui les manipulent afin qu'aucun conflit ne se produise, même par inadvertance. Par exemple, `getch` et `ungetch` forment un bloc pour rentrer des caractères et les réécrire ensuite dans le fichier entrée ; `buf` et `bufp` ont été déclarées de type `static` afin qu'elles ne soient pas utilisables hors de ces deux fonctions. De même, `push` , `pop` et `clear` constituent un module qui manipule une pile, `val` et `sp` devraient également être des variables externes du type `static`.

4.7 LES VARIABLES DU TYPE **Register**

La quatrième et la dernière sorte de mémorisation qui existe est le type . Une déclaration du type `register` avertit le compilateur que la variable en question sera très utilisée. Quand cela est possible, les variables de ce type seront placées dans des registres de la machine qui permettront d'aboutir à des programmes plus petits et plus rapides.

Une déclaration du type `register` est de la forme :

```
register int    x;
register char   c;
```

on peut omettre le mot `int` . Les variables de type `register` sont, soit des variables automatiques, soit des paramètres formels d'une fonction. Dans ce dernier cas, les déclarations prennent la forme :

```
f(c, n)
register int c, n;
{
      register int i;
      ...
}
```

En pratique, quelques restrictions sont à apporter aux variables du type `register` , en effet, il faut tenir compte des moyens qu'offre la structure matérielle de base. Il n'y a seulement qu'un très petit nombre de variables dans chaque fonction qui peuvent être conservées dans des registres et, seuls, certains types sont autorisés. Le mot `register` est ignoré dans le cas de déclarations excessives ou interdites. De plus, il est impossible de connaître l'adresse d'une variable de type `register` (on reviendra sur ce sujet dans le chapitre 5):. Les restrictions varient d'une machine à l'autre; par exemple, dans le cas du PDP11, seules les trois premières déclarations du type `register` dans une fonction sont prises en compte et, de plus, les types des variables doivent être soit `int` , soit `char` , soit des pointeurs.

4.8 LA STRUCTURE DE BLOC.

Le langage C n'est pas un langage structuré en blocs comme le PL1 ou l'Algol, en effet, on ne peut définir une fonction à l'intérieur d'une autre fonction.

Par contre, des variables peuvent être définies dans une structure de bloc. Les déclarations de variables (y compris les initialisations) peuvent suivre l'accolade gauche qui précède toute instruction composée, on ne parle pas ici de l'accolade qui indique le début du corps d'une fonction. Les variables déclarées de cette manière annulent toutes les variables portant le même nom qui ont été déclarées dans d'autres blocs et ne disparaîtront que lorsque le programme atteindra l'accolade droite correspondante. Par exemple, considérons :

```
if (n > 0) {
    int i;    /* declare a new i */
    for (i = 0; i < n; i++)
        ...
}
```

L'espace de validité de la variable i correspond au branchement du if lorsque n > 0 . Cet i n'a aucun rapport avec tous les autres i existant dans le programme.

Les structures de bloc peuvent être également employées pour des variables externes. Étant données les déclarations suivantes :

```
int x;

f()
{
    double x;
    ...
}
```

à l'intérieur de la fonction f, x représente la variable interne de type double alors qu'à l'extérieur de f, il représente la variable externe de type int . Il en est de même pour les noms des paramètres formels :

```
int z;

f(z)
double z;
{
    ...
}
```

A l'intérieur de f, z représente le paramètre formel et pas à l'extérieur.

4.9 LES INITIALISATIONS.

On a déjà fait quelques remarques en passant sur l'initialisation. Ce paragraphe résume les lois qui permettent d'initialiser les différentes sortes de variables dont nous venons de parler.

En absence d'initialisation explicite, les variables externes ainsi que les variables statiques sont obligatoirement mises à zéro ; les variables automatiques et du type `register` peuvent avoir n'importe quelle valeur (généralement une valeur parasite).

Les variables simples (pas les tableaux, ni les structures) peuvent être initialisées quand elles sont déclarées, il suffit de faire suivre le nom d'un signe «égal» et d'une expression constante :

```
int  x = 1;
char squote = '\'';
long day = 60 * 24; /* minutes in a day */
```

En ce qui concerne les variables externes et les variables statiques, l'initialisation est faite une fois pour toutes, principalement à la compilation. Pour les variables automatiques et celles du type `register`, elle se fait à chaque fois qu'on entre dans la fonction ou dans le bloc correspondant. Dans ce cas, on peut les initialiser autrement que par une constante, toute expression valide utilisant des éléments définis au préalable peut convenir, y compris un appel à une fonction. On peut écrire, par exemple, les initialisations du programme de recherche binaire du chapitre 3, de la manière suivante :

```
binary(x, v, n)
int x, v[], n;
(
      int low = 0;
      int high = n - 1;
      int mid;
      ...
)
```

au lieu de :

```
binary(x, v, n)
int x, v[], n;
(
      int low, high, mid;

      low = 0;
      high = n - 1;
      ...
)
```

Il est possible d'abréger les initialisations de variables automatiques lors d'instructions d'affectation. Vous pouvez choisir la manière qui vous convient le mieux. Nous avons préféré utiliser des affectations explicites car initialiser une variable dans une déclaration est plus difficile à repérer.

Les tableaux automatiques ne peuvent pas être initialisés, alors que les tableaux externes et ceux du type `static` peuvent l'être en faisant suivre leurs déclarations d'une liste de valeurs séparées par une virgule. Cette liste sera comprise entre deux accolades. Par exemple, le programme du chapitre 1 qui comptait les caractères et dont voici le début :

```
      main()      /* count digits, white space, others */
      {
            int c, i, nwhite, nother;
            int ndigit[10];

            nwhite = nother = 0;
            for (i = 0; i < 10; i++)
                ndigit[i] = 0;
            ...
      }
```

peut s'écrire différemment :

```
      int   nwhite = 0;
      int   nother = 0;
      int   ndigit[10] ={ 0, 0, 0, 0, 0, 0, 0, 0, 0, 0 };

      main()      /* count digits, white space, others */
      {
            int c, i;
            ...
      }
```

Ces initialisations ne sont pas vraiment nécessaires, car toutes les variables sont mises à zéro, mais cela permet de les expliciter. S'il y a moins de valeurs que de variables à initialiser, les variables restantes sont automatiquement mises à zéro. Par contre, c'est une erreur que d'avoir un nombre de valeurs supérieur au nombre de variables à initialiser. On peut regretter de n'avoir aucun moyen pour préciser qu'une même valeur initialise plusieurs variables ou pour initialiser un élément se situant en milieu de tableau sans avoir à passer par tous les autres.

Les tableaux de caractères sont initialisés de manière particulière ; en effet, on peut utiliser une chaîne à la place des accolades et des virgules. En voici un exemple :

```
      char pattern[] = "the";
```

L'instruction suivante est équivalente mais beaucoup moins concise :

```
      char pattern[] = { 't', 'h', 'e', '\0' };
```

Quand on ne précise pas la taille d'un tableau d'un certain type, le compilateur lui affectera alors la taille correspondant au nombre de valeurs données pour l'initialisation. Dans le cas précédent la taille serait égale à 4 (3 caractères plus le \0 final).

4.10 LA RÉCURSIVITÉ

Les fonctions du langage C peuvent être utilisées de manière récursive, c'est-à-dire qu'une fonction peut s'appeler elle-même, soit directement, soit indirectement. L'exemple traditionnel est l'écriture d'un nombre sous forme de chaîne de caractères. Comme nous l'avons dit auparavant, les chiffres sont générés dans le mauvais ordre ; les chiffres de droite sont disponibles avant ceux de gauche, alors qu'on doit d'abord écrire ceux de gauche.

Le problème a deux solutions. La première est de mettre en mémoire les chiffres dans un tableau lorsqu'ils sont créés, puis de les écrire dans l'ordre inverse, comme nous l'avons fait pour `itoa` dans le chapitre 3. La première version de la fonction `printd` suit ce mécanisme :

```
printd(n) /* print n in decimal */
int n;
{
    char s[10];
    int i;

    if (n < 0) {
        putchar('-');
        n = -n;
    }
    i = 0;
    do {
        s[i++] = n % 10 + '0';    /* get next char */
    } while ((n /= 10) > 0); /* discard it */
    while (--i >= 0)
        putchar(s[i]);
}
```

La seconde solution utilise la récursivité : à chaque fois qu'on fait appel à la fonction `printd`, celle-ci fait alors appel à elle-même pour traiter le chiffre qui est situé à gauche de celui qu'elle devait traiter lors du premier appel, puis elle imprime le chiffre qu'elle a traité en dernier. Voici cette solution :

```
printd(n) /* print n in decimal (recursive) */
int n;
{
    int i;

    if (n < 0) {
        putchar('-');
        n = -n;
    }
    if ((i = n/10) != 0)
        printd(i);
    putchar(n % 10 + '0');
}
```

Quand une fonction fait appel à elle-même, chaque appel crée un nouvel ensemble comprenant toutes les variables automatiques qui est alors indépendant de celui engendré précédemment. Ainsi, dans la fonction `printd(123)`, on a n = 123. Cette fonction fait de nouveau appel à `printd`, elle transmet à ce moment n = 12 ; `printd(12)` refait appel à `printd` et, cette fois-ci, n = 1.
`printd(1)` imprime la valeur 1, puis le programme revient terminer `printd(12)` et imprime 2, enfin `printd(123)` se termine par l'impression de la valeur 3.

La récurrence ne permet pas de sauvegarder ce qu'il y a en mémoire, puisque la pile des valeurs ayant été traitées doit être constamment remise à jour. De plus, cette méthode ne diminue pas le temps de calcul. Par contre, elle donne des programmes plus compacts, souvent plus faciles à écrire et à comprendre. Son usage s'avère plus commode dans les structures de données définies par récurrence telles que les arbres. Nous en verrons un exemple dans le chapitre 6.

Exercice 4 - 7 A l'aide de la méthode employée dans `printd` , écrire une version de `itoa` utilisant la récursivité. (On rappelle que `itoa` écrit un nombre sous forme d'une chaîne de caractères). □

Exercice 4 - 8 Écrire une version de la fonction `reverse(s)` utilisant la récursivité. Cette fonction doit inverser la chaîne s. □

4.11 LE PRÉPROCESSEUR DU LANGAGE C.

Le langage C fournit quelques extensions au moyen d'un macro-préprocesseur. L'instruction `#define` que nous avons déjà utilisée est la plus courante de ces extensions. Un autre exemple est la possibilité d'inclure le contenu d'autres fichiers, lors de la compilation.
– Inclure un fichier.

Pour faciliter le traitement d'ensembles d'instructions du type `#define` ou de déclarations (entre autres), le langage C fournit un moyen d'inclure un fichier. En effet, toute ligne de la forme

```
#include "nom du fichier"
```

est remplacée par le contenu du fichier baptisé «nom du fichier». (Les guillemets sont obligatoires). Au début de chaque fichier source, il y a souvent une ou deux lignes de cette forme pour définir toutes les instructions du type `#define` communes à plusieurs fichiers ainsi que toutes les déclarations des variables globales du type `extern`.

Ces instructions `#include` peuvent également être emboîtées les unes dans les autres.

`#include` est le meilleur moyen de réunir toutes les déclarations correspondant à un grand programme. Elle garantit que tous les fichiers sources auront les mêmes définitions et les mêmes déclarations de variables et, ainsi, élimine un certain nombre d'erreurs. Bien sûr, lorsqu'on modifie un fichier, tous les autres fichiers dans lesquels on l'a inclus doivent être recompilés.
– Macro-substitution.

Une définition de la forme :
```
#define    YES  1
```
fait appel à une macro-substitution de type le plus simple –remplacer un nom par une chaîne de caractères–. Les noms qui se trouvent dans une instruction `#define` ont la même forme que les identificateurs du langage C ; le texte de remplacement peut être arbitraire. En général, ce texte occupe le reste de la ligne. Si la définition est trop longue, on termine la ligne par un \ et on continue sur la ligne suivante. «L'espace de validité» d'un nom qui a été défini à l'aide de

`#define` commence à l'endroit où il est défini et se termine à la fin du fichier source. Des noms peuvent être redéfinis et une définition peut utiliser des définitions données auparavant. De telles substitutions ne concernent pas des chaînes entre guillemets. Par exemple, si YES est un nom qui a été défini, il ne peut être substitué à autre chose dans `printf("YES")`

Puisque la mise en œuvre de `#define` est préalable à l'exécution et ne fait pas partie du compilateur, il y a très peu de restrictions de type grammatical sur ce qui peut être défini. Par exemple, les fanatiques de l'Algol peuvent dire :

```
#define then
#define begin    {
#define end      ; }
```

et écrire alors :

```
if (i > 0) then
    begin
          a = 1;
          b = 2
    , end
```

Il est également possible de définir des macro instructions avec des arguments, ainsi, le texte de remplacement dépend de la manière dont est appelée cette instruction. Pour illustrer cette remarque, on va définir une macro instruction baptisée max de la manière suivante :

```
#define  max(A, B)   ((A) > (B) ? (A) : (B))
```

Maintenant, la ligne

```
x = max(p+q, r+s);
```

sera remplacée par :

```
x = ((p+q) > (r+s) ? (p+q) : (r+s));
```

Cela fournit une fonction «maximum» qui s'exprime à l'aide d'un code en ligne plutôt qu'avec un appel à une fonction. Tant que les arguments seront traités en conséquence, cette macro instruction servira pour n'importe quel type de données ; on n'a pas besoin de créer une version différente de max pour chaque type de données comme on devrait le faire pour une fonction.

Bien sûr, si vous examinez la seconde ligne ci-dessus correspondant à la fonction max, vous remarquerez quelques pièges. Les expressions sont évaluées deux fois ; cela est mauvais si ces expressions sont utilisées dans des appels de fonctions ou avec des opérateurs d'incrémentation. Il faut prendre soin d'employer des parenthèses pour être certain que l'ordre d'évaluation sera préservé. (Considérons la macro instruction

```
#define  square(x)  x * x
```

quand on l'utilise sous la forme `square(z+1)`) Il existe quelques problèmes de vocabulaire ; il ne peut y avoir d'espace entre le nom et la parenthèse gauche qui précède sa liste d'arguments.

Néanmoins, les macro instructions sont assez valables. Un exemple pratique est la bibliothèque standard des entrées-sorties présentée au chapitre 7, dans laquelle les fonctions getchar et putchar sont définies comme des macro-instructions (`putchar` a nécessairement besoin d'un argument), évitant ainsi le travail fastidieux de faire appel à une fonction pour traiter un seul caractère à la fois.

D'autres possibilités du macro-processeur sont décrites dans l'Appendice A.

Exercice 4 - 9 Définir la macro instruction `swap(x, y)` qui permute ses deux arguments de type `int`. (Une structure de bloc vous aidera sûrement).☐

5. *Les pointeurs et les tableaux*

Un pointeur est une variable qui contient l'adresse d'une autre variable. Les pointeurs sont très employés dans le langage C, d'une part, comme étant parfois le seul moyen d'exprimer un calcul, d'autre part, comme conduisant à des programmes plus compacts et plus efficaces.

Les pointeurs ainsi que l'instruction `goto` constituent un moyen extraordinaire pour créer des programmes incompréhensibles. Cela est vrai quand on les utilise avec négligence, il est facile de construire des pointeurs qui indiquent n'importe quoi. Néanmoins, quand on les emploie avec un peu de rigueur, ils apportent clarté et simplicité. C'est l'aspect que nous essaierons de développer ici.

5.1 LES POINTEURS ET LES ADRESSES.

Puisqu'un pointeur contient l'adresse d'un objet, par son intermédiaire, on peut donc accéder à cet objet, d'une manière indirecte. Supposons que x soit une variable de type `int` , et que px soit un pointeur créé d'une manière que nous n'avons par encore précisé jusqu'à présent. L'opérateur unaire `&` nous donne l'adresse d'un objet, on a donc l'instruction suivante : `px = &x;` qui affecte l'adresse de x à la variable px . On dit alors que px «pointe sur» x. L'opérateur `&` ne peut être employé qu'avec des variables et des éléments de tableaux ; les expressions telles que `&(x+1)` ainsi que `&3` sont interdites. Il est également défendu d'utiliser cet opérateur avec une variable de type `register` .

L'opérateur unaire `*` considère son opérande comme l'adresse du dernier destinataire et ne s'intéresse à cette adresse que pour avoir accès à son contenu. Si y est une variable de type `int` ,

```
y = *px;
```

met dans y le contenu de l'adresse indiquée par le pointeur px . Ainsi les instructions :

```
px = &x;
y = *px;
```

sont équivalentes à :

```
y = x;
```

Il faut également déclarer les variables qui sont utilisées :

```
int   x, y;
int   *px;
```

On a déjà parlé de la déclaration des variables telles que `x` et `y`, par contre, celle du pointeur `px` est nouvelle.

```
int   *px;
```

sert de moyen mnémotechnique. Cette déclaration indique que la combinaison `*px` est du type `int` ; si `px` intervient sous la forme `*px`, elle est alors équivalente à une variable du type `int`. En effet, la syntaxe de la déclaration d'une variable est identique à celle des expressions dans lesquelles la variable peut apparaître. Ce raisonnement est précieux dans le cas de déclarations compliquées, telles que, par exemple :

```
double atof(), *dp;
```

qui indique que dans une expression `atof()` et `*dp` prennent des valeurs du type `double`. Il faut ainsi remarquer que, de façon implicite, dans cette déclaration, un pointeur est contraint à indiquer un genre particulier d'objets.

Des pointeurs peuvent apparaître dans des expressions. Par exemple, si `px` pointe sur la variable entière `x`, alors `*px` peut remplacer `x` partout où on pourrait trouver `x`

```
y = *px + 1
```

met `x + 1` dans `y`.

```
printf("%d\n", *px)
```

imprime la valeur actuelle de `x`,

```
d = sqrt((double) *px)
```

permet d'obtenir dans `d` la racine carrée de `x` ; avant de calculer la racine carrée, elle transforme d'abord `x` en type `double`. (Voir chapitre 2).

Dans des expressions comme :

```
y = *px + 1
```

les opérateurs unaires `*` et `&` créent des relations beaucoup plus fortes que les opérateurs de calcul, ainsi cette expression prend ce qu'indique `px`, lui ajoute 1, et le met dans `y` Nous reviendrons brièvement sur ce que peut vouloir dire :

```
y = *(px + 1)
```

On peut trouver également des pointeurs à gauche du symbole d'affectation. Si `px` pointe sur `x`, alors une instruction de la forme

```
*px = 0
```

met `x` à zéro, et

```
*px += 1
```

incrémente `x` de la même manière que le fait :

```
(*px)++
```

Les parenthèses sont nécessaires dans ce dernier exemple, car sans elles, on incrémenterait `px` et non pas l'élément sur lequel il pointe ; en effet des opérateurs unaires tels que * et ++ , sont évalués de droite à gauche.

Enfin, comme les pointeurs sont des variables, on peut les employer de la même façon. Si py est un autre pointeur du type int , alors :

```
py = px
```

recopie le contenu de px   dans py , ainsi, py pointera sur ce que pointe px .

5.2 LES POINTEURS ET LES ARGUMENTS DES FONCTIONS.

Puisque, en langage C, le seul moyen de transmettre les arguments des fonctions, est «l'appel par valeur», il n'existe aucun moyen direct, pour la fonction appelée, de modifier une variable dans le programme appelant. Que faire alors si vous devez modifier un argument ? Par exemple, un programme de tri peut échanger deux éléments qui ne sont pas rangés dans le bon ordre, à l'aide de la fonction baptisée swap . Il ne suffit pas d'écrire :

```
swap(a, b);
```

où la fonction swap est définie ci-dessous :

```
swap(x, y)        /*MAUVAIS*/
int x, y;
{
      int temp;

      temp = x;
      x = y;
      y = temp;
}
```

A cause de l'appel par valeur, swap ne peut modifier les arguments a et b dans le programme qui a fait appel à elle.

Heureusement, il existe un moyen d'obtenir cette modification. Le programme appelant transmet des pointeurs qui indiquent les variables à modifier.

```
swap(&a, &b);
```

Puisque l'opérateur & donne l'adresse d'une variable, &a pointe sur la variable a. A l'intérieur de la fonction swap   , les arguments sont déclarés en tant que pointeurs et on peut alors accéder, par leur intermédiaire, aux vrais opérandes.

```
swap(px, py)    /* interchanger *px and *py */
int *px, *py;
{
      int temp;

      temp = *px;
      *px = *py;
      *py = temp;
}
```

On utilise le plus couramment les pointeurs comme des arguments de fonctions, dans les fonctions qui doivent transmettre plus d'un résultat. (Par exemple, on peut dire que swap a deux valeurs à transmettre, qui sont les nouvelles valeurs de chaque argument). Comme exemple, considérons la fonction getint qui réalise une transformation du fichier entrée à structure non imposée, en convertissant chaque caractère d'une chaîne en sa valeur entière, un entier à la fois. La fonction doit transmettre alors la valeur trouvée ou le signal de fin de fichier quand il n'y a plus rien en entrée. Ces valeurs doivent être retransmises une par une, comme des objets séparés ; quant à savoir quelle valeur peut être donnée pour EOF , cela pourrait être également la valeur d'un entier du fichier d'entrée.

Une solution basée sur la fonction scanf que nous décrirons au chapitre 7, serait que lorsque la fonction getint atteigne la fin du fichier, elle transmette EOF en tant que valeur de la fonction ; toute autre valeur représenterait un entier. Cette valeur entière trouvée serait transmise par l'intermédiaire d'un argument qui devrait être une variable pointant sur un entier. Cette organisation permet de distinguer la fin du fichier et les données converties.

La boucle ci-dessous remplit un tableau avec des entiers à l'aide de la fonction getint.

```
int n, v, array[SIZE];

for (n = 0; n < SIZE && getint(&v) != EOF; n++)
    array[n] = v;
```

Chaque appel à getint met dans v, l'entier suivant qu'il trouve dans le fichier d'entrée. Remarquez qu'il est indispensable d'écrire &v à la place de v, en tant qu'argument de getint . Il est probable qu'utiliser directement v entraînera une erreur d'adressage, puisque getint croit avoir reçu un pointeur correct.

getint , elle-même, est, évidemment, une version modifiée de la fonction atoi présentée auparavant.

```
getint(pn)        /* get next integer from input */
int *pn;
{
    int c, sign;

    while ((c = getch()) == ' ' || c == '\n' || c == '\t')
        ;      /* skip white space */
    sign = 1;
    if (c == '+' || c == '-') {    /* record sign */
        sign = (c=='+') ? 1 : -1;
        c = getch();
    }
    for (*pn = 0; c >= '0' && c <= '9'; c = getch())
        *pn = 10 * *pn + c - '0';
    *pn *= sign;
    if (c != EOF)
        ungetch(c);
    return(c);
}
```

D'un bout à l'autre de la fonction getint, *pn est utilisé comme une variable ordinaire de type int . Nous nous servirons également des fonctions getch et `ungetch` (décrites au chapitre 4) afin que le seul caractère supplémentaire devant être lu puisse être remis dans le fichier entrée.

Exercice 5 - 1 Écrire la fonction `getfloat` , identique à la fonction `getint` mais qui travaille avec le type `float` . Quel genre de type de valeur doit retransmettre cette fonction `getfloat` comme résultat ?☐

5.3 LES POINTEURS ET LES TABLEAUX.

En langage C, beaucoup de relations existent entre les pointeurs et les tableaux, des relations d'ailleurs assez fortes pour qu'il soit impératif de traiter simultanément les deux. Toute opération utilisant un indiçage de tableaux peut aussi être réalisée grâce à des pointeurs. La version utilisant des pointeurs sera, en général, plus rapide, mais, au moins pour les non initiés, quelque peu difficile à saisir immédiatement.

La déclaration :

```
int a[10]
```

définit un tableau a de taille 10, qui est composé d'un bloc de 10 objets consécutifs baptisés : a[0], a[1], ..., a[9] . La notation a[i] indique l'élément du tableau situé à la position i par rapport au début. Si pa est un pointeur d'entier déclaré sous la forme suivante : int *pa , alors l'affectation : pa = &a[0] positionne pa pointant sur l'élément zéro du tableau a, c'est-à-dire, pa contient l'adresse de a[0] . Maintenant, l'affectation x = *pa recopiera le contenu de a[0] dans x.

Si pa pointe sur un élément particulier du tableau, alors, par définition pa+1 pointe sur l'élément suivant et, d'une manière plus générale, pa-i pointe sur le ième élément précédent celui sur lequel pointe pa , tandis que pa+i pointe sur le ième élément suivant. Ainsi, si pa pointe sur a[0], *(pa+1) représente le contenu de a[1] , pa+i est l'adresse de a[i] et *(pa+i) équivaut au contenu de a[i].

Ces remarques s'avèrent exactes lorsqu'on ne se soucie pas du type des variables du tableau a. On définit, en effet, «l'incrémentation d'un pointeur» et, par extension, tout calcul sur les pointeurs de telle manière que l'incrémentation dépende de la taille dans laquelle l'objet pointé a été mémorisé. Ainsi, dans l'expression pa+i , avant d'être ajouté à pa , i est multiplié par la taille des objets sur lesquels pointe pa.

La correspondance entre l'indexation et les calculs sur les pointeurs est très étroite. En fait, un renvoi à un tableau est toujours transformé par le compilateur en la création d'un pointeur indiquant le début du tableau. En conséquence, le nom même du tableau devient un pointeur. On en déduit, puisque le nom d'un tableau équivaut à l'adresse de son premier élément (élément zéro), que l'affectation :

```
pa = &a[0]
```

peut aussi s'écrire :

```
pa = a
```

A première vue, il est beaucoup plus surprenant de voir qu'en fait `a[i]`
peut s'écrire aussi bien `*(a+i)`. Lorsque le langage C évalue `a[i]`, il le convertit
immédiatement en `*(a+i)`
Ces deux formes sont donc tout à fait équivalentes. Appliquons l'opérateur `&` de
part et d'autre, il en résulte que `&a[i]` est identique à `a+i` qui représente
l'adresse du $i^{ème}$ élément qui suit a. Par contre, si `pa` est un pointeur, on peut
l'utiliser avec un indice dans des expressions: `pa[i]` est alors équivalent à `*(pa+i)`.
En résumé, n'importe quelle expression comportant un tableau et des indices
peut être représentée par un pointeur et un déplacement, et vice versa, y compris
dans la même instruction.

Il y a une différence entre un nom de tableau et un pointeur qu'on doit
garder présente à l'esprit. Un pointeur est une variable, aussi
`pa=a` et `pa++` sont des opérations qui ont un sens, alors qu'un nom de tableau
est une constante et non pas une variable, et que des expressions du genre `a=pa`
ou `a++` ou `p=&a` sont interdites.

Quand un nom de tableau est transmis à une fonction, en fait, c'est l'adresse du début du tableau qui est transmise. A l'intérieur de la fonction appelée, cet
argument est une variable comme n'importe quelle autre et donc, un argument
représentant un nom de tableau est réellement un pointeur, c'est, en effet, une
variable contenant une adresse. Nous pouvons utiliser cette remarque pour écrire
une nouvelle version de `strlen` qui calcule la longueur d'une chaîne :

```
strlen(s) /* return length of string s */
char *s;
{
    int n;

    for (n = 0; *s != '\0'; s++)
        n++;
    return(n);
}
```

On a parfaitement le droit d'incrémenter `s` puisque c'est un pointeur ;
`s++` n'a pas d'effet sur la chaîne de caractères dans la fonction qui appelle `strlen`
, mais elle incrémente tout simplement la variable locale de la fonction
`strlen` représentant l'adresse.

En tant que paramètres formels dans la définition d'une fonction, les
expressions
```
char s[];
```
et
```
char *s;
```
sont équivalentes. Ce qui doit être écrit sera déterminé par la manière dont on
compose les expressions dans la fonction. Quand un nom de tableau est transmis à
une fonction, celle-ci peut, comme elle l'entend, croire avoir affaire soit à un
tableau, soit à un pointeur, et le traiter en conséquence. Elle peut même utiliser à
la fois, les deux sortes d'opérations si cela lui semble clair et approprié.

Il est possible de transmettre une partie d'un tableau en communiquant à la fonction un pointeur précisant le début de ce sous-tableau. Par exemple, si a est un tableau, `f(&a[2])` et `f(a+2)` communiquent tous deux à la fonction f l'adresse de l'élément `a[2]` , en effet, `&a[2]` ainsi que `a+2` sont des pointeurs qui représentent le troisième élément du tableau a. A l'intérieur de f, on a la déclaration d'arguments suivante :

soit

```
f(arr)
int arr[];
{
    ...
}
```

soit

```
f(arr)
int *arr;
{
    ...
}
```

Tant que f est concernée par le programme, le fait que l'argument ne renvoie qu'à une partie d'un tableau plus important n'a aucune conséquence.

5.4 CALCUL D'ADRESSES.

Si p est un pointeur, alors `p++` incrémente p ; celui-ci pointe alors sur l'élément qui suit celui sur lequel il pointait auparavant, de même `p+=i`   fait pointer p sur le ième élément suivant. Ce genre de constructions représente la forme la plus simple et la plus ordinaire de calcul de pointeurs et d'adresses.

Le langage C est logique et constant dans sa façon d'aborder le calcul d'adresses ; l'intégration des pointeurs, des tableaux et du calcul d'adresses est une des principales qualités du langage C. Illustrons quelques propriétés, en écrivant un programme d'affectation de la mémoire très rudimentaire (mais utile en dépit de sa simplicité). Il y a deux sous-programmes : `alloc(n)` nous donne un pointeur p qui indique n positions consécutives de caractères qui peuvent être utilisées par le programme appelant   `alloc`   pour mémoriser des caractères ; `free(p)` libère la zone mémoire acquise auparavant afin qu'elle puisse être réutilisée plus tard. Ces sous-programmes sont très rudimentaires car les appels de la fonction `free`   doivent se faire dans l'ordre inverse de ceux de `alloc` . En effet, le processus de mémorisation réalisé par `alloc` et `free` se compose d'une pile qu'on remplit et qu'on vide selon le mécanisme «dernier entré, premier sorti» (LIFO). La bibliothèque standard du langage C fournit des fonctions analogues qui ne posent pas autant de problèmes, aussi, dans le chapitre 8, nous présenterons des versions améliorées. Toutefois, en attendant, une fonction `alloc` aussi triviale suffit dans de nombreuses applications, pour distribuer des zones de mémoire de toutes tailles, à n'importe quel moment.

La mise en œuvre la plus simple est d'utiliser `alloc`   pour répartir des morceaux d'un grand tableau de caractères que nous appellerons `allocbuf` . Ce tableau est propre à `alloc` et à `free` . Puisque ces fonctions travaillent avec des pointeurs et non pas avec des indices de tableau, aucun autre sous-programme n'a besoin de connaître le nom du tableau qui peut donc être déclaré de type externe et `static` , c'est-à-dire qui est local au fichier source contenant `alloc` et `free`, et inaccessible à l'extérieur. En pratique, le tableau peut même ne pas avoir de nom, dans ce cas, il peut être obtenu en demandant, au système d'exploitation, un pointeur qui indique une zone de mémoire anonyme.

On a besoin de connaître également le nombre de places d'-`allocbuf` qui vont être utilisées. Nous employons un pointeur indiquant l'élément suivant et qui est baptisé `allocp`. Quand on a besoin de faire appel à `alloc` pour n caractères, il vérifie si la place disponible dans `allocbuf` est suffisante. Si oui, `alloc` retransmet la valeur de `allocp` (qui représente le début du bloc de mémoire libre), puis l'incrémente de n unités pour qu'il puisse pointer sur la zone suivante qui est encore libre. `free(p)` met tout simplement la valeur de p dans `allocp` , si p est contenu dans `allocbuf`.

```
#define    NULL 0     /* pointer value for error report */
#define    ALLOCSIZE 1000 /* size of available space */

static char allocbuf[ALLOCSIZE];  /* storage for alloc */
static char *allocp = allocbuf;  /* next free position */

char *alloc(n) /* return pointer to n characters */
int n;
{
    if (allocp + n <= allocbuf + ALLOCSIZE) { /* fits */
        allocp += n;
        return(allocp - n); /* old p */
    } else          /* not enough room */
        return(NULL);
}

free(p)    /* free storage pointed to by p */
char *p;
{
    if (p >= allocbuf && p < allocbuf + ALLOCSIZE)
        allocp = p;
}
```

Voici quelques explications. En général, on initialise un pointeur de la même façon que les autres variables, bien que, normalement, les seules valeurs significatives sont NULL (dont on parlera ci-dessous) ou une expression comportant les adresses des données de type approprié définies auparavant. La déclaration :

```
static char *allocp = allocbuf;
```

définit `allocp` comme un pointeur de type caractère et l'initialise de façon à ce qu'il pointe sur `allocbuf` qui correspond à la position libre suivante quand débute le programme. On aurait pu aussi écrire :

```
static char *allocp = &allocbuf[0];
```

puisque le nom du tableau représente l'adresse de l'élément zéro. Utilisez la manière qui paraît la plus naturelle.

Le test

```
if (allocp + n <= allocbuf + ALLOCSIZE)
```

vérifie qu'il existe assez de place pour satisfaire une demande de n caractères. Si oui, la nouvelle valeur de allocp serait au plus égale au numéro de la dernière position de allocbuf auquel on aurait rajouté 1. Si la demande peut être satisfaite, alloc transmet un pointeur normal (remarquez la déclaration de la fonction elle-même). Dans le cas contraire, alloc doit transmettre un signal indiquant qu'il n'y a pas de place réservée. Le langage C garantit qu'aucun pointeur utilisé correctement ne contiendra la valeur zéro, aussi, peut-on employer cette valeur pour signaler des anomalies, dans notre cas, par exemple, pas de place en mémoire. Toutefois, nous écrivons NULL à la place de zéro pour indiquer plus clairement que cela représente une valeur spéciale pour le pointeur. En général, on ne peut affecter à des pointeurs, des valeurs entières de manière significative, zéro est un cas spécial.

Des tests comme

```
if (allocp + n <= allocbuf + ALLOCSIZE)
```

ou

```
if (p >= allocbuf && p < allocbuf + ALLOCSIZE)
```

montrent quelques aspects du calcul avec des pointeurs. Tout d'abord, on peut comparer des pointeurs sous certaines conditions. Si p et q pointent sur des parties d'un même tableau, alors on peut utiliser convenablement les opérateurs de relation tels que <, >= , etc...
p < q est vrai, par exemple, si p pointe sur une partie du tableau qui précède celle sur laquelle pointe q. On se sert également des opérateurs comme == ou != . On peut comparer de manière significative n'importe quel pointeur à NULL pour savoir s'il est égal ou différent de cette valeur. Mais tout peut arriver lorsque vous faites du calcul ou des comparaisons entre des pointeurs qui pointent sur des tableaux différents. Si vous avez de la chance, vous obtiendrez quelque chose d'absurde sur toutes les machines. Si vous êtes malchanceux, votre programme fonctionnera sur une machine particulière mais s'arrêtera mystérieusement sur une autre.

Nous avons déjà remarqué qu'un pointeur et un entier peuvent être additionnés ou soustraits. L'expression p + n représente le nième objet qui suit celui sur lequel pointe p. Cela est vrai lorsqu'on ne se soucie pas du genre d'objet sur lequel pointe p, ce genre étant d'ailleurs déterminé par la déclaration de p. Par exemple, sur le PDP11, les facteurs de cadrage sont 1 pour le type char, 2 pour int ainsi que short, 4 pour long et également pour float, enfin 8 pour double.

Une soustraction entre pointeurs est valable si p et q pointent sur des éléments d'un même tableau, p − q représente alors le nombre d'éléments entre p et q. On peut utiliser cette remarque pour écrire une autre version de strlen:

```
strlen(s) /* return length of string s */
char *s;
{
     char *p = s;

     while (*p != '\0')
          p++;
     return(p-s);
}
```

Dans sa déclaration, p est initialisé à la valeur de s, il pointe ainsi sur le premier caractère. Dans la boucle while , chaque caractère est examiné à son tour jusqu'à ce que le programme trouve le caractère \0 . Puisque \0 est égal à zéro, et puisque while n'exécute le test que si l'expression égale zéro, il est possible de ne pas écrire le test de façon explicite ; on écrira souvent de telles boucles sous la forme :

```
while (*p)
     p++;
```

Puisque p pointe sur des caractères, p++ permet de faire progresser le pointeur d'un caractère au caractère suivant et p-s donne le nombre de caractères de la chaîne, c'est-à-dire, le nombre de caractères compris entre le premier et le caractère sur lequel pointe p. Le calcul avec des pointeurs est assez logique : si nous avions traité des éléments du type float qui requiert plus d'espace en mémoire que le type char et si p pointe sur un élément de type float, alors p++ permet de faire avancer p jusqu'à l'élément de type float suivant. Ainsi, nous pouvons écrire une autre version de la fonction alloc qui travaille avec le type float au lieu du type char, en transformant tout simplement le type char en type float tout au long des fonctions alloc et free . Toutes les manipulations utilisant des pointeurs ont toujours tenu compte de la taille de l'objet pointé, aussi, on n'a pas besoin de modifier autre chose.

A part toutes les opérations mentionnées ici (addition ou soustraction entre un pointeur et un entier, soustraction ou comparaison de deux pointeurs), tout autre calcul utilisant des pointeurs est interdit. Par exemple, il n'est pas permis d'ajouter deux pointeurs, de les multiplier, de les diviser, de faire des décalages ou de les masquer, de leur ajouter un nombre de type float ou de type double.

5.5 LES POINTEURS DE TYPE CARACTERE ET LES FONCTIONS.

Une constante de type chaîne de caractères, telle que ''Je suis une chaîne'' est un tableau de caractères. En représentation interne, le compilateur termine le tableau en lui ajoutant le caractère \0 afin que le programme puisse reconnaître la fin de ce tableau. La place qu'occupe ce dernier, en mémoire, est donc supérieure d'une unité au nombre de caractères compris entre les guillemets.

De telles chaînes de caractères apparaissent le plus souvent en tant qu'arguments de fonctions comme par exemple :

```
printf("hello, world\n");
```

Quand elles se trouvent dans un programme, on y accède au moyen d'un pointeur de type caractère ; en fait, ce que reçoit la fonction `printf` est un pointeur qui indique une position dans le tableau de caractères.

Bien sûr, ces tableaux de caractères peuvent ne pas être que des arguments de fonctions. Si la variable `message` est déclarée comme suit :

```
char *message;
```

alors, l'instruction

```
message = "now is the time";
```

affecte à la variable `message`, un pointeur. On ne recopie pas la chaîne de caractères dans la variable ; seuls les pointeurs interviennent. Le langage C ne fournit aucun moyen de traiter directement une chaîne de caractères comme telle.

Nous allons illustrer plusieurs aspects des pointeurs et des tableaux en étudiant deux fonctions de la bibliothèque standard d'entrées sorties dont nous reparlerons au chapitre 7.

La première de ces fonctions est `strcpy(s, t)` qui recopie la chaîne t dans la chaîne s. Les arguments sont écrits dans cet ordre, par analogie avec l'affectation s = t qui signifie qu'on affecte t à s. La version qui utilise des tableaux est la suivante :

```
strcpy(s, t)      /*copier t dans s*/
char s[], t[];
{
     int i;

     i = 0;
     while ((s[i] = t[i]) != '\0')
          i++;
}
```

alors que voici celle qui travaille avec des pointeurs :

```
strcpy(s, t)      /*copier t dans s : version 1 avec pointeurs*/
char *s, *t;
{
     while ((*s = *t) != '\0') {
          s++;
          t++;
     }
}
```

Puisque les arguments sont transmis par valeur, `strcpy` peut utiliser s et t comme il l'entend. Ici, ce sont des pointeurs convenablement initialisés qu'on fait progresser dans les tableaux, caractère par caractère, jusqu'à \0 qui indique que t a été entièrement recopié dans s.

En pratique, `strcpy` ne serait pas écrite comme ci-dessus. Voici une autre possibilité :

```
strcpy(s, t)     /* copier t dans s ; version 2 avec pointeurs*/
char *s, *t;
{
    while ((*s++ = *t++) != '\0')
        ;
}
```

Cela reporte l'incrémentation de s et de t dans le test. La valeur de `*t++` est celle du caractère pointé par t avant que t ne soit incrémenté.

L'opérateur `++` placé après la variable ne modifie t qu'après que ce caractère ait été transféré. De la même façon, le caractère est mémorisé dans s avant que s ne soit incrémenté. Ce caractère est également comparé à `\0` pour contrôler la boucle. En conséquence, on recopie donc les caractères de t dans s, y compris le caractère final `\0` .

Enfin, si on veut encore abréger, on peut remarquer que la comparaison avec \0 est redondante, aussi on écrit souvent cette fonction ainsi :

```
strcpy(s, t)     /* copier t dans s ; version 3 avec pointeurs*/
char *s, *t;
{
    while (*s++ = *t++)
        ;
}
```

Bien que cela puisse sembler énigmatique à première vue, une telle notation est très commode et il faut bien l'avoir saisie pour la seule raison qu'on la rencontre fréquemment dans les programmes écrits en langage C.

La seconde fonction est `strcmp(s, t)` qui compare les chaînes de caractères s et t, et transmet alors une valeur négative, nulle ou positive selon que la chaîne s a un nombre de lettres inférieur, égal ou supérieur à celui de la chaîne t. Le résultat est obtenu en soustrayant les valeurs des caractères correspondant à l'instant où s et t commencent à différer :

```
strcmp(s, t)   /* return <0 if s<t, 0 if s==t, >0 if s>t */
char s[], t[];
{
    int i;

    i = 0;
    while (s[i] == t[i])
        if (s[i++] == '\0')
            return(0);
    return(s[i] - t[i]);
}
```

Voici la version qui emploie des pointeurs :

```
strcmp(s, t)   /* return <0 if s<t, 0 if s==t, >0 if s>t */
char *s, *t;
{
     for ( ; *s == *t; s++, t++)
          if (*s == '\0')
               return(0);
     return(*s - *t);
}
```

Puisque ++ et -- sont des opérateurs pouvant devancer ou suivre l'opérande, il est possible de trouver des combinaisons différentes de *, ++ et --, mais plus rares.

Par exemple *++p incrémente p avant que ne soit pris en charge le caractère sur lequel pointe p, *--p décrémente également p en premier lieu.

Exercice 5 - 2 Écrire une version de la fonction strcat utilisant des pointeurs. Cette fonction strcat(s, t) présentée au chapitre 2, recopie la chaîne t à la fin de la chaîne s.☐

Exercice 5 - 3 Écrire une macro instruction à la place de strcpy. ☐

Exercice 5 - 4 Réécrire des programmes appropriés appartenant aux chapitres précédents en utilisant des pointeurs à la place des tableaux indicés. Les programmes suivants contiennent de très bonnes possibilités : getline   (chapitres 1 et 4), atoi , itoa et leurs différentes versions (chapitres 2, 3 et 4), reverse (chapitre 3) ainsi que index et getop (chapitre 4).☐

5.6 LES POINTEURS NE SONT PAS DES ENTIERS.

Dans les précédents programmes, vous avez pu remarquer une certaine désinvolture lorsqu'on recopie des pointeurs. En général, il est vrai que, sur la plupart des machines, un pointeur peut être affecté à une variable entière et la transmettre sans la modifier : aucune échelle ni aucune conversion n'est effectuée, aucun bit n'est perdu. Malheureusement, il en résulte que les programmeurs prennent beaucoup de libertés lorsqu'ils écrivent des fonctions renvoyant des pointeurs qui sont alors transmis à d'autres fonctions, les déclarations indispensables de ces pointeurs sont alors souvent oubliées. Par exemple, considérons la fonction strsave (s) qui recopie la chaîne s dans un endroit sûr, obtenu par un appel à la fonction alloc , et qui transmet alors un pointeur permettant d'accéder à cette chaîne. En théorie, cette fonction s'écrit :

```
char *strsave(s)     /* save string s somewhere */
char *s;
{
     char *p, *alloc();

     if ((p = alloc(strlen(s)+1)) != NULL)
          strcpy(p, s);
     return(p);
}
```

En pratique, on aurait tendance à omettre certaines déclarations pour donner :

```
strsave(s)      /* save string s somewhere */
{
     char *p;

     if ((p = alloc(strlen(s)+1)) != NULL)
          strcpy(p, s);
     return(p);
}
```

Ce programme «marchera» sur beaucoup de machines puisque le type implicite des fonctions et des arguments est int et que int et les pointeurs peuvent généralement apparaître à gauche ou à droite du symbole d'affectation. Néanmoins, ce programme présente des risques car il dépend de détails de mise en œuvre et d'architecture de la machine pouvant ne pas correspondre au compilateur particulier que vous utilisez. Pour cette raison, il est conseillé d'être complet dans les déclarations. (Le programme *lint* signalera de telles constructions dans le cas où elles se seraient glissées par mégarde).

5.7 LES TABLEAUX MULTI-DIMENSIONNELS.

Le langage C fournit des tableaux rectangulaires à plusieurs dimensions, bien qu'en pratique on les utilise beaucoup moins que les tableaux de pointeurs. Nous allons étudier quelques unes de leurs propriétés dans ce paragraphe.

Considérons le problème de la conversion des dates, par exemple, transformer le numéro du jour d'un mois en quantième de l'année et vice versa. Ainsi, le 1er mars est le soixantième jour d'une année non bissextile et le soixante et unième jour d'une année bissextile. Nous définissons deux fonctions pour effectuer cette conversion : day_of_year convertit le mois, puis le jour, en un jour de l'année ; month_day fait la transformation inverse. Cette dernière fonction doit donner deux résultats, on utilisera donc deux pointeurs pour représenter les arguments correspondant au mois et au jour.

```
     month_day(1977, 60, &m, &d)
```

positionne m à 3 et d à 1 (1er mars).

Les deux fonctions ont besoin de la même information, une table comprenant le nombre de jours de chaque mois («il y a trente jours en septembre» ...). De plus, comme le nombre de jours par mois diffère entre les années bissextiles et non bissextiles, il est plus facile de les séparer en deux colonnes d'un tableau à deux dimensions que d'essayer de ne pas perdre de vue ce qui se passe en février, pendant le calcul. Le tableau et les fonctions qui effectuent ces transformations sont les suivants :

```
static int day_tab[2][13] ={
    {0, 31, 28, 31, 30, 31, 30, 31, 31, 30, 31, 30, 31},
    {0, 31, 29, 31, 30, 31, 30, 31, 31, 30, 31, 30, 31}
};

day_of_year(year, month, day) /* set day of year */
int year, month, day;         /* from month & day */
{
    int i, leap;

    leap = year%4 == 0 && year%100 != 0 || year%400 == 0;
    for (i = 1; i < month; i++)
        day += day_tab[leap][i];
    return(day);
}


month_day(year, yearday, pmonth, pday) /* set month, day */
int year, yearday, *pmonth, *pday; /* from day of year */
{
    int i, leap;

    leap = year%4 == 0 && year%100 != 0 || year%400 == 0;
    for (i = 1; yearday > day_tab[leap][i]; i++)
        yearday -= day_tab[leap][i];
    *pmonth = i;
    *pday = yearday;
}
```

Le tableau day_tab doit être à la fois externe à la fonction day_of_year et à la fonction month_day pour que toutes les deux puissent l'utiliser.

day_tab est le premier tableau à deux dimensions que nous manipulons. En langage C, un tableau à deux dimensions est, en fait, défini comme un tableau unidimensionnel dont chaque élément est également un tableau. Désormais, on écrira les indices de la manière suivante :

day_tab[i][j]

et non pas :

day_tab[i, j]

comme dans la plupart des langages. Hormis cela, un tel tableau peut être traité comme dans les autres langages. Les éléments sont rangés par lignes, l'indice situé le plus à droite variant plus vite lorsque l'on veut accéder aux éléments dans l'ordre de mémorisation.

Un tableau est initialisé par une liste de valeurs entre accolades, chaque rangée d'un tableau bidimensionnel est initialisé par une sous-liste correspondante. Nous débutons le tableau day_tab avec une colonne de zéros afin que les numéros des mois puissent varier de 1 à 12, au lieu de commencer à 0 et de finir à 11. Puisque nous possédons ici assez d'espace, cela est plus facile que d'ajuster les indices.

Si un tableau à deux dimensions doit être transmis à une fonction, la déclaration dans la fonction doit inclure la dimension des colonnes ; la dimension des lignes n'est pas significative car, en fait, ce qui est transmis, ici, est un pointeur comme auparavant. Dans notre cas, il pointe sur des objets qui sont des tableaux comprenant treize entiers. Ainsi, devant transmettre à une fonction f, le tableau day_tab , on écrira :

```
f(day_tab)
int day_tab[2][13];
{
      . . .
}
```

L'argument de f pourrait être également déclaré de la manière suivante :
```
int day_tab[][13];
```
puisque le nombre de lignes n'est pas significatif, ou encore, comme ci-dessous :
```
int (*day_tab)[13];
```
qui indique que l'argument est un pointeur qui travaille dans un tableau de treize entiers. Les parenthèses sont nécessaires car les crochets [,] sont plus prioritaires que *. Sans parenthèses, la déclaration :
```
int *day_tab[13];
```
indique qu'on a affaire à un tableau constitué de 13 pointeurs qui pointent sur des entiers, comme nous le verrons au paragraphe suivant.

5.8 LES TABLEAUX DE POINTEURS - LES POINTEURS QUI POINTENT SUR D'AUTRES POINTEURS.

Puisque les pointeurs sont des variables, on peut imaginer des tableaux dont les éléments sont des pointeurs. Ils existent vraiment, nous allons le prouver en écrivant un programme qui rangera un ensemble de lignes de texte par ordre alphabétique ; c'est une version réduite du programme « sort » du système UNIX.

Dans le chapitre 3, nous avons présenté une fonction qui rangeait un tableau d'entiers. Le même algorithme convient ici, sauf que, maintenant, nous devons traiter des lignes de texte qui sont de longueurs différentes et qui, à la différence des entiers, ne peuvent être comparées ou transférées en une seule opération. Nous avons besoin d'une représentation des données qui résoudrait efficacement, et de façon commode, le problème des lignes de texte de longueurs variables.

C'est là qu'intervient le tableau de pointeurs. Si les lignes qui doivent être rangées sont mémorisées bout à bout dans un grand tableau de caractères (mis à jour peut-être par alloc), alors, on peut avoir accès à chaque ligne au moyen d'un pointeur qui pointe sur son premier caractère. Ces pointeurs eux-mêmes peuvent être mémorisés dans un tableau. On comparera deux lignes en transmettant leurs pointeurs à la fonction strcmp . Pour échanger deux lignes qui ne sont pas dans le bon ordre, il suffit d'échanger leurs pointeurs dans le tableau des pointeurs, sans toucher aux lignes elles-mêmes. Cela permet de résoudre deux problèmes à la fois, une gestion complexe de la mémoire et des temps-système élevés, qui se seraient manifestés lors du transfert des lignes.

Le procédé pour le rangement se décompose en trois étapes :
«lire toutes les lignes du fichier entrée»
«les trier»
«les écrire dans le bon ordre».
Comme d'habitude, il est préférable de décomposer le programme en plusieurs
fonctions correspondant aux différentes étapes, et en un programme principal
qui contrôlerait le tout.

Nous délaissons l'étape pendant laquelle s'effectue le tri et nous nous pré-
occupons des structures des données, ainsi que de l'entrée et de la sortie. Le sous-
programme qui traite l'entrée des données, rassemble et mémorise les caractères
de chaque ligne, il construit alors un tableau dont les éléments pointent sur chaque ligne. De plus, il devra compter le nombre de lignes en entrée puisque cette
information est nécessaire pour le tri et pour l'écriture des résultats. Comme cette fonction ne peut traiter qu'un nombre fini de lignes, lorsque ce nombre est
dépassé, elle le signalera au moyen d'un nombre de lignes incorrect, comme par
exemple − 1. Le sous programme devant écrire le résultat obtenu n'a plus qu'à
imprimer les lignes dans l'ordre dans lequel elles apparaissent dans le tableau
de pointeurs.

```
#define NULL    0
#define LINES   100   /* max lines to be sorted */

main()     /* sort input lines */
{
    char *lineptr[LINES]; /* pointers to text lines */
    int  nlines;          /* number of input lines read */

    if ((nlines = readlines(lineptr, LINES)) >= 0) {
        sort(lineptr, nlines);
        writelines(lineptr, nlines);
    }
    else
        printf("input too big to sort\n");
}
```

```
#define MAXLEN   1000

readlines(lineptr, maxlines)   /* read input lines */
char *lineptr[];               /* for sorting */
int maxlines;
{
     int  len, nlines;
     char *p, *alloc(), line[MAXLEN];

     nlines = 0;
     while ((len = getline(line, MAXLEN)) > 0)
         if (nlines >= maxlines)
             return(-1);
         else if ((p = alloc(len)) == NULL)
             return(-1);
         else {
             line[len-1] = '\0'; /* zap newline */
             strcpy(p, line);
             lineptr[nlines++] = p;
         }
     return(nlines);
}
```

Le caractère d'interligne situé à la fin de chaque ligne est éliminé afin qu'il n'affecte pas l'ordre dans lequel les lignes sont rangées.

```
writelines(lineptr, nlines)    /* write output lines */
char *lineptr[];
int nlines;
{
     int i;

     for (i = 0; i < nlines; i++)
         printf("%s\n", lineptr[i]);
}
```

La principale innovation est la déclaration de `lineptr`.

```
char *lineptr[LINES];
```

Celle-ci indique que `lineptr` est un tableau constitué des éléments `LINES`, qui sont, en fait, des pointeurs pointant sur un objet de type `char`. Donc `lineptr[i]` est un pointeur de caractère et `*lineptr[i]` permet d'accéder à ce caractère.

Puisque `lineptr` est lui-même un tableau qui est transmis à la fonction : `writelines` on peut le considérer aussi comme un pointeur, de la même manière que dans nos exemples précédents, et on peut aussi écrire alors la fonction d'une autre manière :

```
writelines(lineptr, nlines)    /* write output lines */
char *lineptr[];
int nlines;
{
     while (--nlines >= 0)
         printf("%s\n", *lineptr++);
}
```

`*lineptr` pointe initialement sur la première ligne, chaque incrémentation le fait changer de ligne, tandis que `nlines` est alors décrémenté.

Maintenant que nous avons établi les entrées et les sorties, nous pouvons étudier le procédé utilisé pour le tri. La fonction «Shell sort» du chapitre 3 nécessite quelques légères modifications. On doit changer les déclarations et créer une fonction qui compare les lignes. L'algorithme de base reste le même, ce qui nous permet d'avoir l'assurance qu'il fonctionne encore.

```
sort(v, n)        /* sort strings v[0] ... v[n-1] */
char *v[];        /* into increasing order */
int n;
{
    int  gap, i, j;
    char *temp;

    for (gap = n/2; gap > 0; gap /= 2)
        for (i = gap; i < n; i++)
            for (j = i-gap; j >= 0; j -= gap) {
                if (strcmp(v[j], v[j+gap]) <= 0)
                    break;
                temp = v[j];
                v[j] = v[j+gap];
                v[j+gap] = temp;
            }
}
```

Puisque tous les éléments de `v` (alias `lineptr`) sont des pointeurs de caractères, il en est de même pour `temp`, et donc on peut recopier l'un dans l'autre.

Nous avons écrit le programme d'une manière aussi simple que possible, de façon à ce qu'il fonctionne rapidement. Il pourrait être plus rapide, par exemple, de recopier directement les lignes du fichier entrée dans un tableau mis à jour par `readlines` plutôt que de les recopier dans `line`, puis dans un endroit à l'abri, obtenu par alloc. Mais il est conseillé, la première fois, de réaliser quelque chose de compréhensible et de laisser pour plus tard le côté «efficacité». On n'augmentera pas la rapidité du programme de manière significative en évitant une recopie inutile des lignes en entrée. Pour cela, il faudrait remplacer la fonction «Shell sort» par une autre mieux adaptée comme par exemple «Quicksort».

Dans le chapitre 1, nous signalions que, puisque les boucles `while` et `for` testent leur condition de rebouclage avant d'exécuter l'ensemble des instructions, y compris la première fois, elles contribuaient à assurer que le programme fonctionnerait dans les cas limites, en particulier lorsqu'il n'y a pas de lignes en entrée. Il est intéressant de vérifier le comportement des fonctions du programme lorsqu'il n'y a pas de lignes en entrée.

Exercice 5 - 5 Réécrire la fonction `readlines` de façon à ce qu'elle crée des lignes dans un tableau commandé par `main`, plutôt qu'elle ne fasse appel à la fonction `alloc` pour s'occuper de la mémoire. Ce programme est-il plus rapide ?
☐

5.9 INITIALISATION DES TABLEAUX DE POINTEURS.

Nous allons, maintenant, écrire la fonction `month_name(n)` qui fournit un pointeur donnant le nom du nième mois. C'est le cas idéal pour utiliser un tableau interne de type `static`. La fonction `month_name` contient son propre tableau de chaînes de caractères, et, lorsqu'elle est appelée, transmet un pointeur qui indique une de ces chaînes. Le sujet de ce paragraphe est la manière d'initialiser de tels tableaux.

La syntaxe ressemble beaucoup à celle des initialisations précédentes :

```
char *month_name(n)  /* return name of n-th month */
int n;
{
     static char *name[] ={
          "illegal month",
          "January",
          "February",
          "March",
          "April",
          "May",
          "June",
          "July",
          "August",
          "September",
          "October",
          "November",
          "December"
     );

     return((n < 1 || n > 12) ? name[0] : name[n]);
}
```

La déclaration de `name`, un tableau constitué de pointeurs de caractères, est la même que pour `lineptr` dans le programme qui rangeait des lignes dans l'ordre. Pour initialiser, on utilise une liste de chaînes de caractères, chacune étant affectée à une position correspondante dans le tableau. De façon plus précise, les caractères de la chaîne numéro i sont placés quelque part et le pointeur correspondant à cette chaîne est mémorisé dans `name[i]`. Puisque la taille du tableau `name` n'est pas précisée, c'est le compilateur lui-même qui compte le nombre de valeurs servant à initialiser le tableau et qui le remplit alors.

5.10 COMPARAISON ENTRE LES POINTEURS ET LES TABLEAUX MULTI-DIMENSIONNELS.

Les débutants en langage C sont parfois troublés par la différence entre un tableau bidimensionnel et un tableau de pointeurs comme l'était `name` dans l'exemple précédent. Soient les déclarations suivantes :

```
int a[10][10];
int *b[10];
```

on peut utiliser a et b de manière identique, en effet, a[5][5] et b[5][5] se rapportent tous deux à un seul entier. Mais a est un véritable tableau, les 100 cellules de mémoire sont toutes occupées et on emploie le système usuel d'indice de type rectangulaire, pour trouver un élément donné. En ce qui concerne b, la déclaration ne permet de réserver que 10 pointeurs, chacun doit indiquer un tableau de nombres entiers. Sachant que chacun de ces tableaux de nombres entiers comprend 10 éléments, il y aura également 100 cellules de mémoire, en plus des dix correspondantes aux pointeurs. Ainsi le tableau de pointeurs occupe légèrement plus de place et peut nécessiter une étape d'initialisation explicite. Mais cette méthode présente deux avantages : premièrement, l'accès à un élément s'obtient de manière indirecte à l'aide d'un pointeur au lieu d'être calculé par multiplication et addition ; secondo, les lignes du tableau peuvent avoir des longueurs différentes. Chaque élément de b n'a pas besoin de pointer sur un vecteur à dix composantes, certains peuvent indiquer un vecteur à deux composantes, d'autres, un vecteur à vingt composantes, d'autres encore, rien du tout.

Bien que nous n'ayons parlé que des cas des nombres entiers, l'utilisation la plus fréquente des tableaux de pointeurs est, de loin, celle qui apparaît dans la fonction month_name qui mémorise des chaînes de caractères de différentes longueurs.

Exercice 5 - 6 Réécrire les sous-programmes day_of_year et month_day en utilisant des pointeurs à la place des indices.□

5.11 LES ARGUMENTS DE LA LIGNE DE COMMANDE.

Dans les systèmes utilisant le langage C, il existe un moyen de transmettre des arguments de la ligne de commande ou des paramètres, à un programme lors du début de son exécution. Quand on fait appel à main pour commencer l'exécution, on l'appelle avec deux arguments. Le premier (baptisé conventionnellement argc) est le nombre d'arguments de la ligne de commande utilisé lorsqu'on fait appel au programme ; le second (argv) est un pointeur qui indique un tableau constitué de chaînes de caractères qui contient les arguments, un pour chaque chaîne. Le traitement de telles chaînes de caractères permet l'utilisation de plusieurs niveaux de pointeurs.

Nous allons illustrer cela avec le programme echo qui répète simplement ses arguments de la ligne de commande, sur une seule ligne, en les séparant par des blancs. Ainsi, quand on envoie la commande :

```
echo hello, world
```

on obtient en sortie :

```
hello, world
```

Par convention, argv[0] est le nom par lequel on fait appel au programme, aussi, argc est au moins égal à 1. Dans l'exemple ci-dessus, argc est égal à 3 et argv[0], argv[1] et argv[2] sont égaux respectivement à « echo», « hello » et « world ». Le véritable premier argument étant argv[1] et le dernier étant

donné par `argv[argc-1]` . Si `argc` vaut, 1, il n'y a pas d'arguments dans la ligne de commande après le nom du programme. Voici le programme `echo`:

```
main(argc, argv)     /* echo arguments; 1st version */
int argc;
char *argv[];
{
     int i;

     for (i = 1; i < argc; i++)
          printf("%s%c", argv[i], (i<argc-1) ? ' ' : '\n');
}
```

Puisque `argv` pointe sur un tableau de pointeurs, il existe plusieurs moyens d'é-
crire le programme utilisant des pointeurs plutôt que des indices. Nous allons
examiner deux versions :

```
main(argc, argv)     /* echo arguments; 2nd version */
int argc;
char *argv[];
{
     while (--argc > 0)
          printf("%s%c", *++argv, (argc > 1) ? ' ' : '\n');
}
```

Comme `argv` pointe sur le début du tableau constitué de chaînes de caractères,
en l'incrémentant (`++argv`), on le fait pointer sur `argv[1]` au lieu de sur
`argv[0]`. Chaque incrémentation successive le fait progresser jusqu'à l'argument
suivant. `*argv` représente alors le pointeur correspondant à cet argument. Au
même moment, `argc` est décrémenté ; quand il devient égal à zéro, il n'y a plus
d'autres arguments à imprimer. Voici l'autre version :

```
main(argc, argv)     /* echo arguments; 3rd version */
int argc;
char *argv[];
{
     while (--argc > 0)
          printf((argc > 1) ? "%s " : "%s\n", *++argv);
}
```

Celle-ci montre que l'argument de `printf` indiquant le format peut être une expression comme toutes les autres. Cette utilisation n'est pas très fréquente, mais,
vaut la peine qu'on s'en souvienne.

Comme second exemple, nous allons améliorer le programme qui recherchait une configuration et qui avait été présenté au chapitre 4. Si vous vous souve-
nez, on trouvait au cœur du programme un ensemble d'instructions qui effectuait
cette recherche ; en fait, ce n'était pas l'idéal. Aussi, en s'inspirant du programme
«grep» du système UNIX, nous allons transformer le programme afin que la configuration recherchée soit précisée par le premier argument de la ligne de commande.

```
#define   MAXLINE   1000

main(argc, argv)  /* find pattern from first argument */
int argc;
char *argv[];
{
    char line[MAXLINE];

    if (argc != 2)
        printf("Usage: find pattern\n");
    else
        while (getline(line, MAXLINE) > 0)
            if (index(line, argv[1]) >= 0)
                printf("%s", line);
}
```

Le modèle de base peut maintenant être élaboré pour illustrer des constructions comprenant davantage de pointeurs. Supposons que nous voulions tenir compte de deux arguments facultatifs. Le premier dit «imprimer toutes les lignes à l'exception de celles contenant la configuration recherchée», le second, «faire précéder chaque ligne du numéro de la ligne».

Une convention commune aux programmes écrits en langage C stipule qu'un argument précédé d'un signe moins introduit un indicateur ou un paramètre facultatif. Si nous choisissons $-x$ (pour «à l'exception de») pour signaler une inversion et $-n$ («nombre») pour demander le numéro de la ligne, alors la commande :
> find $-x$ $-n$ le

avec, en entrée, le texte suivant :
> le temps est venu
> maintenant pour tous
> les hommes de bonne volonté
> d'aider leur prochain.

permettra d'obtenir en sortie :
> 2 maintenant pour tous.

Des arguments facultatifs peuvent apparaître dans n'importe quel ordre, de plus, le reste du programme ne dépend pas du nombre d'arguments qui existent vraiment. En particulier, l'appel à la fonction index ne se rapporte pas à argv[2] dans le cas où il n'existe qu'un seul argument indicateur ni à argv[1] quand il n'en existe pas. De plus, il est commode pour les utilisateurs de pouvoir rassembler les arguments facultatifs tels que, par exemple,

> find -nx le

Voici le programme :

```
#define   MAXLINE   1000

main(argc, argv)   /* find pattern from first argument */
int argc;
char *argv[];
{
    char line[MAXLINE], *s;
    long lineno = 0;
    int  except = 0, number = 0;

    while (--argc > 0 && (*++argv)[0] == '-')
        for (s = argv[0]+1; *s != '\0'; s++)
            switch (*s) {
            case 'x':
                except = 1;
                break;
            case 'n':
                number = 1;
                break;
            default:
                printf("find: illegal option %c\n", *s);
                argc = 0;
                break;
            }
    if (argc != 1)
        printf("Usage: find -x -n pattern\n");
    else
        while (getline(line, MAXLINE) > 0) {
            lineno++;
            if ((index(line, *argv) >= 0) != except) {
                if (number)
                    printf("%ld: ", lineno);
                printf("%s", line);
            }
        }
}
```

argv est incrémenté avant chaque argument facultatif et `argc`, décrémenté. S'il n'y a pas d'erreurs, à la fin de la boucle, `argc` devrait être égal à 1 et `*argv` indiquerait la configuration. Remarquez que `*++argv` est un pointeur indiquant une chaîne d'arguments ; `(*++argv)[0]` représente le premier caractère. Les parenthèses sont nécessaires, sans elles, l'expression serait équivalente à `*++(argv[0])` dont le sens est très différent (et mauvais). Une autre forme correcte serait : `*\*++argv`

Exercice 5 - 7 Écrire le programme `add` qui calcule une expression écrite en notation polonaise inverse dans la ligne de commande. Par exemple : `add   2   3   4   +   *`

calcule : $2 \times (3+4)$. □

Exercice 5 - 8 Modifier les programmes `entab` et `detab` (écrits dans les exercices du chapitre 1) de façon à ce qu'ils acceptent une liste de taquets de tabulation en tant qu'arguments. Utiliser la pose de tabulation classique dans le cas où il n'y a pas d'arguments. □

Exercice 5 - 9 Étendre les programmes `entab` et `detab` pour qu'ils puissent accepter des instructions plus brèves telles que `entab` *m* +*n* . Celle-ci indique que les taquets de tabulation commencent à la colonne *m* et sont espacés de *n* colonnes. Dans le cas où la tabulation n'est pas précisée, prévoir le comportement du programme le plus commode pour l'utilisateur. □

Exercice 5 - 10 Écrire le programme `tail` qui imprime les *n* dernières lignes du fichier entrée. On pose que, lorsque *n* ne sera pas précisé, il égalera 10, sinon `tail` -*n* imprime les *n* dernières lignes. Le programme doit réagir rationnellement selon les données en entrée et la valeur de *n*. Écrire ce programme de façon à ce qu'il fasse le meilleur usage de la mémoire disponible : les lignes devront être rangées comme dans le programme `sort` et non pas à l'aide d'un tableau à deux dimensions de taille fixe. □

5.12 LES ÉLÉMENTS POINTANT SUR DES FONCTIONS.

En langage C, une fonction ne peut être considérée comme une variable, mais il est possible de définir «une variable qui pointe sur une fonction» ; celle-ci peut être manipulée, transmise à d'autres fonctions, placée dans un tableau et ainsi de suite. Nous illustrerons cette remarque en modifiant le programme `sort` , écrit auparavant dans ce chapitre, afin que dans le cas où l'argument facultatif −n est donné, il range les lignes dans un ordre numérique au lieu de l'ordre lexicographique.

Pour ranger des éléments dans un certain ordre, on remarque en général trois étapes : une comparaison entre deux éléments pour déterminer l'ordre dans lequel il faut les ranger, une permutation lorsqu'ils ne sont pas déjà dans le bon ordre, et un algorithme qui effectue les deux étapes précédentes jusqu'à ce que l'ensemble soit dans le bon ordre. Cet algorithme est indépendant des opérations de comparaison et de permutation, ainsi avec un seul algorithme, mais avec différentes formes de comparaison et de permutation, on peut réaliser différentes formes de rangement.

Dans notre cas, c'est ce que nous allons faire.

La comparaison entre deux lignes utilisant l'ordre lexicographique est faite par la fonction `strcmp` et mémorisée par `swap` comme auparavant ; nous avons besoin également d'un sous-programme qui compare deux lignes, mais cette fois, selon leur valeur numérique, et qui transmette le même genre d'indications que la fonction `strcmp` . On déclarera ces trois fonctions dans le programme `main` , puis on transmettra à la fonction `sort` , les trois variables qui pointeront sur chaque fonction. `sort` appellera tour à tour chaque fonction au moyen du pointeur correspondant. Nous n'avons pas beaucoup prêté attention au traitement des erreurs afin de nous concentrer sur les questions principales.

```
#define LINES 100  /* max number of lines to be sorted */

main(argc, argv)     /* sort input lines */
int argc;
char *argv[];
{
    char *lineptr[LINES];  /* pointers to text lines */
    int  nlines;           /* number of input lines read */
    int  strcmp(), numcmp(); /* comparison functions */
    int  swap();    /* exchange function */
    int  numeric = 0;    /* 1 if numeric sort */

    if (argc>1 && argv[1][0] == '-' && argv[1][1] == 'n')
        numeric = 1;
    if ((nlines = readlines(lineptr, LINES)) >= 0) {
        if (numeric)
            sort(lineptr, nlines, numcmp, swap);
        else
            sort(lineptr, nlines, strcmp, swap);
        writelines(lineptr, nlines);
    } else
        printf("input too big to sort\n");
}
```

strcmp, numcmp et swap représentent les adresses des fonctions. Puisque le programme sait que ce sont des fonctions, il est inutile d'employer l'opérateur & de la même façon que son usage est superflu devant un nom de tableau. Le compilateur agit de telle sorte que l'adresse de la fonction soit transmise.

La seconde étape est de modifier la fonction sort :

```
sort(v, n, comp, exch)    /* sort strings v[0]...v[n-1] */
char *v[];                 /* into increasing order */
int n;
int (*comp)(), (*exch)();
{
    int gap, i, j;

    for (gap = n/2; gap > 0; gap /= 2)
        for (i = gap; i < n; i++)
            for (j = i-gap; j >= 0; j -= gap) {
                if ((*comp)(v[j], v[j+gap]) <= 0)
                    break;
                (*exch)(&v[j], &v[j+gap]);
            }
}
```

Étudions soigneusement les déclarations.

```
    int (*comp)()
```

indique que comp est une variable qui pointe sur une fonction dont le résultat est un entier. Les premières parenthèses sont obligatoires, en effet, sans elles

```
    int *comp()
```

voudrait dire que comp est une fonction dont le résultat est une variable qui pointe sur un entier, ce qui est plutôt différent.

L'utilisation de comp dans la ligne :

```
    if ((*comp)(v[j], v[j+gap]) <= 0)
```

est logique avec la déclaration précédente : comp est une variable qui pointe sur une fonction, *comp est la fonction et

```
    (*comp)(v[j], v[j+gap])
```

permet d'appeler cette fonction. On a besoin de toutes les parenthèses pour que tous les éléments soient correctement associés.

Nous avons déjà vu la fonction strcmp qui compare deux lignes. Voici numcmp qui compare les lignes suivant la valeur numérique correspondant au caractère tête de ligne.

```
numcmp(s1, s2)  /* compare s1 and s2 numerically */
char *s1, *s2;
{
    double atof(), v1, v2;

    v1 = atof(s1);
    v2 = atof(s2);
    if (v1 < v2)
        return(-1);
    else if (v1 > v2)
        return(1);
    else
        return(0);
}
```

L'étape finale est d'ajouter la fonction swap qui permute deux pointeurs. Elle est écrite directement d'après les indications fournies précédemment dans ce chapitre

```
swap(px, py)   /* interchange *px and *py */
char *px[], *py[];
{
    char *temp;

    temp = *px;
    *px = *py;
    *py = temp;
}
```

On peut également ajouter toute une foule d'autres options à ce programme, certaines peuvent faire l'objet d'exercices.

Exercice 5 - 11 Modifier sort de façon à traiter un indicateur −r qui nous précise que le rangement devra se faire dans un ordre inverse (c'est-à-dire décroissant) Bien sûr −r doit aller avec −n. □

Exercice 5 - 12 Ajouter en option −f qui rassemble les majuscules et les minuscules ensemble de façon à ce qu'aucune distinction ne soit faite lors du tri : les majuscules et les minuscules sont rangées ensemble pour que a et A soient adjacentes et non pas séparées par tout l'alphabet des minuscules. □

Exercice 5 - 13 Ajouter -d («ordre du dictionnaire») qui n'effectue les comparaisons que sur les lettres, les nombres et les blancs. Vérifier qu'elle fonctionne avec -f. □

Exercice 5 - 14 Ajouter une possibilité de travailler sur des domaines, de façon à ce que le rangement puisse se faire sur des domaines à l'intérieur de chaque ligne, chaque domaine dépendant d'un ensemble propre d'options. (L'index de ce livre a été obtenu avec -df pour la catégorie d'index et -n pour les numéros des pages). □

6. Les structures

Une structure est un ensemble comprenant une ou plusieurs variables, parfois de types différents, qu'on regroupe sous un seul nom pour en faciliter le traitement. (Les structures sont baptisées «records» dans d'autres langages comme en Pascal).

L'exemple traditionnel d'une structure est l'enregistrement des données salariales dans une société ; un employé est caractérisé par un ensemble d'attributs tels que le nom, l'adresse, le numéro de sécurité sociale, le salaire, etc ... A leur tour, certains attributs peuvent être aussi des structures : un nom a plusieurs composantes, de même une adresse ou un salaire.

Les structures permettent l'organisation de données complexes, particulièrement dans les grands programmes, car dans beaucoup de cas, elles offrent la possibilité de traiter un groupe de variables liées en un seul bloc plutôt que séparément. Dans ce chapitre, nous nous efforcerons d'illustrer la manière d'employer les structures. Les programmes que nous utiliserons sont plus longs que la plupart de ceux contenus dans ce livre, mais toutefois, ils restent de taille modeste.

6.1 PRINCIPES FONDAMENTAUX.

Revenons sur les programmes du chapitre 5 qui convertissaient des dates. Une date comprend plusieurs éléments tels que le jour, le mois, l'année et, peut-être même, le quantième de l'année ainsi que le nom du mois. Ces cinq variables peuvent être mises dans une seule et même structure de la manière suivante :

```
struct date {
    int  day;
    int  month;
    int  year;
    int  yearday;
    char mon_name[4];
};
```

Le mot clé `struct` indique la déclaration d'une structure qui correspond à une liste de déclarations entre accolades. On peut éventuellement faire suivre le mot `struct` d'un nom appelé «étiquette de la structure» (comme dans notre cas le mot `date`). L'étiquette désigne cette sorte de structure et, par la suite, peut servir comme notation abrégée de la déclaration.

Les éléments et les variables mentionnés dans une structure sont appelés «membres». Un membre d'une structure, ou une étiquette, peut porter le même nom qu'une variable ordinaire (c'est-à-dire n'appartenant pas à une structure) sans qu'il y ait conflit, puisqu'on peut les différencier par le contexte. Bien sûr, pour une question de style, on n'emploiera pas les mêmes noms que pour des choses étroitement liées.

L'accolade droite qui met fin à la liste des «membres» peut être suivie par une liste de variables, comme pour n'importe quel autre type de base.

```
struct { ... } x, y, z;
```
est sur le plan syntaxique tout à fait analogue à
```
int x, y, z;
```
en effet, chaque instruction déclare `x`, `y` et `z` comme étant des variables du type nommé (soit `struct`, soit `int`) et réserve pour elles, de la place en mémoire.

Une déclaration de structure qui n'est pas suivie d'une liste de variables ne fait aucune réservation de place en mémoire : elle décrit tout bonnement un modèle ou la forme d'une structure. Toutefois, si la déclaration comprend une étiquette, celle-ci suffira pour définir plus tard des exemples réels de cette structure. Par exemple, étant donné la déclaration ci-dessus de la structure baptisée `date`
```
struct date d;
```
définit une variable `d` comme étant une structure du type `date`. Une structure externe ou statique peut être initialisée en faisant suivre sa définition par une liste d'éléments qui initialisent chaque composante de la structure.
```
struct date d ={ 4, 7, 1776, 186, "Jul" };
```
Si dans une expression, on veut faire appel à un membre particulier de la structure, on utilisera la forme suivante : «nom de la structure . membre». L'opérateur qui indique un membre d'une structure, « . », met en relation le nom de la structure et le nom du membre. Voici quelques exemples ; pour mettre `leap` à la date contenue dans la structure `d` :
```
leap = d.year % 4 == 0 && d.year % 100 != 0
       || d.year % 400 == 0;
```
ou pour vérifier le nom de mois :
```
if (strcmp(d.mon_name, "Aug") == 0) ...
```
ou pour écrire le premier caractère du mois en minuscule
```
d.mon_name[0] = lower(d.mon_name[0]);
```
Les structures peuvent être imbriquées, ainsi un enregistrement contenant les données destinées à la paie des employés peut ressembler à :

```
struct person {
    char name[NAMESIZE];
    char address[ADRSIZE];
    long zipcode;
    long ss_number;
    double salary;
    struct date birthdate;
    struct date hiredate;
};
```

La structure baptisée `person` contient deux dates. Si nous déclarons emp de la manière suivante :

```
struct person emp;
```

alors

```
emp.birthdate.month
```

désigne le mois de naissance. L'opérateur qui indique un membre d'une structure associe l'opérande de gauche à celui de droite.

6.2 LES STRUCTURES ET LES FONCTIONS.

Il existe des restrictions dans l'utilisation des structures en langage C. Selon les règles, les seules opérations possibles avec une structure sont le calcul de son adresse au moyen de & ou l'accès à un de ses membres. Cela implique donc que l'on ne peut pas affecter ou recopier une structure en la considérant dans son ensemble, transmettre une structure entre une fonction appelante et une fonction appelée, ni dans un sens, ni dans l'autre. (Ces restrictions seront levées dans les versions prochaines). De toute façon, des variables qui pointent sur ces structures ne souffrent pas de ces limitations, ainsi les structures et les fonctions marchent très bien ensemble. Finalement, des structures automatiques comme des tableaux automatiques ne peuvent être initialisées ; seules les structures externes ou statiques le peuvent.

Nous allons examiner de plus près certains de ces points en réécrivant les fonctions du chapitre précédent qui effectuaient des transformations de dates en utilisant des structures. Puisqu'il est interdit de transmettre directement une structure à une fonction, nous devons transmettre soit chaque composante séparément, soit avec une variable qui pointe sur le tout. La première alternative utilisera `day_of_year` comme nous l'avons écrit au chapitre 5 :

```
d.yearday = day_of_year(d.year, d.month, d.day);
```

L'autre moyen consiste à transmettre un pointeur. Si nous avons déclaré `hiredate` de la manière suivante :

```
struct date hiredate;
```

et réécrit `day_of_year` , nous pouvons exprimer

```
hiredate.yearday = day_of_year(&hiredate);
```

pour communiquer une variable pointant sur `hiredate` à la fonction `day_of_year` . La fonction doit être modifiée car son argument est maintenant un pointeur et non plus une liste de variables.

```
      day_of_year(pd)  /* set day of year from month, day */
      struct date *pd;
      {
           int i, day, leap;
           day = pd->day;
           leap = pd->year % 4 == 0 && pd->year % 100 != 0
                     || pd->year % 400 == 0;
           for (i = 1; i < pd->month; i++)
                day += day_tab[leap][i];
           return(day);
      }
```

La déclaration :

```
      struct date *pd;
```

précise que `pd` est une variable qui pointe sur une structure du type `date`. La notation :

```
      pd->year
```

est nouvelle. Si `p` est une variable qui pointe sur une structure, alors :
`p->` «membre d'une structure» représente ce membre particulier. Cet opérateur
`->` est constitué d'un signe moins suivi de `>`. Puisque `pd` pointe sur la structure,
le membre `year` peut aussi être représenté par :

```
      (*pd).year
```

mais les variables qui pointent sur les structures sont utilisées si fréquemment
qu'on préfère l'emploi de la notation abrégée et commode `->`. Les parenthèses
sont nécessaires dans `(*pd).year` car `.` est plus prioritaire que `*`. Les opérateurs
`->` et `.` associent tous deux l'opérande de gauche à celui de droite, aussi

```
      p->q->memb
      emp.birthdate.month
```

est équivalent à

```
      (p->q)->memb
      (emp.birthdate).month
```

Pour compléter, voici la fonction `month_day` modifiée pour employer la structure :

```
      month_day(pd)  /* set month and day from day of year */
      struct date *pd;
      {
           int i, leap;

           leap = pd->year % 4 == 0 && pd->year % 100 != 0
                     || pd->year % 400 == 0;
           pd->day = pd->yearday;
           for (i = 1; pd->day > day_tab[leap][i]; i++)
                pd->day -= day_tab[leap][i];
           pd->month = i;
```

Les opérateurs de structure `->` et `.` ainsi que les `( )` correspondant aux
listes d'arguments et les `[ ]` pour l'indexation sont les opérateurs les plus prioritaires, les relations qu'ils créent sont donc très étroites.
Par exemple, étant donné la déclaration :

```
struct {
    int  x;
    int  *y;
} *p;
```

alors

```
++p->x
```

incrémente x et non pas p car, en fait, cette expression correspond à ++(p->x) Les parenthèses peuvent être utilisées pour modifier les liens, (++p)->x incrémente p avant d'aller chercher x, et (p++)->x incrémente p après. (Ces dernières parenthèses ne sont pas nécessaires. Pourquoi ?)

De la même façon, *p->y va chercher tous les éléments sur lesquels pointe y ; *p->y++ incrémente y après être allé chercher les objets sur lesquels celui-ci pointait (tout comme *s++) ; (*p->y)++ incrémente les éléments sur lesquels y pointait, et *p++->y incrémente y après être allé chercher les éléments lesquels y pointait.

6.3 LES TABLEAUX DE STRUCTURES.

Les structures sont particulièrement appropriées pour manier des tableaux de variables qui sont en relation. Par exemple, considérons un programme qui compte les apparitions de chaque mot-clé du langage C. Nous avons besoin d'un tableau dont les éléments sont des chaînes de caractères pour contenir les noms et un tableau d'entiers pour compter. Une des possibilités serait d'utiliser deux tableaux parallèles keyword et keycount comme dans :

```
char *keyword[NKEYS];
int  keycount[NKEYS];
```

Mais justement, le fait que les deux tableaux sont parallèles montre qu'il existe une autre organisation. Chaque apparition d'un mot clé se traduit par deux références :

```
char *keyword;
int  keycount;
```

et il existe un tableau à deux éléments. La déclaration de la structure

```
struct key {
    char *keyword;
    int  keycount;
} keytab[NKEYS];
```

définit un tableau keytab dont les éléments sont des structures de ce type et leur réserve de la place en mémoire. Chaque élément de ce tableau est donc une structure. On aurait pu aussi écrire :

```
struct key {
    char *keyword;
    int  keycount;
};

struct key keytab[NKEYS];
```

Puisque la structure `keytab` contient un ensemble constant de noms, il est plus facile de l'initialiser une fois pour toutes, lors de sa définition. L'initialisation de la structure ressemble assez aux précédentes. — la définition est suivie d'une liste de valeurs servant à l'initialisation et mise entre accolades.

```
struct key {
        char *keyword;
        int  keycount;
} keytab[] ={
        "break", 0,
        "case", 0,
        "char", 0,
        "continue", 0,
        "default", 0,
        /* ... */
        "unsigned", 0,
        "while", 0
};
```

Les valeurs servant à initialiser sont listées par paires correspondant aux membres des structures. Il serait plus précis de mettre entre accolades les deux valeurs initialisant chaque ligne du tableau, c'est-à-dire chaque structure, comme ci-dessous :

```
{ "break", 0 },
{ "case", 0 },
...
```

mais les accolades les plus internes ne sont pas nécessaires quand ces valeurs sont de simples variables ou des chaînes de caractères et quand elles sont toutes présentes. Comme d'habitude, le compilateur calculera le nombre d'entrées dans le tableau `keytab` si les valeurs qui initialisent sont présentes et si les [] sont restés vides.

Le programme comptant les apparitions des mots clés commence par la définition de `keytab`. Le programme principal lit le fichier entrée en appelant à chaque fois une fonction `getword` qui traite un mot à la fois. Chaque mot est recherché dans le tableau `keytab` à l'aide d'une version de la fonction de recherche binaire étudiée au chapitre 3. (Bien sûr, la liste des mots clés doit être présentée par ordre croissant pour que cela fonctionne).

```
#define  MAXWORD   20

main()      /* count C keywords */
{
        int  n, t;
        char word[MAXWORD];

        while ((t = getword(word, MAXWORD)) != EOF)
                if (t == LETTER)
                        if ((n = binary(word, keytab, NKEYS)) >= 0)
                                keytab[n].keycount++;
        for (n = 0; n < NKEYS; n++)
                if (keytab[n].keycount > 0)
                        printf("%4d %s\n",
                                keytab[n].keycount, keytab[n].keyword);
}
```

```
binary(word, tab, n)   /* find word in tab[0]...tab[n-1] *
char *word;
struct key tab[];
int n;
(
    int low, high, mid, cond;

    low = 0;
    high = n - 1;
    while (low <= high) (
        mid = (low+high) / 2;
        if ((cond = strcmp(word, tab[mid].keyword)) < 0)
            high = mid - 1;
        else if (cond > 0)
            low = mid + 1;
        else
            return(mid);
    )
    return(-1);
)
```

Nous présenterons la fonction   getword   dans un moment, pour l'instant, il suffit de préciser qu'elle renvoie   LETTER   à chaque fois qu'elle trouve un mot, et qu'elle recopie le mot dans son premier argument.

La quantité NKEYS représente le nombre de mots clés dans   keytab . Bien que nous puissions faire le calcul à la main, il est beaucoup plus facile et plus sûr de le faire à la machine, surtout si la liste est sujette à des changements. Une possibilité serait de terminer la liste des valeurs qui initialisent avec un pointeur nul, puis de faire un rebouclage tout le long de   keytab jusqu'à ce que le programme trouve la fin.

Mais en fait, cela est plus qu'il n'en faut puisque la taille du tableau est entièrement déterminée à la compilation. Le nombre d'entrées est précisément :
« taille de keytab » / « taille de struct key ». Le langage C fournit à la compilation un opérateur unaire appelé sizeof qui sert à calculer la taille d'un objet. L'expression   sizeof («objet») crée un entier donnant la taille de cet objet. (La taille est donnée en unités non spécifiques appelées «bytes» ayant la même taille qu'un élément du type char). L'objet en question peut être une variable, un tableau, une structure ou le nom d'un type de base tel que int ou double, ou même le nom d'un type dérivé comme une structure. Dans notre cas, le nombre de mots clés égale le quotient de la taille du tableau par la taille d'un élément du tableau. Ce calcul sert dans une instruction #define pour définir la valeur de NKEYS.

```
#define  NKEYS  (sizeof(keytab) / sizeof(struct key))
```

Maintenant, considérons la fonction getword . Nous avons écrit une fonction getword qui est plus générale que ce dont nous avions besoin pour ce programme, mais cette fonction n'est pas beaucoup plus compliquée. getword nous fournit le mot suivant qu'elle a trouvé dans le fichier entrée, un mot est composé soit d'une suite de lettres et de chiffres commençant par une lettre, soit d'un ca-

ractère seul. Le type de l'objet nous est donné en tant que valeur de la fonction ;
il est égal à LETTER si ce qui est lu est un mot, à EOF si c'est la fin du fichier ou
au caractère lui-même si ce n'est pas un caractère alphabétique.

```
getword(w, lim)        /* get next word from input */
char *w;
int lim;
{
      int c, t;

      if (type(c = *w++ = getch()) != LETTER) {
          *w = '\0';
          return(c);
      }
      while (--lim > 0) {
          t = type(c = *w++ = getch());
          if (t != LETTER && t != DIGIT) {
              ungetch(c);
              break;
          }
      }
      *(w-1) = '\0';
      return(LETTER);
}
```

getword utilise les sous-programmes getch et ungetch présentés au chapitre
4 ; quand un ensemble de signes alphabétiques se termine, getword a lu un
caractère de trop. La fonction ungetch remet ce caractère dans le fichier entrée
afin qu'il soit relu par getword , la fois suivante.

getword appelle la fonction type pour déterminer individuellement
le type de chaque caractère du fichier entrée. Voici une version valable seulement
pour l'alphabet du code ASCII.

```
type(c)    /* return type of ASCII character */
int c;
{
      if (c >= 'a' && c <= 'z' || c >= 'A' && c <= 'Z')
          return(LETTER);
      else if (c >= '0' && c <= '9')
          return(DIGIT);
      else
          return(c);
}
```

Les constantes symboliques LETTER et DIGIT peuvent avoir n'importe quelles
valeurs qui n'entrent pas en conflit avec les caractères non alphanumériques, ainsi
qu'avec EOF . Le choix le plus évident est :

```
#define    LETTER    'a'
#define    DIGIT     '0'
```

getword peut être plus rapide si l'on remplace les appels à la fonction
type par des renvois à un tableau approprié type[] . La bibliothèque standard
du langage C fournit des macro-instructions baptisées isalpha et isdigit qui

travaillent de cette manière.

Exercice 6 - 1 Effectuer cette modification dans getword et essayer de mesurer la différence de rapidité entre les deux versions.☐

Exercice 6 - 2 Écrire une version de la fonction type qui soit indépendante de l'ensemble des caractères.☐

Exercice 6 - 3 Écrire une version du programme qui compte les mots clés, mais qui ne tienne pas compte des apparitions contenues à l'intérieur de chaînes de caractères.☐

6.4 LES VARIABLES QUI POINTENT SUR DES STRUCTURES.

Pour illustrer quelques remarques faites sur les pointeurs et sur les tableaux dont les éléments sont des structures, réécrivons le programme comptant les apparitions des mots clés ; cette fois nous emploierons des pointeurs au lieu des indices des tableaux.

La déclaration externe de keytab n'a pas besoin d'être modifiée, mais main et binary subiront quelques changements :

```
main()     /* count C keywords; pointer version */
{
    int  t;
    char word[MAXWORD];
    struct key *binary(), *p;

    while ((t = getword(word, MAXWORD)) != EOF)
        if (t == LETTER)
            if ((p=binary(word, keytab, NKEYS)) != NULL)
                p->keycount++;
    for (p = keytab; p < keytab + NKEYS; p++)
        if (p->keycount > 0)
            printf("%4d %s\n", p->keycount, p->keyword);
}
```

```
struct key *binary(word, tab, n) /* find word */
char *word;                /* in tab[0]...tab[n-1] */
struct key tab[];
int n;
{
    int  cond;
    struct key *low = &tab[0];
    struct key *high = &tab[n-1];
    struct key *mid;

    while (low <= high) {
        mid = low + (high-low) / 2;
        if ((cond = strcmp(word, mid->keyword)) < 0)
            high = mid - 1;
        else if (cond > 0)
            low = mid + 1;
        else
            return(mid);
    }
    return(NULL);
}
```

Remarquons plusieurs choses intéressantes. Tout d'abord, la déclaration de `binary` doit indiquer que cette fonction transmet au programme principal non pas un entier mais une variable qui pointe sur la structure `key` ; cela est indiqué à la fois dans `main` et dans `binary`. Si `binary` trouve le mot, elle transmet une variable qui pointe sur lui, sinon elle transmet `NULL`.

Deuxièmement, on n'accède aux éléments de `keytab` que par des pointeurs. Cela entraîne un changement important dans `binary`. Le calcul de l'élément du milieu ne peut rester aussi simple plus longtemps :

```
mid = (low+high) / 2
```

car l'addition de deux pointeurs ne peut donner, en aucun cas, une réponse intéressante (même si on divise par 2) et, de toute façon, est interdite. Il faut transformer cette expression en :

```
mid = low + (high-low) / 2
```

Celle-ci va positionner `mid` de manière à ce qu'elle pointe sur l'élément se trouvant à mi-chemin entre `low` et `high`.
Vous devez aussi considérer les valeurs qui serviront à initialiser `low` et `high`.
Il est possible d'initialiser un pointeur à l'adresse d'un objet défini auparavant. C'est précisément ce que nous avons fait ici.

Dans `main` nous avons écrit :

```
for (p = keytab; p < keytab + NKEYS; p++)
```

Si `p` est une variable qui pointe sur une structure, tout calcul sur `p` tient compte de la véritable taille de la structure ; aussi `p++` incrémente `p` de la quantité correcte pour obtenir l'élément suivant du tableau des structures. Mais n'allez pas supposer que la taille d'une structure égale la somme des tailles de ses membres — il se peut, en effet, qu'il y ait des trous dans une structure à cause des besoins de cadrage des différents objets.

Enfin, voici un aparté sur le format du programme. Quand une fonction transmet un type compliqué comme par exemple dans

```
struct key *binary(word, tab, n)
```

le nom de la fonction peut être difficile à reconnaître avec un éditeur de texte. Selon les cas, on travaille différemment

```
struct key *
binary(word, tab, n)
```

C'est la plupart du temps une question de goût personnel, choisissez la forme qui vous plaît et conservez-la.

6.5 LES STRUCTURES SE RÉFÉRANT A ELLES-MEMES.

Supposons que nous voulions traiter le problème général suivant : compter le nombre d'apparitions de chaque mot du fichier entrée. Puisque la liste des mots n'est pas connue à l'avance, nous ne pouvons ni effectuer un rangement commode ni utiliser une recherche binaire. Cependant, nous ne pouvons faire une recherche binaire à chaque fois qu'un mot arrive pour vérifier s'il est déjà apparu auparavant, le programme serait trop long. (De façon plus précise, son temps d'exécution augmenterait de façon quadratique avec le nombre de mots du fichier entrée). Comment pouvons-nous organiser les données pour traiter efficacement une liste de mots arbitraires ?

Une solution serait de conserver constamment l'ensemble des mots précédemment rencontrés et de les laisser rangés dans l'ordre de leur arrivée.

Pour cela, on ne doit pas décaler des mots dans un tableau linéaire, on perdrait trop de temps. A la place, nous utiliserons une structure baptisée «arbre binaire».

L'arbre contient un «nœud» pour chaque mot ; chaque nœud contient «une variable qui pointe sur le texte du mot,
une variable qui compte le nombre d'apparitions du mot,
une variable qui pointe sur le nœud suivant de gauche,
une variable qui pointe sur le nœud suivant de droite».

Aucun nœud ne peut donner naissance à plus de deux nœuds, cela peut-être un nœud ou zéro.

Les nœuds sont remplis de façon à ce qu'en n'importe quel nœud le sous-arbre de gauche ne contienne que des mots de valeurs inférieures à celle du mot du nœud et que le sous-arbre de droite ne contienne que ceux de valeurs supérieures. Pour rechercher si un mot a déjà été répertorié dans l'arbre, on commence à la racine et on compare le mot à celui qui est mémorisé dans ce nœud-là. En cas d'égalité, la réponse est donnée. Si le mot a une valeur inférieure, on le compare au nœud suivant de gauche, dans le cas contraire, on le compare au nœud suivant de droite. S'il n'existe aucun autre nœud dans la direction désirée, le mot n'existe pas dans l'arbre et on le place à l'endroit de ce nœud manquant. Ce mécanisme de recherche est récursif puisque la recherche à partir de n'importe quel nœud se répète à partir du nœud suivant. Des fonctions récursives insérant et imprimant les mots sembleront donc plus naturelles.

Revenons sur la description d'un nœud, il s'agit d'une structure à quatre composantes :

```
struct tnode {        /* the basic node */
     char *word;      /* points to the text */
     int  count;      /* number of occurrences */
     struct tnode *left;      /* left child */
     struct tnode *right;     /* right child */
};
```

Cette déclaration «récursive» d'un nœud peut paraître risquée, elle est pourtant correcte. En effet, on interdit à une structure de se contenir elle-même mais, en fait,

```
struct tnode *left;
```

déclare que `left` n'est pas un nœud, mais une variable qui pointe sur un nœud.

Le programme entier est court, parce qu'on utilise des fonctions écrites auparavant telles que `getword` qui lit chaque mot du fichier entrée et `alloc` qui réserve de la place pour mémoriser les mots.

Le programme principal ne fait que lire les mots à l'aide de `getword` puis les installer dans l'arbre grâce à `tree`.

```
#define   MAXWORD   20

main()    /* word frequency count */
{
     struct tnode *root, *tree();
     char word[MAXWORD];
     int  t;

     root = NULL;
     while ((t = getword(word, MAXWORD)) != EOF)
          if (t == LETTER)
               root = tree(root, word);
     treeprint(root);
}
```

La fonction `tree` est directe. Un mot est présenté par `main` au plus haut niveau de l'arbre (c'est-à-dire la racine). A chaque étage, on compare ce mot au mot logé dans le nœud puis on descend d'un étage en empruntant soit le sous-arbre de droite, soit celui de gauche, et on recommence à l'aide d'un appel résursif à la fonction `tree`. Soit le mot appartient déjà à l'arbre (auquel cas on incrémente le compteur correspondant), soit on doit créer un nouveau nœud et l'ajouter à l'arbre (auquel cas on rencontre un pointeur nul). Si on crée un nouveau nœud, la fonction `tree` transmet alors une variable qui pointe sur lui ; celle-ci est alors installée dans le nœud antérieur (le nœud «parents»).

```
struct tnode *tree(p, w) /* install w at or below p */
struct tnode *p;
char *w;
{
    struct tnode *talloc();
    char *strsave();
    int   cond;

    if (p == NULL) {      /* a new word has arrived */
        p = talloc();  /* make a new node */
        p->word = strsave(w);
        p->count = 1;
        p->left = p->right = NULL;
    } else if ((cond = strcmp(w, p->word)) == 0)
        p->count++;     /* repeated word */
    else if (cond < 0)  /* lower goes into left subtree */
        p->left = tree(p->left, w);
    else               /* greater into right subtree */
        p->right = tree(p->right, w);
    return(p);
}
```

Ce nouveau nœud est mémorisé par la fonction `talloc` , adaptation de la fonction `alloc` présentée auparavant. Celle-ci transmet une variable qui pointe sur un espace libre pouvant contenir un nœud de l'arbre. (Nous reparlerons de cela dans un instant). Le nouveau mot est recopié par la fonction `strsave` dans un endroit que nous ignorons, le compteur est initialisé et les deux nœuds qui suivent (les deux nœuds «enfants») sont mis à zéro. Cette partie du programme n'est exécutée qu'en bout d'arbre quand on doit rajouter un nouveau nœud. Nous avons omis le contrôle d'erreurs sur les valeurs retransmises par les fonctions `strsave`et `talloc` (ce qui est imprudent dans le cas d'un programme de production).

`treeprint` imprime l'arbre dans l'ordre du sous-arbre de gauche ; c'est-à-dire en chaque nœud, il imprime tous les mots du sous-arbre de gauche (tous les mots des valeurs inférieures à celle du mot du nœud), puis le mot lui-même, enfin le sous-arbre de droite (tous les mots de valeurs supérieures). Si vous hésitez à employer la récursivité, dessinez vous-même un arbre et faites-le imprimer par `treeprint` : c'est l'un des meilleurs programmes récursifs que vous puissiez trouver.

```
treeprint(p)    /* print tree p recursively */
struct tnode *p;
{
    if (p != NULL) {
        treeprint(p->left);
        printf("%4d %s\n", p->count, p->word);
        treeprint(p->right);
    }
}
```

Une remarque pratique : si l'arbre devient «déséquilibré» car les mots n'arrivent pas dans un ordre quelconque, l'exécution du programme peut s'éterniser.

Dans le pire des cas, si les mots entrent dans le bon ordre, ce programme ne fait qu'une simulation de recherche linéaire qui revient cher. Il existe des généralisations de l'arbre binaire, par exemple des arbres 2 - 3 et des arbres AVL, qui n'ont pas ces problèmes dans les cas limites et que nous ne décrirons pas ici.

Avant de quitter cet exemple, cela vaut la peine de faire une brève digression sur le problème des allocateurs de mémoire. Il est intéressant de n'avoir qu'un seul allocateur de mémoire par programme, bien que celui-ci désire s'occuper d'objets de toutes sortes. Mais si un seul allocateur doit traiter les demandes des variables qui pointent sur des éléments du type `char` et du type `struct tnode`, deux questions se posent. Tout d'abord, comment peut-il satisfaire les exigences de la plupart des machines comme le fait que des objets de certains types doivent respecter des conditions d'alignement (par exemple, les entrées doivent souvent être placées à des adresses paires) ? Deuxièmement, quels genres de déclarations peuvent résoudre le problème que la fonction `alloc` transmet nécessairement des types de pointeurs différents ? On satisfait facilement les exigences concernant l'alignement au prix d'un gaspillage d'espace, tout simplement en s'assurant que l'allocateur transmette toujours un pointeur réalisant toutes les conditions d'alignement. Par exemple, sur le PDP 11, il suffit que la fonction `alloc` transmette un pointeur pair, puisque n'importe quel type d'objet doit être mémorisé à une adresse paire. Il n'en coûte que la perte d'un caractère lorsque les demandes ont une longueur impaire. Des actions identiques se font sur d'autres machines. Ainsi la mise en œuvre de la fonction `alloc` peut ne pas être «portable», mais c'est l'usage. La fonction `alloc` du chapitre 5 ne garantit aucun cadrage particulier ; dans le chapitre 8, nous verrons comment réaliser cela convenablement.

La question de savoir quelle déclaration de type faire pour `alloc` est épineuse dans les langages qui prennent au sérieux la vérification des types. En langage C, la meilleure manière consiste à déclarer que `alloc` transmet une variable pointant sur un objet de type char, puis de contraindre le pointeur à prendre le type désiré à l'aide d'un «cast». C'est-à-dire, si p est déclaré de la manière suivante `char *p` ; alors `(struct tnode *) p` transforme p dans une expression, en un pointeur du type `tnode`. Ainsi, on écrit `talloc` de la manière suivante :

```
struct tnode *talloc()
{
    char *alloc();

    return((struct tnode *) alloc(sizeof(struct tnode)));
}
```

C'est plus qu'il n'en faut pour les compilateurs courants, mais en ce qui concerne l'avenir, c'est le moyen le plus sûr.

Exercice 6 - 4 Écrire un programme qui lit un programme écrit en langage C et imprime, par ordre alphabétique, chaque groupe de noms de variables dont les sept premiers caractères sont identiques, mais dont la suite diffère (vérifier que 7 est un paramètre). □

Exercice 6 - 5 Écrire une table de correspondance, c'est-à-dire un programme qui imprime tous les mots d'un document ainsi que, pour chacun d'eux, une liste de numéros des lignes dans lesquelles il apparaît. ☐

Exercice 6 - 6 Écrire un programme qui imprime tous les mots différents du fichier entrée en les rangeant par ordre décroissant selon le nombre de fois qu'ils apparaissent. Faire précéder chaque mot du nombre correspondant. ☐

6.6 LA MANIERE DE CONSULTER UNE TABLE.

Dans ce paragraphe, nous allons construire une table pour illustrer les nombreux aspects des structures. Ce programme représentera tout ce qu'on pourrait trouver dans les programmes de gestion de la table des références symboliques d'un microprocesseur ou d'un compilateur. Par exemple, considérons l'instruction du langage C `#define`. Quand on rencontre une ligne comme :

```
#define  YES  1
```

le nom `YES` ainsi que sa valeur de remplacement 1 sont mémorisés dans une table. Plus tard, lorsque `YES` apparaît dans une instruction telle que :

```
inword = YES;
```

on le remplace par la valeur 1.

Il y a deux fonctions principales qui manipulent les noms et leurs valeurs de remplacement. Il s'agit de `install(s, t)` qui enregistre le nom s et sa valeur de remplacement t dans une table, et de `lookup(s)` qui recherche s dans la table et qui transmet soit une variable pointant sur l'endroit où se situe s, soit `NULL` quand s n'est pas dans la table.

L'algorithme utilisé est une recherche de type «hash», le nom est transformé en un petit entier positif qui sert d'index dans le tableau des pointeurs. Un élément du tableau pointe sur le début d'une chaîne de blocs indiquant tous les noms qui ont cette valeur de type «hash». C'est la valeur `NULL` s'il n'existe aucun nom possédant cette valeur.

Dans la chaîne, un bloc est constitué par une structure contenant des variables qui pointent sur le nom, la valeur de remplacement ainsi que sur le bloc suivant de la chaîne. Une variable qui pointe sur le bloc suivant et qui est nulle, indique qu'on se trouve à la fin de la chaîne.

```
struct nlist { /* basic table entry */
    char *name;
    char *def;
    struct nlist *next; /* next entry in chain */
};
```

Le tableau comprenant les pointeurs est défini ci-dessous.

```
#define  HASHSIZE  100
static struct nlist *hashtab[HASHSIZE]; /* pointer table */
```

La fonction «hash», qui est utilisée à la fois par `lookup` et par `install` ne fait qu'ajouter les valeurs de chaque caractère de la chaîne et transforme le résultat modulo la taille du tableau. (Ce n'est pas le meilleur algorithme possible, mais il a le mérite d'être très simple).

```
hash(s)    /* form hash value for string s */
char *s;
{
    int hashval;

    for (hashval = 0; *s != '\0'; )
        hashval += *s++;
    return(hashval % HASHSIZE);
}
```

Le mécanisme de type «hash» construit un index initial dans le tableau hashtab : si l'on trouve la chaîne quelque part, cela sera dans la chaîne des blocs qui commencent là. lookup effectue alors la recherche. Si la fonction lookup trouve le mot, elle transmet une variable qui pointe sur lui, sinon elle transmet NULL.

```
struct nlist *lookup(s)  /* look for s in hashtab */
char *s;
{
    struct nlist *np;

    for (np = hashtab[hash(s)]; np != NULL; np = np->next)
        if (strcmp(s, np->name) == 0)
            return(np);     /* found it */
    return(NULL);  /* not found */
}
```

La fonction install utilise lookup pour déterminer si le nom à installer est déjà présent, dans l'affirmative la nouvelle définition doit remplacer l'ancienne. Dans le cas contraire, on crée une nouvelle entrée. install transmet NULL si pour une raison quelconque aucune place n'est disponible pour une nouvelle entrée.

```
struct nlist *install(name, def)  /* put (name, def) */
char *name, *def;                 /* in hashtab */
{
    struct nlist *np, *lookup();
    char *strsave(), *alloc();
    int  hashval;

    if ((np = lookup(name)) == NULL) { /* not found */
        np = (struct nlist *) alloc(sizeof(*np));
        if (np == NULL)
            return(NULL);
        if ((np->name = strsave(name)) == NULL)
            return(NULL);
        hashval = hash(np->name);
        np->next = hashtab[hashval];
        hashtab[hashval] = np;
    } else          /* already there */
        free(np->def); /* free previous definition */
    if ((np->def = strsave(def)) == NULL)
        return(NULL);
    return(np);
}
```

strsave recopie tout simplement la chaîne qui est donnée par son argument, à un endroit sûr attribué par la fonction `alloc`. Nous avons montré le programme au chapitre 5. Puisqu'on peut faire appel aux fonctions `alloc` et `free` dans n'importe quel ordre, et puisque le cadrage a de l'importance, la version toute simple de `alloc` du chapitre 5 n'est pas très adaptée ici (voir les chapitres 7 et 8).

Exercice 6 - 7 Écrire un programme qui efface un nom et sa définition d'une table gérée par `lookup` et `install`. □

Exercice 6 - 8 Construire une version simple du processeur `#define` qui soit commode à utiliser avec des programmes écrits en langage C et qui s'appuie sur les programmes de ce paragraphe. Vous pouvez également vous aider des fonctions `getch` et `ungetch`. □

6.7 LES CHAMPS.

Quand l'espace mémoire est limité, il peut s'avérer nécessaire de rassembler plusieurs objets dans un seul mot machine. L'exemple courant de ce phénomène est un ensemble d'indicateurs à un seul bit qu'on utilise dans des applications telles que les tables d'étiquettes du compilateur. Les formats des données qui sont imposés par l'environnement extérieur, tels que dans les interfaces avec des dispositifs câblés, exigent souvent la possibilité d'accéder à des morceaux de mots.

Imaginez un fragment de compilateur qui manipule une table d'étiquettes. Chaque identificateur dans un programme possède un certain nombre d'informations qui lui sont associées, par exemple, si c'est un mot clé ou non, s'il est externe ou non, et / ou statique et ainsi de suite. Le moyen le plus compact de coder tant d'informations est d'inclure un ensemble d'indicateurs à un seul bit dans un seul élément de type `char` ou `int`.

Le moyen usuel de réaliser ce codage est de définir un ensemble de «masques» correspondant aux positions intéressantes des bits comme ci-dessous.

```
#define    KEYWORD    01
#define    EXTERNAL   02
#define    STATIC     04
```

(Les numéros doivent être des puissances de deux). Ainsi, travailler sur des bits revient à manipuler des constructions en langage machine pour améliorer les résultats, à l'aide d'opérateurs effectuant des décalages, des masquages et des complémentations, opérateurs qui sont décrits au chapitre 2.

Certaines instructions apparaissent fréquemment :

```
flags |= EXTERNAL | STATIC;
```

met les bits de `EXTERNAL` et de `STATIC` à un dans `flags`, tandis que

```
flags &= ~(EXTERNAL | STATIC);
```

les met à zéro, et l'expression

```
        if ((flags & (EXTERNAL | STATIC)) == 0) ...
```

est vraie si les bits sont tous égaux à zéro.

Bien que ces instructions soient très compréhensibles à la lecture, le langage C offre une autre possibilité, celle de définir et d'accéder directement à des champs à l'intérieur d'un mot plutôt qu'au moyen d'opérateurs logiques travaillant sur un bit. Un «champ» est un ensemble de bits adjacents à l'intérieur d'un même entier. La syntaxe de la définition d'un champ et de son accès est basée sur les structures. Par exemple, la table des étiquettes du type #define ci-dessus peut être remplacée par la définition de trois champs.

```
        struct {
            unsigned   is_keyword : 1;
            unsigned   is_extern : 1;
            unsigned   is_static : 1;
        } flags;
```

Cela définit une variable baptisée flags qui contient trois champs comprenant chacun un bit égal à 1. Le nombre qui suit les deux points représente la largeur du champ en nombre de bits. Les champs sont déclarés unsigned pour insister sur le fait qu'ils représentent vraiment des quantités non signées.

Les champs individuels sont désignés de la manière suivante,

```
            flags.is_keyword, flags.is_extern,
```

etc... comme pour tout membre de structures. Les champs se comportent comme des petits entiers non signés et peuvent intervenir dans des expressions arithmétiques comme tout autre entier. Ainsi les exemples précédents peuvent s'écrire de façon plus naturelle comme ci-dessous :

```
        flags.is_extern = flags.is_static = 1;
```

pour mettre les bits à un,

```
        flags.is_extern = flags.is_static = 0;
```

pour les mettre à zéro, et

```
        if (flags.is_extern == 0 && flags.is_static == 0) ...
```

pour les tester.

Un champ ne peut pas chevaucher la limite correspondant à un int ; si la largeur était telle que cela se produise, le champ serait cadré à partir de la frontière avec l' int suivant. Les champs peuvent ne pas être nommés ; dans ce cas (on écrit uniquement deux points suivis de la largeur), ils sont utilisés pour le remplissage. La largeur 0 est utilisée pour obliger à faire un cadrage à partir de la frontière avec l' int suivant.

Les champs présentent un certain nombre d'inconvénients. De façon plus précise, les champs sont affectés de gauche à droite sur certaines machines et de droite à gauche sur d'autres, selon la nature de la structure matérielle. Ce qui signifie que, bien que les champs soient plutôt utiles pour mettre à jour des structures de données définies de façon interne, la question de savoir qui viendra en premier doit être soigneusement prise en compte lorsque l'on rencontre des données définies de façon externe.

Voici d'autres restrictions dont il faut se souvenir : les champs ne sont pas signés ; ils ne peuvent être mémorisés que dans des éléments de type int (ou de type unsigned) ; ce ne sont pas des tableaux ; ils n'ont pas d'adresse, aussi l'opérateur & ne peut s'appliquer aux champs.

6.8 LES UNIONS.

Une «union» est une variable qui peut contenir (à différents moments) des objets de types et de tailles différents ; bien sûr, le compilateur ne perd pas de vue les exigences du cadrage et de la taille. Les unions fournissent un moyen de manipuler différents types de données dans une même zone de mémoire, sans pour autant disperser dans le programme des informations tributaires de la structure de l'ordinateur.

Comme exemple, de nouveau, nous considérons une table des références symboliques du compilateur, supposons que les constantes puissent être des types int, float , ou des pointeurs de caractères. La valeur d'une constante particulière doit être mémorisée dans une variable du type approprié, cependant, pour la gestion de la table, il est plus commode que la valeur occupe le même espace mémoire et qu'elle soit mémorisée au même endroit quel que soit son type. C'est le but d'une union — fournir une variable unique qui puisse de façon autorisée contenir toutes les sortes de types. Comme pour des champs, la syntaxe est basée sur des structures.

```
union u_tag {
      int  ival;
      float fval;
      char *pval;
} uval;
```

La variable uval sera suffisamment longue pour contenir le type le plus long des trois, sans tenir compte de la machine sur laquelle le programme est compilé — le programme devient ainsi indépendant des structures matérielles. N'importe lequel de ces types peut donc être affecté à la variable uval , puis utilisé dans des expressions tant que la cohérence reste assurée : le type extrait devant être celui qui a été mémorisé le plus récemment. Le programme doit constamment suivre le type qui est mémorisé dans l'union ; les résultats dépendent de la machine lorsqu'un élément d'un certain type est mémorisé et qu'un élément d'un autre type en est extrait.

Sur le plan de la syntaxe, on accède à des membres d'une union en faisant :

«nom de l'union . membre» ou «pointeur union->membre»

comme pour les structures. Si la variable utype est utilisée pour suivre le type de variable mémorisée dans uval, alors on peut écrire le programme ainsi :

```
if (utype == INT)
    printf("%d\n", uval.ival);
else if (utype == FLOAT)
    printf("%f\n", uval.fval);
else if (utype == STRING)
    printf("%s\n", uval.pval);
else
    printf("bad type %d in utype\n", utype);
```

Des unions s'emploient à l'intérieur de structures et de tableaux et vice versa. La manière d'accéder à un membre d'une union intégrée dans une structure (ou vice versa) est identique à celle utilisée pour les structures emboîtées. Par exemple, dans le tableau des structures ci-dessous :

```
struct {
    char *name;
    int  flags;
    int  utype;
    union {
        int  ival;
        float fval;
        char *pval;
    } uval;
} symtab[NSYM];
```

on accède à la variable `ival` en faisant :

```
symtab[i].uval.ival
```

et au premier caractère de la chaîne `pval` par :

```
*symtab[i].uval.pval
```

En effet, une union est une structure dans laquelle tous les membres ont un décalage nul, la structure est assez grande pour contenir le membre le plus large et le cadrage est approprié à tous les types dans l'union. Comme pour les structures, les seules opérations permises sur les unions demeurent l'accès à un membre et la recherche de l'adresse ; on ne peut ni les utiliser dans des affectations, ni les transmettre à des fonctions, et les fonctions ne peuvent pas les transmettre au programme appelant. On utilise les variables qui pointent sur des unions de la même manière que celles pointant sur des structures.

L'allocateur de mémoire du chapitre 8 montre comment utiliser une union pour obliger une variable à être cadrée sur un genre particulier de limite de mémoire.

6.9 LA FONCTION Typedef.

Le langage C fournit une fonction appelée `typedef` qui crée des nouveaux noms de types de données. Par exemple, la déclaration :

```
typedef int LENGTH;
```

fait du nom `LENGTH` un synonyme de `int`. Le «type» `LENGTH` peut être alors utilisé dans des déclarations, des «casts», etc ... de façon identique à `int`.

```
LENGTH     len, maxlen;
LENGTH     *lengths[];
```

De même la déclaration :

```
typedef char *STRING;
```

fait de `STRING` un synonyme de `char *` (une variable qui pointe sur un caractère) ; celui-ci peut alors être utilisé dans des déclarations telles que :

```
STRING p, lineptr[LINES], alloc();
```

Remarquez que le type ayant été déclaré dans un `typedef` apparaît à la place du nom de la variable, et non pas juste après le mot `typedef`. Sur le plan de la syntaxe, `typedef` ressemble à `extern`, `static`, etc ... Nous avons également utilisé des majuscules pour insister sur les noms.

Prenons un exemple plus compliqué, nous allons utiliser `typedef` pour les nœuds de l'arbre que nous avons décrit plus tôt dans ce chapitre.

```
typedef struct tnode {        /* the basic node */
    char *word;      /* points to the text */
    int  count;      /* number of occurrences */
    struct tnode *left;       /* left child */
    struct tnode *right;      /* right child */
} TREENODE, *TREEPTR;
```

Cela crée deux types nouveaux de mots clés appelés `TREENODE` (une structure) et `TREEPTR` (une variable qui pointe sur la structure). La fonction `talloc` devient alors :

```
TREEPTR talloc()
{
    char *alloc();

    return((TREEPTR) alloc(sizeof(TREENODE)));
}
```

Nous devons insister sur le fait qu'une déclaration `typedef` ne peut pas créer un nouveau type mais seulement de nouveaux noms pour remplacer ceux des types existants. Il n'y a pas non plus de nouveaux champs sémantiques : les variables déclarées de cette manière possèdent exactement les mêmes propriétés que les variables dont on a pu lire explicitement les déclarations. En effet, `typedef` ressemble à `#define`, à l'exception du fait que cette fonction étant interprétée par le compilateur peut surmonter le problème des substitutions de texte qui dépassent les capacités du macroprocesseur du langage C. Par exemple :

```
typedef int (*PFI)();
```

crée le type `PFI` (Pointeur de Fonction qui transmet un `int`) qui peut être employé dans des contextes tels que :

```
PFI strcmp, numcmp, swap;
```

dans le programme de tri du chapitre 5.

Il y a deux raisons principales d'utiliser les déclarations `typedef`. La première est de paramétrer le programme pour faire face aux problèmes de portabilité. Si on emploie des `typedef` pour les types de données qui peuvent être dépendants de la machine, seuls les `typedef` doivent être modifiés lorsqu'on exécute le programme sur une autre machine. Une expérience intéressante serait d'utiliser des noms définis par `typedef` pour des quantités entières variées, puis de construire un ensemble approprié de choix de `short`, `int` et `long` correspondant à chaque machine.

La seconde raison est de fournir une meilleure information sur un programme – un type baptisé `TREEPTR` se comprend plus facilement qu'un autre qui n'aura été déclaré qu'en tant que variable pointant sur une structure compliquée.

Enfin, il existe toujours la possibilité que, dans le futur, le compilateur ou tout autre programme tel que «lint» puisse utiliser les informations contenues dans les déclarations `typedef` pour exécuter des vérifications supplémentaires sur un programme.

7. Les entrées et les sorties

Les fonctions réalisant les entrées et les sorties n'appartiennent pas au langage C, aussi nous n'avons guère insisté sur elles dans notre présentation jusqu'ici. Néanmoins, les vrais programmes agissent sur leur environnement de façon beaucoup plus compliquée que celle que nous vous avons montrée jusqu'à présent. Dans ce chapitre, nous décrirons «la bibliothèque standard d'entrées sorties» : un ensemble de fonctions qui fournit un système d'entrées sorties standard pour les programmes écrits en langage C. Les fonctions sont destinées à former un interface commode de programmation et n'effectuent que les opérations traitées par la plupart des systèmes d'exploitation modernes. Les programmes sont assez efficaces pour que les utilisateurs éprouvent rarement le besoin de les circonvenir sans toujours savoir si leur application est valable.

Enfin, les programmes doivent être «portables», c'est-à-dire, exister sous une forme compatible avec n'importe quel système utilisant le langage C, borner leurs interactions avec le système, aux fonctions fournies par la bibliothèque standard et pouvoir être transférés d'un système à l'autre pratiquement sans subir de modifications.

Nous n'essaierons pas de décrire ici la bibliothèque complète des entrées sorties, nous préférons montrer comment écrire les programmes en langage C qui influent sur l'environnement du système d'exploitation.

7.1 L'ACCES A LA BIBLIOTHEQUE STANDARD.

Tout fichier source qui fait référence à une fonction de la bibliothèque standard doit contenir la ligne :

```
#include <stdio.h>
```

au début. Le fichier stdio.h définit certaines macro instructions et certaines variables utilisées par la bibliothèque des entrées-sorties. L'utilisation de < et de > à la place des guillemets habituels indique au compilateur de rechercher le fichier dans un répertoire contenant des informations standards d'en-tête (sur l'UNIX, cela correspond à «lusrlinclude»).

En outre, il peut être nécessaire, au moment de charger le programme, de préciser explicitement la bibliothèque ; par exemple, sur le système UNIX avec le PDP11, la commande pour compiler un programme serait :

    cc «fichiers sources, etc ...» -1S

où `-1S` indique le chargement provenant de la bibliothèque standard (le caractère 1 est la lettre l).

7.2 L'ENTRÉE ET LA SORTIE STANDARD – LES FONCTIONS **Getchar** ET **Putchar.**

Le mécanisme d'entrée le plus simple est de lire un caractère à la fois provenant de l'entrée standard, généralement le terminal de l'utilisateur, à l'aide de `getchar`. La fonction `getchar()` transmet, au programme appelant, le caractère suivant qui se trouve en entrée, chaque fois qu'on fait appel à elle. Dans la plupart des systèmes qui utilisent le langage C, un fichier peut être substitué au terminal en utilisant la convention `<` : si un programme «prog» emploie la fonction `getchar`, alors la commande

        prog <infile

oblige «prog» à lire `infile` au lieu du terminal. Cette modification de l'entrée est faite de telle façon que «prog» lui-même ne tienne pas compte du changement ; en particulier, la chaîne « `<infile` » ne fait pas partie des arguments de la ligne de commande dans `argv`. La modification de l'entrée est également invisible si cette entrée provient d'un autre programme au moyen d'un mécanisme de «pipe» ; la ligne de commande :

        otherprog | prog

exécute les deux programmes «otherprog» et «prog», et s'arrange pour que l'entrée standard qui arrive à «prog», provienne de la sortie standard de «otherprog».

getchar renvoie la valeur `EOF` quand elle rencontre la fin du fichier sur toute entrée en cours de lecture. La bibliothèque standard définit la constante symbolique `EOF` égale à -1 (à l'aide d'un `#define` dans le fichier `stdio.h`), mais on écrira les tests à réaliser en utilisant `EOF`, et non pas -1, de façon à demeurer indépendant d'une valeur précise.

En ce qui concerne la sortie, la fonction `putchar(c)` apporte le caractère `c` à la «sortie standard» qui est également par défaut le terminal. La sortie peut être dirigée vers un fichier en utilisant `>` :

si «prog» utilise `putchar`,

        prog >outfile

écrira la sortie «standard» de «prog» dans `outfile` et non pas sur le terminal. Sur le système UNIX, on peut aussi employer une «pipe» :

        prog | anotherprog

place la sortie de «prog» à l'entrée de «otherprog». «prog» n'est pas au courant du réacheminement.

Les sorties obtenues grâce à `printf` sont également des sorties standards et on peut intercaler des appels aux fonctions `putchar` et `printf`.

La plupart des programmes ne lisent qu'une source de données en entrée et n'écrivent qu'une seule suite de résultats en sortie. Pour de tels programmes, les opérations d'entrée-sortie réalisées par `getchar`, `putchar`, et `printf` sont amplement suffisantes. Cela est particulièrement vrai lorsqu'on réachemine vers un fichier et quand on dispose d'une fonction «pipe» qui réunit la sortie du programme à l'entrée du suivant. Par exemple, considérons le programme «lower» qui convertit les données en entrée, en minuscules.

```
#include  <stdio.h>

main()     /* convert input to lower case */
{
      int c;

      while ((c = getchar()) != EOF)
            putchar(isupper(c) ? tolower(c) : c);
}
```

Les fonctions « `isupper` et `tolower`» sont, en fait, des macroinstructions définies dans `stdio.h` . La macro-instruction `isupper` teste si son argument est une lettre majuscule, retourne au programme appelant une valeur non nulle si c'est une majuscule, sinon un zéro. La macro-instruction `tolower` convertit une majuscule en minuscule. Sans tenir compte de la manière dont ces fonctions sont mises en œuvre sur une machine particulière, leur comportement externe est le même, aussi les programmes qui les utilisent n'ont pas besoin de connaître l'ensemble des caractères.

Pour convertir des fichiers multiples, vous pouvez employer un programme comme la fonction du système UNIX «cat» pour rassembler les fichiers :

```
cat file1 file2 ... | lower >output
```

et ainsi, éviter d'apprendre comment accéder aux fichiers à partir d'un programme («cat» sera présenté plus loin dans ce chapitre).

En aparté, dans la bibliothèque des entrées-sorties standards, les fonctions `getchar` et `putchar` peuvent devenir des macro-instructions et éviter ainsi le temps système d'un appel à une fonction pour traiter caractère par caractère. Nous verrons comment réaliser cela au chapitre 8.

7.3 LA SORTIE AVEC FORMAT— Printf.

Les deux fonctions `printf` (pour la sortie) et `scanf`(pour l'entrée, voir le paragraphe suivant) permettent la traduction de quantités numériques en chaînes de caractères et vice versa, la génération ou l'interprétation de lignes mises en format. Nous avons utilisé `printf` de façon approximative au cours des chapitres précédents : voici une description plus complète et plus précise :

```
printf(control, arg1, arg2, ...)
```

`printf` convertit, met en forme et imprime ses arguments dans la sortie standard sous le contrôle de la chaîne `control` . Cette chaîne contient deux types d'objets : les caractères ordinaires qui sont simplement recopiés dans la suite des résultats, et des spécifications de conversion, chacun donnant lieu à une conversion et à l'impression de l'argument suivant de `printf`.

Chaque spécification de conversion est introduite par le caractère `%` et se termine pas un caractère de conversion. Entre les deux, on peut trouver

— un signe moins qui précise que l'on cadrera l'argument converti vers la gauche dans son champ ;

— une suite de chiffres précisant la largeur minimum du champ. Le nombre converti sera imprimé dans un champ de largeur au moins égale à celle de ce nombre et même supérieure si nécessaire. Si l'argument possède un nombre de caractères inférieur à celui que peut contenir le champ, on écrira cet argument cadré à droite en complétant les espaces libres de gauche par des blancs (par contre, s'il y a dans le descripteur un caractère «-», le cadrage se fera vers la gauche et ce sera la zone à droite qui sera complétée par des blancs), afin de remplir complètement tout le champ. Les caractères de remplissage sont en général des blancs ou des zéros si on a précisé la largeur du champ en commençant par un zéro (ce zéro n'implique pas une largeur de champ en base huit) ;

— un point qui sépare la largeur du champ de la liste de chiffres suivante ;

— une suite de chiffres (la précision) qui donne le nombre maximum de caractères d'une chaîne à imprimer, ou le nombre de chiffres à imprimer à droite du point décimal d'un élément de type `float` ou de type `double` ;

— un symbole `l`(lettre l) modifiant la longueur ; celui-ci indique que la donnée correspondante est de type `long` plutôt que de type `int`.

Les différents caractères de conversion ainsi que leurs significations sont :

d : l'argument est transformé en un décimal

o : l'argument est transformé en un nombre en base huit non signé (pas de zéro en tête)

x : l'argument est transformé en un nombre en base seize signé (pas besoin de `0x`

u : l'argument est transformé en un décimal non signé

c : l'argument ne forme qu'un seul caractère

s : l'argument est une chaîne ; on imprime les caractères de cette chaîne jusqu'à ce que le programme rencontre un caractère nul ou jusqu'à ce qu'il atteigne le nombre de caractères indiqué par la spécification de la précision.

e : l'argument est du type `float` ou `double` et doit être converti en un décimal de la forme `[-]m.nnnnnE[±]xx` où on précisera le nombre de `n`. Par défaut, celui-ci sera égal à 6.

f : l'argument est du type `float` ou `double` et doit être converti en un décimal de la forme `[-]mmm.nnnnn` où l'on précisera le nombre de `n`. Par défaut, celui-ci sera égal à 6. Remarquez que la précision ne donne pas le nombre de chiffres significatifs écrits dans ce format f.

g : Utiliser `%e` ou `%f`(celui qui est plus court) ; dans ce cas, les zéros non significatifs ne sont pas imprimés.

Si le caractère après le `%` n'est pas un caractère de conversion, il est alors imprimé ; par exemple, on peut écrire `%` avec `%%`.

La plupart des conversions de format sont évidentes et ont été illustrées
dans les chapitres précédents. Une exception concerne la précision avec laquelle
elles traitent les chaînes. La table suivante montre comment le programme imprime « hello, world » (12 caractères) selon différentes spécifications. Nous avons
encadré chaque champ par deux points pour bien les délimiter.

```
:%10s:      :hello, world:
:%-10s:     :hello, world:
:%20s:      :        hello, world:
:%-20s:     :hello, world        :
:%20.10s:   :          hello, wor:
:%-20.10s:  :hello, wor          :
:%.10s:     :hello, wor:
```

Attention : `printf` utilise son premier argument pour connaître le nombre d'arguments qui suivent ainsi que leurs types. Si jamais il n'y a pas assez d'arguments ou si le genre des types est mauvais, il y aura une certaine confusion et
vous obtiendrez des réponses qui n'auront aucun sens.

Exercice 7 - 1 Écrire un programme qui imprime une entrée quelconque de manière sensée. Au minimum, il devra imprimer des caractères non graphiques transformés au préalable en nombre en base huit ou seize (selon le type de machine) et
réécrire les longues lignes en lignes plus courtes. □

7.4 L'ENTRÉE AVEC FORMAT – Scanf.

La fonction `scanf` correspond pour l'entrée à la fonction `printf` ; elle
fournit les conversions correspondant au paragraphe précédent, mais dans le sens
contraire.

```
scanf(control, arg1, arg2, ...)
```

`scanf` lit les caractères se trouvant dans l'entrée standard, les interprète selon le
format précis dans `control` et mémorise les résultats dans les arguments qui restent. L'argument correspondant à `control` est décrit ci-dessous ; les autres arguments «qui en général doivent être des pointeurs» indiquent l'endroit où ont été
mémorisées les entrées correspondantes après avoir été converties.

La chaîne de contrôle contient généralement les spécifications des conversions qui permettent de commander l'interprétation des séquences d'entrée. Cette chaîne peut contenir :

— des blancs, des caractères de tabulation ou d'interligne («caractères d'espace blanc») qui sont alors ignorés ;

— des caractères ordinaires (différents du %) utilisés pour traiter les caractères suivants différents des caractères d'espace blanc de la suite des données ;

— des spécifications de conversion comprenant le caractère % , un caractère facultatif de suppression d'affectation *, un nombre facultatif précisant la largeur maximale du champ et enfin un caractère de conversion.

Une spécification de conversion se préoccupe de la conversion du champ suivant en entrée. En général, le résultat est placé dans une variable qui est pointée sur l'argument correspondant. Une suppression d'affectation est indiquée par le caractère * ; dans ce cas, on saute tout simplement le champ correspondant en entrée et aucune affectation ne se produit. Un champ en entrée est défini comme étant une chaîne de caractères qui ne sont pas des caractères d'espace blanc ; il s'étend soit jusqu'au caractère d'espace blanc suivant, soit jusqu'au moment où l'on atteint la largeur du champ, dans le cas où celle-ci est précisée. Cela implique que scanf viendra lire toutes les lignes pour chercher ses données en entrée sans tenir compte des limites des lignes puisque le caractère d'interligne n'est, en fait, qu'un caractère d'espace blanc.

Le caractère de conversion indique comment interpréter le champ en entrée ; l'argument correspondant doit être un pointeur, comme le veut le langage C, en n'utilisant que l'appel par valeur. Voici la liste des caractères de conversion :

d : la donnée en entrée est un entier décimal ; l'argument correspondant doit être une variable qui pointe sur un entier ;

o : la donnée en entrée est un entier en base huit (avec ou sans zéro en tête) ; l'argument correspondant doit être une variable qui pointe sur un entier ;

x : la donnée en entrée est un entier en base seize (avec ou sans 0x) ; l'argument correspondant doit être une variable qui pointe sur un entier ;

h : la donnée en entrée est un entier du type short ; l'argument correspondant doit être une variable qui pointe sur un entier de type short

c : la donnée en entrée correspond à un seul caractère ; l'argument correspondant doit être une variable qui pointe sur un caractère ; le caractère suivant en entrée est alors placé à l'endroit indiqué. Dans ce cas, on prend en considération les caractères d'espace blanc. Pour lire le caractère suivant qui n'est pas un caractère d'espace blanc, il faudra utiliser %1s.

s : la donnée en entrée est une chaîne de caractères ; l'argument correspondant doit être une variable pointant sur un tableau dont les éléments sont des caractères et qui sera assez grand pour accepter la chaîne toute entière plus un caractère indiquant la fin de la chaîne \0

f : la donnée en entrée est un nombre en virgule flottante ; l'argument correspondant doit être une variable pointant sur un élément de type float. Le caractère de conversion e est identique à f . Le format en entrée pour le type float comprend un signe facultatif, une suite de nombres avec la possibilité d'avoir un point décimal et enfin un champ facultatif correspondant à un exposant et contenant un E ou un e suivi d'un entier qui peut avoir un signe.

Les caractères de conversion d, O et x peuvent être précédés par l (lettre l) pour indiquer que dans la liste d'arguments on aura une variable qui pointera plutôt sur un élément de type long que sur un élément de type int. De même, e ou f peuvent être précédés de l pour indiquer que la variable correspondante pointe sur un élément de type double et non pas de type float.

Par exemple :

```
int i;
float x;
char name[50];
scanf("%d %f %s", &i, &x, name);
```

avec en entrée la ligne suivante :

```
25    54.32E-1  Thompson
```

affectera la valeur 25 à i, la valeur 5.432 à x et enfin la chaîne "Thompson" correctement terminée par \0 à la variable name . Les trois champs en entrée peuvent être séparés par autant de blancs, de caractères de tabulation ou d'interligne que l'on veut.

De même :

```
int i;
float x;
char name[50];
scanf("%2d %f %*d %2s", &i, &x, name);
```

avec en entrée :

```
56789 0123 45a72
```

affectera 56 à i , 789.0 à x , et ne tiendra pas compte de 0123 , puis affectera la chaîne «45» à name. L'appel suivant à une fonction permettant de lire l'entrée fera commencer la lecture à la lettre a. Dans ces deux exemples, name est un pointeur et, de ce fait, n'a pas besoin d'être précédé par &.

Comme autre exemple, on peut réécrire le calculateur rudimentaire du chapitre 4 en utilisant scanf pour effectuer les conversions en entrée :

```
#include <stdio.h>

main()     /* rudimentary desk calculator */
{
    double sum, v;

    sum = 0;
    while (scanf("%lf", &v) != EOF)
        printf("\t%.2f\n", sum += v);
}
```

scanf s'arrête quand elle a terminé la chaîne de contrôle ou lorsque les données ne correspondent pas aux spécifications de contrôle. La fonction transmet comme résultat au programme appelant, le nombre de données correctement traitées, ce qui nous permet de connaître combien de données ont été trouvées. A la fin du fichier, elle envoie EOF ; remarquez que ce caractère est différent du caractère O qui signale que le caractère suivant en entrée ne correspond pas avec la spécification dans la chaîne de contrôle. L'appel suivant à la fonction `scanf` reprend la lecture juste après le dernier caractère ayant été traité la fois précédente.

Attention, nous rappelons que les arguments de la fonction scanf «doivent» être des pointeurs.

L'erreur la plus courante est, de loin, d'écrire :

```
scanf("%d", n);
```

au lieu de :

```
scanf("%d", &n);
```

7.5 LES CONVERSIONS DE FORMATS A L'INTÉRIEUR DE LA MÉMOIRE.

Il existe des versions voisines des fonctions `scanf` et `printf` baptisées `sscanf` et `sprintf` qui réalisent les conversions correspondantes, mais qui travaillent sur une chaîne et non par sur un fichier. La syntaxe est :

```
sprintf(string, control, arg1, arg2, ...)
sscanf(string, control, arg1, arg2, ...)
```

`sprintf` met en format les arguments contenus dans `arg1`, `arg2`, etc ... selon l'argument `control` comme auparavant, mais elle place le résultat dans `string` au lieu de le mettre directement dans la sortie standard. Bien sûr, il est souhaitable que `string` soit assez grande pour recevoir le résultat. Comme exemple, si `name` est un tableau de caractères et `n`, un entier :

```
sprintf(name, "temp%d", n);
```

crée alors une chaîne de la forme tempnnn dans `name`, où «nnn» correspond à la valeur de `n`.

`sscanf` réalise la transformation inverse — elle analyse l'argument `string` selon le format indiqué dans `control`, et place les résultats dans `arg1`, `arg2`, etc ... Ces arguments doivent être des pointeurs. Ainsi

```
sscanf(name, "temp%d", &n);
```

met dans n la valeur de la chaîne de chiffres qui suit `temp` et qui est contenue dans `name`.

Exercice 7 - 2 Réécrire le calculateur du chapitre 4 en utilisant `scanf` et/ou `sscanf` pour effectuer les différentes conversions.☐

7.6 L'ACCES AUX FICHIERS.

Les programmes écrits jusqu'ici lisent tous l'entrée standard et écrivent tous dans la sortie standard. Nous avons supposé que cette entrée et cette sortie étaient prédéfinies de façon magique pour chaque programme, par le système d'exploitation.

La prochaine étape se propose d'écrire un programme pour accéder à un fichier non encore connecté au programme. Le programme «cat» illustre clairement le besoin de telles opérations, il écrit en chaîne un ensemble de fichiers sur la sortie standard. «Cat» est utilisé pour imprimer les fichiers sur le terminal, et, de façon plus générale, on l'emploie en tant qu'unité de collecte de données pour des programmes qui n'ont pas la possibilité d'avoir accès à des fichiers en les appelant par leurs noms. Par exemple, la commande :

```
cat x.c y.c
```

imprime les contenus des fichiers `x.c` et `y.c` sur la sortie standard.

La question est de savoir comment s'arranger pour lire des fichiers désignés par leur nom — c'est-à-dire, comment relier les noms externes qu'un utilisateur a créés, à des instructions qui lisent réellement les données.

Les règles sont simples. Avant qu'on puisse lire un fichier, ou écrire dedans, il faut que ce fichier ait été «ouvert» par la fonction de la bibliothèque standard `fopen`. Cette fonction prend un nom externe (comme `x.c` ou `y.c`), exécute un ensemble d'opérations de gestion interne et négocie avec le système d'exploitation (certains détails qui ne nous concernent pas) et transmet alors un nom interne qui devra être utilisé à chaque fois que l'on voudra faire ultérieurement des lectures ou des écritures sur ce fichier.

Le nom interne est, en fait, un pointeur baptisé «pointeur de fichier», c'est une variable qui pointe sur une structure contenant des informations sur le fichier telles que l'adresse du «buffer», la position des caractères dans le «buffer», savoir si le fichier est en train d'être lu ou si l'on est en train d'écrire dedans, etc .. Les utilisateurs n'ont pas besoin de connaître les détails, parce qu'une partie des définitions des entrées sorties standards obtenues à partir de `stdio.h` constitue une définition de structure baptisée `FILE`. La seule déclaration dont on a besoin pour un pointeur de fichier est citée ci-dessous en exemple :

```
FILE *fopen(), *fp;
```

Elle indique que `fp` est une variable qui pointe sur un `FILE` et que `fopen` transmet à la fonction appelante une variable qui pointe sur un `FILE`. Remarquez que `FILE` correspond à un nom de type, comme `int`, et non pas à une étiquette de structure ; elle est mise en œuvre par un `typedef`. (Des détails sur la manière dont tout cela fonctionnne sur le système UNIX seront donnés au chapitre 8).

Un appel à la fonction `fopen` s'écrira dans un programme :

```
fp = fopen(name, mode);
```

Le premier argument de `fopen` est le «nom» du fichier, en fait, une chaîne de caractères. Le second est le «mode», également une chaîne de caractères, qui indique la manière dont on a l'intention d'utiliser le fichier. Les modes permis sont la lecture («`r`»), l'écriture («`w`») et la possibilité d'y ajouter des éléments («`a`»).

Si vous ouvrez un fichier qui n'existe pas, soit pour écrire, soit pour y ajouter des éléments, il est alors créé (si c'est possible). Si vous ouvrez un fichier existant pour écrire dedans, vous détruisez son ancien contenu. Si vous essayez de lire un fichier qui n'existe pas, vous commettez une erreur. Il existe d'autres causes d'erreur (comme essayer de lire un fichier alors que vous n'avez pas obtenu la permission de le faire). S'il se produit une erreur quelconque, `fopen` transmettra la valeur du pointeur nul `NULL` (qui a été également défini dans `stdio.h` pour raison de commodité).

Ensuite, il faut trouver un moyen pour lire ou écrire dans le fichier après son ouverture. Plusieurs possibilités s'offrent, parmi lesquelles `getc` et `putc` sont les plus simples. `getc` transmet le caractère qui se trouve dans le fichier ; cette fonction a besoin d'un pointeur de fichier pour lui indiquer le fichier dans lequel elle doit travailler. Ainsi,

```
c = getc(fp)
```

met dans `c` le caractère provenant du fichier auquel on a fait allusion par `fp` ou par `EOF` lorsque le fichier est épuisé.

`putc` est l'inverse de `getc`:

```
putc(c, fp)
```

met le caractère `c` dans le fichier `fp` puis transmet `c`. Comme `getchar` et `putchar` les fonctions `getc` et `putc` peuvent être remplacées par des macroinstructions.

Quand un programme commence, on ouvre automatiquement trois fichiers et, pour chacun, il est fourni un pointeur de fichier. Ces fichiers correspondent à l'entrée standard, la sortie standard et la sortie d'erreur standard ; les pointeurs correspondants sont baptisés `stdin`, `stdout` et `stderr`. En général, ils sont tous reliés au terminal, mais `stdin` et `stdout` peuvent être réacheminés vers d'autres fichiers ou des «pipes» comme nous l'avons précisé au paragraphe 7.2.

Les fonctions `getchar` et `putchar` peuvent être définies à l'aide de `getc`, `putc`, `stdin` et `stdout` de la manière suivante :

```
#define getchar()   getc(stdin)
#define putchar(c)  putc(c, stdout)
```

En ce qui concerne les fichiers représentant des entrées ou des sorties avec format, on peut utiliser les fonctions `fscanf` et `fprintf`. Elles sont identiques à `scanf` et à `printf`, sauf que le premier argument est un pointeur de fichier précisant le fichier qui doit être lu ou dans lequel on doit écrire ; la chaîne de contrôle constitue le second argument.

Après ces préliminaires, nous sommes désormais capables d'écrire le programme «cat» pour mettre des fichiers à la suite les uns des autres. L'idée de base est toujours la même, celle qui est la plus commode pour la plupart des programmes : s'il y a plusieurs lignes de commande, on les traite par ordre. S'il n'y a aucun argument, on traite l'entrée standard. Ainsi, on peut employer le programme de manière autonome ou l'inclure dans un programme plus important.

```
#include  <stdio.h>

main(argc, argv)     /* cat: concatenate files */
int argc;
char *argv[];
{
    FILE *fp, *fopen();

    if (argc == 1) /* no args; copy standard input */
        filecopy(stdin);
    else
        while (--argc > 0)
            if ((fp = fopen(*++argv, "r")) == NULL) {
                printf("cat: can't open %s\n", *argv);
                break;
            } else {
                filecopy(fp);
                fclose(fp);
            }
}

filecopy(fp)    /* copy file fp to standard output */
FILE *fp;
{
    int c;

    while ((c = getc(fp)) != EOF)
        putc(c, stdout);
}
```

Les pointeurs de fichier stdin et stdout sont prédéfinis dans la bibliothèque des entrées-sorties comme l'entrée et la sortie standards ; ils peuvent être utilisés partout où l'on peut trouver des objets du type FILE * . De toute façon, ce sont des constantes et non pas des variables, aussi n'essayez pas de leur affecter une nouvelle valeur.

La fonction fclose est l'inverse de fopen ; elle sépare le pointeur de fichier du nom externe en coupant la liaison établie par fopen , libérant ainsi le pointeur de fichier pour un autre fichier. Puisque la plupart des systèmes d'application limitent le nombre de fichiers d'un programme qui sont ouverts en même temps, c'est une bonne idée de libérer certaines choses dont nous n'avons plus besoin, comme nous l'avons fait dans «cat». Une autre raison justifie l'appel à la fonction fclose pour un fichier en sortie — elle vide le «buffer» dans lequel putc rassemble les résultats à sortir. (fclose est appelée automatiquement pour traiter chaque fichier ouvert quand un programme se termine).

7.7 LE TRAITEMENT DES ERREURS – Stderr et Exit.

Le traitement des erreurs dans le programme «cat» n'est pas parfait. Il est regrettable que lorsqu'on peut accéder à un des fichiers pour une raison quelconque, le diagnostic soit imprimé à la fin de la chaîne des résultats. Cela est convenable lorsque la sortie va directement au terminal, mais cela devient gênant si la sortie correspond à un fichier ou est réacheminée vers un autre programme au moyen d'un «pipeline».

Pour améliorer cette situation, un second fichier de sortie, baptisé `stderr` est affecté au programme de la même manière que `stdin` et `stdout`. Dans les cas où cela est possible, les messages d'erreur écrits dans `stderr` apparaissent sur le terminal de l'utilisateur même si la sortie standard est réacheminée dans une autre direction.

Revoyons le programme «cat» de façon à écrire les messages d'erreur dans le fichier d'erreurs standard.

```
#include  <stdio.h>

main(argc, argv)      /* cat: concatenate files */
int argc;
char *argv[];
{
     FILE *fp, *fopen();

     if (argc == 1) /* no args; copy standard input */
         filecopy(stdin);
     else
         while (--argc > 0)
             if ((fp = fopen(*++argv, "r")) == NULL) {
                 fprintf(stderr,
                     "cat: can't open %s\n", *argv);
                 exit(1);
             } else {
                 filecopy(fp);
                 fclose(fp);
             }
     exit(0);
}
```

Le programme signale deux erreurs différentes. Le diagnostic fourni par `fprintf` va dans `stderr` et trouve ainsi le chemin du terminal de l'utilisateur au lieu de disparaître dans un «pipeline» ou dans un fichier de sortie.

Le programme utilise également la fonction de la bibliothèque standard `exit` qui, lorsqu'elle est appelée, met fin à l'exécution du programme. L'argument de `exit` a un sens quel que soit le programme qui l'a appelé ; aussi, la bonne fin ou la sortie en erreur du programme peut être testée par un autre programme qui utilise `exit` comme un sous-programme. Par convention, une valeur égale à 0, indique une fonction convenable, alors que diverses valeurs non nulles signalent une situation anormale.

La fonction `exit` fait appel à `fclose` à chaque fois qu'elle rencontre un fichier de sortie ouvert, pour vider tous les «buffers», puis recourt à une fonction appelée `_exit`. Celle-ci met fin immédiatement à l'exécution, sans vider les «buffers» ; bien sûr, il est possible de faire intervenir directement `_exit` sans passer par `exit`.

7.8 LES LIGNES EN ENTRÉE ET EN SORTIE.

La bibliothèque standard fournit un sous-programme `fgets` qui ressemble à la fonction `getline` utilisée tout au long du livre. L'instruction :

```
fgets(line, MAXLINE, fp)
```

lit la ligne suivante dans le fichier entrée `fp` (y compris le caractère d'interligne) et la range dans le tableau de caractères `line` ; au moins `MAXLINE-1` caractères seront lus. La ligne transcrite se termine alors par `\0`. Normalement, `fgets` transmet alors le tableau `line`, à la fin du fichier, elle renvoie `NULL`. (Notre fonction `getline` transmet la longueur de la ligne ou zéro dans le cas de la fin du fichier).

Pour ce qui concerne la sortie, la fonction `fputs` écrit une chaîne (qui n'a pas besoin de contenir un caractère d'interligne) dans un fichier.

```
fputs(line, fp)
```

Pour bien montrer que des fonctions comme `fgets` et `fputs` n'ont rien d'exceptionnel, nous vous les présentons ci-dessous, après les avoir recopiées directement à partir de la bibliothèque standard des entrées-sorties.

```c
#include <stdio.h>

char *fgets(s, n, iop)  /* get at most n chars from iop */
char *s;
int n;
register FILE *iop;
{
    register int c;
    register char *cs;

    cs = s;
    while (--n > 0 && (c = getc(iop)) != EOF)
        if ((*cs++ = c) == '\n')
            break;
    *cs = '\0';
    return((c == EOF && cs == s) ? NULL : s);
}

fputs(s, iop)  /* put string s on file iop */
register char *s;
register FILE *iop;
{
    register int c;

    while (c = *s++)
        putc(c, iop);
}
```

Exercice 7 - 3 Écrire un programme pour comparer deux fichiers, en imprimant la première ligne et la position du caractère qui les différencient. □

Exercice 7 - 4 Modifier le programme du chapitre 6 qui recherchait une configuration particulière, de façon à ce qu'il prenne les données en entrée, dans un ensemble de fichiers cités, ou alors, si aucun fichier n'est donné en tant qu'argument, dans l'entrée standard. Doit-on imprimer le nom du fichier lorsqu'on a trouvé la ligne correspondant à ce qu'on cherchait ? □

Exercice 7 - 5 Écrire un programme pour imprimer un ensemble de fichiers, en entamant une nouvelle page pour chaque nouveau fichier, en écrivant un titre et en comptant le nombre de pages correspondant à chaque fichier. □

7.9 QUELQUES FONCTIONS DIVERSES.

La bibliothèque standard fournit une large gamme de fonctions, seules quelques-unes se détachent de l'ensemble et se révèlent très utiles. Nous avons déjà parlé des fonctions `strlen`, `strcpy`, `strcat` et `strcmp`. En voici quelques autres :
— des fonctions qui testent le genre du caractère pour effectuer une conversion.
Quelques macro-instructions réalisant des tests sur des caractères et les convertissant :

`isalpha(c)` différente de 0 si c est une lettre de l'alphabet, égale à 0 sinon.
`isupper(c)` différente de 0 si c est une majuscule, égale à 0 sinon.
`islower(c)` différente de 0 si c est une minuscule, égale à 0 sinon.
`isdigit(c)` différente de 0 si c est un chiffre, égale à 0 sinon.
`isspace(c)` différente de 0 si c est le blanc, le caractère d'interligne ou de tabulation, égale à 0 sinon.
`toupper(c)` transforme c en majuscule.
`tolower(c)` transforme c en minuscule.

— la fonction **Ungetc**.
La bibliothèque standard fournit une version plutôt restreinte de la fonction `ungetch` que nous avons présentée au chapitre 4, on l'a baptisé `ungetc`.

        ungetc(c, fp)

remet le caractère c dans le fichier fp . Seul un caractère peut être remis par fichier. `ungetc`   peut être employé avec n'importe quelle fonction qui traite les données en entrée, et avec des macro instructions telles que `scanf`, `getc` ou `getchar`.
— l'appel à la fonction **System**.
La fonction `system(s)` exécute la commande contenue dans la chaîne de caractères s, puis reprend le traitement du programme en cours. Le contenu de s dépend beaucoup du système d'exploitation sur lequel on travaille. Un exemple simple : sur l'UNIX, la ligne :

        system("date");

fait exécuter le programme `date` , imprime la date et l'heure.
— la gestion de la mémoire.
La fonction `calloc`   ressemble à `alloc` que nous avons utilisée dans les

chapitres précédents.

```
        calloc(n, sizeof(object))
```

transmet soit une variable pointant sur un espace pour qu'on puisse y ranger n objets de la taille précisée, soit NULL si la place manque. La mémoire est initialisée à zéro.

Le pointeur possède le cadrage convenant à l'objet en question, mais on doit lui affecter le type approprié, comme par exemple dans :

```
        char *calloc();
        int  *ip;

        ip = (int *) calloc(n, sizeof(int));
```

cfree(p) libère l'espace pointé par p, où p a été obtenu au départ en faisant appel à calloc . Il n'y a aucune restriction sur l'ordre dans lequel on doit libérer les espaces, mais c'est une grave erreur que de libérer un espace obtenu sans avoir eu recours à calloc.

Le chapitre 8 montre la mise en œuvre d'un allocateur de mémoire comme calloc dans lequel les blocs affectés peuvent être libérés dans un certain ordre.

8. L'interface
avec le système UNIX

Ce chapitre concerne l'interface entre les programmes écrits en langage C et le système d'exploitation UNIX*. Puisque la plupart des utilisateurs du langage C travaillent sur des systèmes UNIX, ce sujet devrait intéresser la majorité des lecteurs. Toutefois, même si vous employez le langage C sur une machine différente, l'étude des exemples que nous proposons devrait vous donner une connaissance plus approfondie de la programmation en langage C.

Le chapitre se divise en trois grandes parties : les entrées-sorties, le système de fichiers et les programmes d'affectation de la mémoire. Les deux premières sous-entendent que le lecteur est un peu familiarisé avec les caractéristiques internes du système UNIX.

Le chapitre 7 se rapportait à une interface système qui est commune à toute une gamme de systèmes d'exploitation. Pour tout système particulier, les programmes de la bibliothèque standard doivent être écrits selon les moyens d'entrées-sorties réellement disponibles dans l'ordinateur central. Dans les paragraphes suivants, nous décrirons les points d'entrée du système principal concernant les entrées sorties sur le système d'exploitation UNIX et nous illustrerons comment mettre en œuvre certaines parties de la bibliothèque standard.

8.1 LES DESCRIPTEURS DE FICHIERS.

Dans le système d'exploitation UNIX, les entrées-sorties sont faites en lisant ou en écrivant des fichiers, car tous les systèmes périphériques, y compris le terminal de l'utilisateur, constituent eux-mêmes des fichiers dans le système de fichier. Cela signifie qu'une interface unique et homogène manipule toutes les communications entre un programme et les organes périphériques.

*UNIX est une «marque déposée» des Laboratoires BELL.

Dans le cas le plus général, avant de lire un fichier ou d'y écrire, il est nécessaire d'informer le système de votre intention, c'est ce qu'on appelle «ouvrir» le fichier. Si vous voulez écrire dans un fichier, il faut peut-être d'abord le créer. Le système vérifie si vous en avez le droit (Est-ce que le fichier existe ? Avez-vous la permission d'y accéder ?) et, dans l'affirmative, il renvoie au programme un petit entier positif appelé «descripteur de fichier». Chaque fois qu'une entrée sortie doit être faite dans le fichier, on identifiera celui-ci en recourant seulement au descripteur.

(En gros, cette identification ressemble à celle du READ (5, ...) et du WRITE (6, ...) en Fortran). Toute information concernant un fichier ouvert est conservée par le système ; le programme de l'utilisateur n'accède au fichier que par l'intermédiaire du «descripteur du fichier».

Puisque le fait de réaliser des entrées sorties à partir du terminal de l'utilisateur est si courant, des arrangements spéciaux existent pour rendre la chose plus commode. Quand l'interpréteur des commandes («shell») exécute un programme, il ouvre trois fichiers avec les descripteurs 0, 1 et 2, baptisés entrée standard, sortie standard et sortie d'erreur standard. Ils sont tous normalement en liaison avec le terminal, ainsi, lorsqu'un programme lit le descripteur 0 et écrit dans les fichiers correspondant aux descripteurs 1 et 2, il peut réaliser des entrées sorties à partir du terminal sans se soucier d'ouvrir des fichiers.

L'utilisateur d'un programme peut réacheminer des entrées sorties du fichier source ou du fichier destinataire avec :

```
prog <infile >outfile
```

Dans ce cas, le «shell» change l'affectation implicite des descripteurs 0 et 1 au terminal, en une nouvelle affectation aux fichiers nommés. Le descripteur du fichier 2 reste, en général, attaché au terminal où doivent aller les messages d'erreur. Cela est encore vrai si l'entrée sortie est associée à un «pipe». Dans tous les cas, notons que les affectations des fichiers sont modifiées non pas par le programme, mais par le «shell». Le programme ignore d'où vient l'entrée et où va la sortie, tant qu'il utilise les fichiers 0 pour l'entrée, 1 et 2 pour la sortie.

8.2 LE NIVEAU INFÉRIEUR D'ENTRÉE-SORTIE – READ ET WRITE.

Le plus bas niveau d'entrée-sortie qui existe dans UNIX ne fournit ni buffer, ni autre service : on entre, en fait, directement dans le système d'exploitation. Toutes les entrées-sorties se font à l'aide de deux fonctions appelées `read` et `write` . Pour toutes les deux, le premier argument représente un descripteur de fichier, le second, une mémoire tampon (un «buffer») dans votre programme, de laquelle doit provenir la donnée ou dans laquelle elle doit aller. Le troisième argument est constitué par le nombre d'octets à transférer.

On écrit :

```
    n_read = read(fd, buf, n);

    n_written = write(fd, buf, n);
```

A chaque appel, la machine renvoie le nombre d'octets réellement transférés. Lors de la lecture, ce nombre peut être inférieur au nombre d'octets qu'on voulait transférer. Si le nombre renvoyé égale zéro, il annonce la fin du fichier ; la valeur — 1 signale une erreur quelconque. Lors de l'écriture, la valeur renvoyée représente le nombre d'octets réellement écrits, généralement, il y a une erreur quand cette valeur diffère du nombre d'octets qu'on a supposé avoir écrits.

Le nombre d'octets lus ou écrits est absolument arbitraire. Les deux valeurs les plus courantes sont 1 qui indique un caractère à la fois (sans buffer), et 512 qui correspond à une longueur de bloc physique sur beaucoup d'organes périphériques. Cette dernière valeur se révèle beaucoup plus efficace, mais traiter un caractère à la fois ne coûte en général pas très cher.

En rassemblant ces remarques, nous pouvons écrire un programme simple qui recopie ce qu'il lit en sortie, l'équivalent du programme de copie de fichiers présenté au chapitre 1. Sous UNIX, ce programme recopiera n'importe quoi dans n'importe quoi, car, en fait, l'entrée ou la sortie peut être rapportée à n'importe quel fichier ou organe périphérique.

```
#define   BUFSIZE   512   /* best size for PDP-11 UNIX */

main()      /* copy input to output */
{
    char buf[BUFSIZE];
    int  n;

    while ((n = read(0, buf, BUFSIZE)) > 0)
        write(1, buf, n);
}
```

Si la taille du fichier n'est pas un multiple de `BUFSIZE` , l'un des ordres de lecture renverra un nombre d'octets plus petit à écrire par `write` ; l'appel suivant à `read` renverra à zéro.

Il est intéressant de voir comment utiliser les instructions `read` et `write` pour construire des programmes de niveau plus élevé comme `getchar`, `putchar`, etc ... Par exemple, voici une version de `getchar` qui réalise des entrées non bufferisées.

```
#define   CMASK     0377 /* for making char's > 0 */

getchar() /* unbuffered single character input */
{
    char c;

    return((read(0, &c, 1) > 0) ? c & CMASK : EOF);
}
```

c doit être déclaré de type char car la fonction read accepte un pointeur de caractères. Pour s'assurer que le caractère qui a été transmis est positif, on le masque
avec 0377 ; autrement, l'extension de signe peut le rendre négatif. (La constante
0377 convient pour le PDP11, mais pas nécessairement pour d'autres systèmes).

La seconde version de getchar réalise des entrées par blocs entiers et
restitue un caractère à la fois.

```
#define    CMASK     0377 /* .for making char's > 0 */
#define    BUFSIZE   512

getchar() /* buffered version */
{
      static char    buf[BUFSIZE];
      static char    *bufp = buf;
      static int     n = 0;

      if (n == 0) {   /* buffer is empty */
            n = read(0, buf, BUFSIZE);
            bufp = buf;
      }
      return((--n >= 0) ? *bufp++ & CMASK : EOF);
}
```

8.3 LES FONCTIONS Open, Creat, Close, Unlink.

Pour pouvoir lire ou écrire dans des fichiers autres que ceux d'entrée, de
sortie ou d'erreur standard, vous devez les ouvrir explicitement. Il existe pour
cela deux pointes d'entrée dans le système : open et creat (sic).

La fonction open ressemble plutôt à fopen dont on a parlé au chapitre 7,
à l'exception du fait qu'au lieu de transmettre une variable qui pointe sur le fichier, elle renvoie un descripteur de fichier de type int.

```
int fd;

fd = open(name, rwmode);
```

Comme avec fopen , l'argument name correspond à une chaîne de caractères qui
représente le nom du fichier externe. Toutefois, l'argument correspondant au
mode d'accès est différent : rwmode égale 0 pour la lecture, 1 pour l'écriture,
et 2 pour l'accès en lecture et écriture. S'il y a une erreur, open renvoie -1,
autrement il transmet un descripteur valide.
C'est une erreur d'essayer d'ouvrir un fichier qui n'existe pas. La fonction creat
sert à créer de nouveaux fichiers ou à en réécrire d'anciens.

```
fd = creat(name, pmode);
```

Cette instruction transmet un descripteur s'il est possible de créer un fichier
baptisé name , ou -1 sinon. Quand le fichier existe déjà, creat le réduit à une
longueur nulle. Il n'est pas interdit de créer un fichier qui existe déjà.

Si le fichier est réellement nouveau, `creat` le crée avec le mode protection spécifié par l'argument `pmode`   . Dans le système de fichiers de l'UNIX, il existe neuf bits de protection associés à un fichier, contrôlant la lecture, l'écriture et la permission d'exécution pour le propriétaire du fichier, pour son groupe et pour tous les autres. Donc, il faut mieux utiliser un nombre en base huit à trois chiffres pour indiquer les permissions. Par exemple, 0755 détermine la lecture, l'écriture et la permission d'exécution pour le propriétaire, ainsi que la lecture et l'autorisation d'exécution pour le groupe et pour tous les autres.

Pour illustrer cette remarque, voici une version simplifiée du programme utilitaire «cp» d'UNIX, un programme qui recopie un fichier dans un autre. (La principale simplification est que notre version recopie seulement un fichier et ne permet pas que le second argument soit une «directory»).

```
#define NULL 0
#define BUFSIZE 512
#define PMODE 0644 /* RW for owner, R for group, others */

main(argc, argv)      /* cp: copy f1 to f2 */
int argc;
char *argv[];
{
    int f1, f2, n;
    char buf[BUFSIZE];

    if (argc != 3)
        error("Usage: cp from to", NULL);
    if ((f1 = open(argv[1], 0)) == -1)
        error("cp: can't open %s", argv[1]);
    if ((f2 = creat(argv[2], PMODE)) == -1)
        error("cp: can't create %s", argv[2]);

    while ((n = read(f1, buf, BUFSIZE)) > 0)
        if (write(f2, buf, n) != n)
            error("cp: write error", NULL);
    exit(0);
}

error(s1, s2)  /* print error message and die */
char *s1, *s2;
{
    printf(s1, s2);
    printf("\n");
    exit(1);
}
```

Le nombre de fichiers pouvant être ouverts simultanément a une limite (en principe 15-25). En conséquence, tout programme voulant traiter plusieurs fichiers en même temps, doit se préparer à réutiliser les descripteurs de fichiers. Le programme `close` coupe la liaison entre un descripteur et le fichier correspondant, le libérant ainsi pour une autre utilisation. La fin d'un programme par l'intermédiaire de `exit` ou le retour au programme principal ferme tous les fichiers ouverts.

La fonction `unlink(filename)` efface le fichier `filename` du système des fichiers.

Exercice 8 - 1 Réécrire le programme `cat` du chapitre 7 en utilisant `read`, `write`, `open` et `close`, au lieu de leurs équivalents appartenant à la bibliothèque standard. Effectuer des essais pour déterminer les vitesses relatives des deux versions. □

8.4 ACCES ALÉATOIRE – LES FONCTIONS Seek et Lseek.

Un fichier entrée-sortie est normalement séquentiel : chaque `read` ou `write` a lieu dans le fichier, juste après le précédent. Toutefois, en cas de besoin, un fichier peut être lu ou rempli dans un ordre arbitraire. La fonction `lseek` fournit un moyen de parcourir le fichier sans réellement lire ni écrire :

```
lseek(fd, offset, origin);
```

Cette fonction force la position en cours dans le fichier de descripteur `fd`, à prendre la valeur `offset` correspondant à l'emplacement désigné par `origin`. La lecture ou l'écriture suivante débutera à cette position. `offset` est de type `long`, `fd` et `origin` sont de type `int`. `origin` peut valoir 0, 1 ou 2 pour indiquer que `offset` doit être mesuré respectivement soit à partir du début, soit à partir de la position en cours ou soit à partir de la fin du fichier. Par exemple, avant d'ajouter un fichier à un autre, il faut rechercher la fin du premier à l'aide de :

```
lseek(fd, 0L, 2);
```

Pour retourner au début («rewind»), on notera :

```
lseek(fd, 0L, 0);
```

Remarquez que l'argument `0L` aurait pu se présenter par `(long) 0`.

Avec `lseek`, on a la possibilité de traiter plus ou moins les fichiers comme de grands tableaux, mais le temps d'accès est plus long. Par exemple, la fonction simple suivante lit n'importe quel nombre de bits situés n'importe où dans le fichier.

```
get(fd, pos, buf, n) /* read n bytes from position pos */
int fd, n;
long pos;
char *buf;
{
    lseek(fd, pos, 0);  /* get to pos */
    return(read(fd, buf, n));
}
```

Dans la première version d'UNIX (7), le point principal d'entrée dans le système des entrées-sorties est appelé `seek`. `seek` est identique à `lseek` sauf que l'argument `offset` est de type `int` au lieu d'être de type `long`. Donc puisque dans le PDP11, les entiers n'ont que seize bits, l' `offset` indiqué par seek est limité à 65,535 ; pour cette raison, les valeurs de origin égales à 3, 4 ou 5 obligent seek à multiplier le offset donné par 512 (qui est le nombre d'octets d'un bloc), puis à interpréter origin comme s'il était respectivement égal à 0, 1 ou 2. Ainsi, pour accéder à n'importe quel endroit d'un fichier, il faut effectuer deux recherches : la première sélectionne le bloc, la seconde dont l'argument origin vaut 1 fait avancer jusqu'à l'octet désiré à l'intérieur du fichier.

Exercice 8 - 2 On peut écrire seek à l'aide de lseek et réciproquement. Écrivez chaque instruction à l'aide de l'autre.□

8.5 EXEMPLE – UNE MISE EN OEUVRE DE Fopen et de Getc.

Illustrons comment toutes ces règles peuvent concorder en montrant une mise en œuvre des programmes de la bibliothèque standard : fopen et getc.

Rappelons que les fichiers de la bibliothèque standard sont décrits à l'aide de pointeurs plutôt qu'avec des descripteurs de fichiers. Un pointeur de fichier est une variable qui pointe sur une structure contenant quelques informations sur le fichier : une variable pointant sur un buffer, ainsi le fichier pourra être lu en grosses tranches, un compteur du nombre de caractères contenus dans le «buffer», une variable pointant sur la position du prochain caractère dans le «buffer», quelques indicateurs décrivant le mode de lecture et d'écriture, etc ..., et le descripteur.

La structure de données qui décrit un fichier est contenue dans le fichier stdio.h qui lui-même est inclus (par l'instruction #include) dans tout fichier source utilisant les programmes de la bibliothèque standard. Dans le passage suivant extrait de stdio.h , les noms destinés à n'être utilisés que par des fonctions de la bibliothèque commencent par le symbole _ (blanc souligné), ainsi on évitera de les confondre avec les noms dans le programme de l'utilisateur.

```
#define    _BUFSIZE   512
#define    _NFILE     20     /* #files that can be handled */

typedef struct _iobuf {
    char *_ptr;      /* next character position */
    int  _cnt;       /* number of characters left */
    char *_base;     /* location of buffer */
    int  _flag;      /* mode of file access */
    int  _fd;        /* file descriptor */
} FILE;
extern FILE _iob[_NFILE];

#define    stdin     (&_iob[0])
#define    stdout    (&_iob[1])
#define    stderr    (&_iob[2])
```

```
#define    _READ      01    /* file open for reading */
#define    _WRITE     02    /* file open for writing */
#define    _UNBUF     04    /* file is unbuffered */
#define    _BIGBUF    010   /* big buffer allocated */
#define    _EOF 020   /* EOF has occurred on this file */
#define    _ERR 040   /* error has occurred on this file */
#define    NULL 0
#define    EOF  (-1)

#define    getc(p)    (--(p)->_cnt >= 0 \
                ? *(p)->_ptr++ & 0377 : _fillbuf(p))
#define    getchar() getc(stdin)

#define    putc(x,p) (--(p)->_cnt >= 0 \
                ? *(p)->_ptr++ = (x) : _flushbuf((x),p))
#define    putchar(x)      putc(x,stdout)
```

La macro instruction `getc` décrémente uniquement le compteur, fait progresser le pointeur et renvoie le caractère. (Une longue instruction `#define` est prolongée par le symbole `\`, barre oblique inverse). Toutefois, si le compteur est négatif, `getc` fait appel à la fonction `_fillbuf` pour remplir à nouveau le «buffer», réinitialiser les contenus et renvoyer un caractère. Une fonction peut présenter une interface portable, bien qu'elle-même renferme des constructions non transportables. `getc` masque le caractère avec 0 377, ce qui annule l'extension de signe faite par le PDP11 et assure que tous les caractères seront positifs.

Bien que nous n'ayons pas l'intention d'entrer dans les détails, nous avons inclus la définition de `putc` pour montrer qu'elle travaille à peu près de la même manière que `getc`, en appelant `_flushbuf` quand son «buffer» est plein.

Maintenant, on peut écrire la fonction `fopen`. Sa tâche principale consiste à garder le fichier ouvert et positionné au bon endroit, et à positionner les bits des indicateurs selon ce qu'elle rencontre.

`fopen` ne réserve aucune place dans le buffer ; c'est `_fillbuf` qui le fait lors de la première lecture du fichier.

```
#include  <stdio.h>
#define   PMODE      0644 /* R/W for owner; R for others */

FILE *fopen(name, mode)  /* open file, return file ptr */
register char *name, *mode;
{
    register int fd;
    register FILE *fp;

    if (*mode != 'r' && *mode != 'w' && *mode != 'a') {
        fprintf(stderr, "illegal mode %s opening %s\n",
            mode, name);
        exit(1);
    }
    for (fp = _iob; fp < _iob + _NFILE; fp++)
        if ((fp->_flag & (_READ | _WRITE)) == 0)
            break;     /* found free slot */
    if (fp >= _iob + _NFILE) /* no free slots */
        return(NULL);

    if (*mode == 'w')    /* access file */
        fd = creat(name, PMODE);
    else if (*mode == 'a') {
        if ((fd = open(name, 1)) == -1)
            fd = creat(name, PMODE);
        lseek(fd, 0L, 2);
    } else
        fd = open(name, 0);
    if (fd == -1)   /* couldn't access name */
        return(NULL);

    fp->_fd = fd;
    fp->_cnt = 0;
    fp->_base = NULL;
    fp->_flag &= ~(_READ | _WRITE);
    fp->_flag |= (*mode == 'r') ? _READ : _WRITE;
    return(fp);
}
```

La fonction `_fillbuf` est passablement compliquée. Sa principale complexité tient à ce qu'elle essaie de permettre d'accéder au fichier même lorsqu'il ne reste plus assez de place en mémoire pour des buffers. Si la place pour un nouveau buffer peut être obtenue à l'aide de `calloc` tout va bien ; sinon `_fillbuf` réalise des entrées-sorties sans buffer en utilisant un seul caractère stocké dans un tableau interne.

```
#include  <stdio.h>

_fillbuf(fp)  /* allocate and fill input buffer */
register FILE *fp;
{
    static char smallbuf[_NFILE]; /* for unbuffered I/O */
    char *calloc();

    if ((fp->_flag&_READ)==0 || (fp->_flag&(_EOF|_ERR))!=0)
        return(EOF);
    while (fp->_base == NULL)  /* find buffer space */
        if (fp->_flag & _UNBUF)  /* unbuffered */
            fp->_base = &smallbuf[fp->_fd];
        else if ((fp->_base=calloc(_BUFSIZE, 1)) == NULL)
            fp->_flag |= _UNBUF; /* can't get big buf */
        else
            fp->_flag |= _BIGBUF; /* got big one */
    fp->_ptr = fp->_base;
    fp->_cnt = read(fp->_fd, fp->_ptr,
                fp->_flag & _UNBUF ? 1 : _BUFSIZE);
    if (--fp->_cnt < 0) {
        if (fp->_cnt == -1)
            fp->_flag |= _EOF;
        else
            fp->_flag |= _ERR;
        fp->_cnt = 0;
        return(EOF);
    }
    return(*fp->_ptr++ & 0377);  /* make char positive */
}
```

Le premier appel à la fonction getc , pour un fichier particulier, trouve un compteur à zéro, ce qui l'oblige à appeler _fillbuf . Si _fillbuf voit que le fichier n'est pas ouvert en lecture, il renvoie immédiatement un EOF . Dans le cas contraire, il essaie de réserver un grand «buffer» et, s'il échoue, un «buffer» pour un seul caractère, ce renseignement étant transmis par _flag .

Le buffer étant prêt, _fillbuf fait appel simplement à la fonction read pour le remplir, il positionne le compteur et les pointeurs, et transmet le caractère au début du buffer . Les appels suivants trouveront un buffer occupé. Il ne reste plus qu'à faire démarrer l'ensemble. Le tableau _iob doit être défini et initialisé pour stdin, stdout and stderr.

```
FILE _iob[_NFILE] ={
    { NULL, 0, NULL, _READ, 0 },  /* stdin */
    { NULL, 0, NULL, _WRITE, 1 }, /* stdout */
    { NULL, 0, NULL, _WRITE | _UNBUF, 2 }  /* stderr */
};
```

L'initialisation de la partie _flag de la structure montre que stdin doit être lu, stdout rempli et stderr écrit sans recourir à un buffer.

Exercice 8 - 3 Réécrire `fopen` et `_fillbuf` en utilisant des champs à la place d'opérations binaires explicites. ☐

Exercice 8 - 4 Concevoir et écrire les programmes `_flushbuf` et `fclose`. ☐

Exercice 8 - 5 La bibliothèque standard donne une fonction
```
fseek(fp, offset, origin)
```
qui est identique à `lseek`, à l'exception du fait que `fp` est un pointeur de fichier au lieu d'un descripteur de fichier. Écrire `fseek`. Vérifier que la fonction que vous venez d'écrire est compatible avec la mise en mémoire tampon réalisée pour les autres fonctions de la bibliothèque. ☐

8.6 EXEMPLE – AFFICHAGE DES «DIRECTORIES»

On a parfois besoin d'un autre type d'interaction avec le système : par exemple, connaître la structure d'un fichier, non ce qu'il contient. La commande UNIX ls («lister un catalogue») en est un exemple — elle imprime les noms des fichiers qui sont dans un catalogue ainsi qu'en options, d'autres informations telles que la taille, les autorisations et ainsi de suite.

Puisque, du moins sur le système UNIX, un directory est un véritable fichier, il n'en résulte rien de particulier en ce qui concerne une commande comme ls : elle lit un fichier et choisit les informations qui l'intéressent dans ce qu'elle trouve là. Néanmoins, le format de cette information est déterminé par le système et non pas par le programme de l'utilisateur ; aussi, «ls» a besoin de connaître la manière dont le système représente les objets.

Nous illustrerons ce qui précède en écrivant un programme baptisé «fsize» version particulière de «ls» qui imprime la taille de tous les fichiers cités dans sa liste d'arguments. Si l'un des fichiers est un catalogue, «fsize» travaille aussi sur le contenu du catalogue. S'il n'y a aucun argument, elle traite le catalogue en cours.

Nous allons commencer par une petite révision sur les structures des systèmes de fichiers. Un catalogue est un fichier contenant une liste de noms de fichiers et quelques indications sur leur lieu d'implantation. Cette adresse est, en fait un index appartenant à une autre table baptisée «la table des inodes». «L'inode» d'un fichier est l'endroit où sont conservées toutes les informations concernant le fichier, à l'exception de son nom. Le moyen d'accéder à un catalogue consiste en deux éléments : un «inode» et le nom du fichier. On obtient la spécification précise en incluant le fichier sys/dir.h qui contient

```
#define  DIRSIZ    14    /* max length of file name

struct direct  /* structure of directory entry */
{
    ino_t d_ino;   /* inode number */
    char d_name[DIRSIZ];     /* file name */
};
```

Le type `ino_t` est un `typedef` qui décrit l'index dans la table des «inodes». Dans le système UNIX sur le PDP11, il arrive qu'il soit non signé, mais cette information n'est pas à intercaler dans un programme : en effet, elle peut être différente suivant le système utilisé.

D'où le `typedef`. On trouve dans `sys/types.h.` un ensemble complet des types de système.

La fonction `stat` étudie le nom d'un fichier et renvoie toute l'information contenue dans l'«inode» concernant ce fichier (ou − 1 s'il y a une erreur).

```
struct stat stbuf;
char *name;

  at(name, &stbuf);
```

Ceci permet de remplir la structure `stbuf` avec l'information provenant de l'«inode» du fichier `name`. La structure décrivant la valeur renvoyée par `stat` se trouve dans `sys/stat.h` et ressemble à ce qui suit :

```
struct stat      /* structure returned by stat */
{
        dev_t     st_dev;   /* device of inode */
        ino_t     st_ino;   /* inode number */
        short     st_mode;  /* mode bits */
        short     st_nlink; /* number of links to file */
        short     st_uid;   /* owner's userid */
        short     st_gid;   /* owner's group id */
        dev_t     st_rdev;  /* for special files */
        off_t     st_size;  /* file size in characters *
        time_t    st_atime; /* time last accessed */
        time_t    st_mtime; /* time last modified */
        time_t    st_ctime; /* time originally created */
};
```

La majeure partie des explications est donnée par les commentaires. L'entrée `st_mode` comporte un ensemble d'indicateurs décrivant le fichier ; pour plus de commodité, les définitions des indicateurs sont également intégrées au fichier `sys/stat.h`.

```
#define S_IFMT 0160000       /* type of file */
#define  S_IFDIR   0040000   /* directory */
#define  S_IFCHR   0020000   /* character special */
#define  S_IFBLK   0060000   /* block special */
#define  S_IFREG   0100000   /* regular */
#define S_ISUID   04000   /* set user id on execution */
#define S_ISGID   02000   /* set group id on execution */
#define S_ISVTX   01000   /* save swapped text after use */
#define S_IREAD   0400    /* read permission */
#define S_IWRITE  0200    /* write permission */
#define S_IEXEC   0100    /* execute permission */
```

Maintenant, nous sommes capables d'écrire le programme «fsize». Si le mode obtenu par `stat` indique que le fichier n'est pas un catalogue, alors il est possible d'imprimer directement la taille. Si toutefois c'est un catalogue, alors nous devons le traiter fichier par fichier ; il peut également contenir des sous-catalogues aussi le traitement sera récursif.

Comme d'habitude, le programme principal traite essentiellement les arguments des lignes de commande, il transmet chaque argument à la fonction fsize par l'intermédiaire d'un grand «buffer».

```
#include <stdio.h>
#include <sys/types.h>      /* typedefs */
#include <sys/dir.h>        /* directory entry structure */
#include <sys/stat.h>       /* structure returned by stat */
#define   BUFSIZE   256

main(argc, argv)     /* fsize: print file sizes */
char *argv[];
{
      char buf[BUFSIZE];

      if (argc == 1) {     /* default: current directory */
          strcpy(buf, ".");
          fsize(buf);
      } else
          while (--argc > 0) {
              strcpy(buf, *++argv);
              fsize(buf);
          }
}
```

La fonction fsize imprime la taille du fichier. Toutefois si le fichier est un catalogue, fsize fait appel à directory pour manipuler tous les fichiers du catalogue. Remarquez l'emploi des noms servant d'indicateurs S_IFMT et S_IFDIR dans stat.h.

```
fsize(name)     /* print size for name */
char *name;
{
      struct stat stbuf;

      if (stat(name, &stbuf) == -1) {
          fprintf(stderr, "fsize: can't find %s\n", name);
          return;
      }
      if ((stbuf.st_mode & S_IFMT) == S_IFDIR)
          directory(name);
      printf("%8ld %s\n", stbuf.st_size, name);
}
```

La fonction directory est la plus compliquée. Elle s'occupe principalement de créer le chemin complet du fichier à traiter, du début à la fin.

```
directory(name)        /* fsize for all files in name */
char *name;
{
     struct direct dirbuf;
     char *nbp, *nep;
     int i, fd;

     nbp = name + strlen(name);
     *nbp++ = '/';   /* add slash to directory name */
     if (nbp+DIRSIZ+2 >= name+BUFSIZE)   /* name too long */
         return;
     if ((fd = open(name, 0)) == -1)
         return;
     while (read(fd, (char *)&dirbuf, sizeof(dirbuf))>0) {
         if (dirbuf.d_ino == 0)   /* slot not in use */
             continue;
         if (strcmp(dirbuf.d_name, ".") == 0
           || strcmp(dirbuf.d_name, "..") == 0)
             continue; /* skip self and parent */
         for (i=0, nep=nbp; i < DIRSIZ; i++)
             *nep++ = dirbuf.d_name[i];
         *nep++ = '\0';
         fsize(name);
     }
     close(fd);
     *--nbp = '\0'; /* restore name */
}
```

Si une partie du catalogue est laissée de côté (car un fichier a été effacé par exemple), l'«inode» est mis à zéro et on ne considère plus cette position. Chaque catalogue contient également des moyens d'accès à lui-même baptisés « . » et « .. » ; on doit les éviter sinon le programme se déroulera pendant un bon moment.

Bien que le programme «fsize» soit assez spécialisé, il souligne deux idées importantes. Premièrement, beaucoup de programmes ne sont pas «des programmes de systèmes», ils utilisent tout simplement des informations dont la forme et le contenu sont mis à jour par le système d'exploitation. Deuxièmement, pour de tels programmes, il est fondamental que les informations ne soient représentées que dans les fichiers standards placés en tête tels que `stat.h` et `dir.h` et que les programmes ne comprennent que ces fichiers plutôt que de contenir les vraies déclarations.

8.7 EXEMPLE - UN ALLOCATEUR DE MÉMOIRE.

Dans le chapitre 5, nous avons présenté une version assez simple de la fonction `alloc`. Nous allons écrire maintenant une version ne comportant pas de restrictions ; les appels aux fonctions `alloc` et `free` pourront être mélangés ; `alloc` fera appel au système d'exploitation pour obtenir plus de mémoire en cas de nécessité. En plus de leur importance relative à leur rôle, ces programmes illustrent certaines considérations apparues quand on s'efforce d'écrire un code le plus indépendant possible de la machine bien que lui restant lié étroitement. Ils présentent également une application réelle des structures, des unions et des `typedef`.

Au lieu de faire l'attribution à partir d'un tableau de taille fixe et déjà compilé, `alloc` demandera de l'espace au système d'exploitation, en cas de besoin. Puisque d'autres situations dans le programme peuvent également exiger de l'espace de façon asynchrone, il se peut que les espaces gérés par `alloc` ne soient pas tous adjacents. Ainsi le stockage de ces espaces libres est gardé dans une chaîne de blocs. Chaque bloc contient une taille, une variable pointant sur le bloc suivant et l'espace lui-même. Les blocs sont conservés dans l'ordre croissant des adresses de la mémoire et le dernier bloc (la plus grande adresse) contiendra une variable pointant sur le premier bloc, ainsi la chaîne formera en réalité une boucle.

Lors d'une demande, la liste des blocs est parcourue jusqu'à la découverte d'un bloc assez gros. Si le bloc a exactement la taille exigée, il est enlevé de la liste et transmis à l'utilisateur. Si le bloc est trop gros, il est divisé en deux morceaux et celui qui convient est transmis à l'utilisateur tandis que l'autre est remis dans la liste des blocs libres. Si aucun bloc ne convient, il faut en réclamer un au système d'exploitation qui l'ajoute alors à la liste des blocs libres ; puis on reprend la recherche.

Le fait de libérer un espace implique qu'on recherche dans la liste des blocs libres, un endroit convenable où l'on puisse loger le bloc libéré. Si le bloc est adjacent à un bloc de la liste, on les rassemble tous deux en un bloc de plus grande taille, de telle façon, la place mémoire n'est pas trop fragmentée. La manière de déterminer si deux blocs sont adjacents est simple car la liste est conservée par ordre croissant de l'adresse de la mémoire.

Au chapitre 5, nous avons fait allusion à la nécessité de s'assurer que la place mémoire transmise par `alloc` est convenablement cadrée pour recevoir les objets qui y seront mémorisés. Bien que les machines diffèrent, pour chacune d'elles, il existe un type comportant plus de restrictions que les autres ; si ce type peut être mémorisé à une adresse particulière, on en déduit que tous les autres peuvent l'être également. Par exemple, sur l'IBM 360/370, ou sur l'Honeywell 6000, ainsi que sur beaucoup d'autres machines, n'importe quel objet est mémorisable dans un endroit approprié pour recevoir un élément du type `double` ; sur le PDP11, le type `int` suffit.

Un bloc libre contient une variable pointant sur le bloc suivant de la chaîne, un enregistrement de la taille du bloc et enfin l'espace lui-même ; l'information de commande se trouvant au début est appelée «en-tête»*. Pour simplifier le cadrage, tous les blocs sont des multiples de la taille de l'«en-tête» et celui-ci est cadré convenablement. Cela est réalisé par une union qui contient la structure désirée d'«en-tête» et un exemple de cadrage le plus restrictif.

---

*«en-tête» apparaît dans le programme sous le nom «header».

```
typedef int ALIGN;   /* forces alignment on PDP-11 */

union header { /* free block header */
    struct {
        union header *ptr;  /* next free block */
        unsigned size; /* size of this free block */
    } s;
    ALIGN     x;   /* force alignment of blocks */
};

    typedef union header HEADER;
```

Dans `alloc` , la taille exigée en nombre de caractères est arrondie au nombre convenable d'unités de taille de l'«en-tête» ; le bloc réel qui est réservé contient une unité de plus, correspondant à l'«en-tête» lui-même, et c'est cette valeur qui se trouve enregistrée dans le champ `size` de l'«en-tête». Le pointeur transmis par `alloc` indique l'espace libre et non pas l'«en-tête» lui-même.

```
static HEADER base; /* empty list to get started */
static HEADER *allocp = NULL; /* last allocated block */

char *alloc(nbytes) /* general-purpose storage allocator */
unsigned nbytes;
{
    HEADER *morecore();
    register HEADER *p, *q;
    register int nunits;

    nunits = 1+(nbytes+sizeof(HEADER)-1)/sizeof(HEADER);
    if ((q = allocp) == NULL) {   /* no free list yet */
        base.s.ptr = allocp = q = &base;
        base.s.size = 0;
    }
    for (p=q->s.ptr; ; q=p, p=p->s.ptr) {
        if (p->s.size >= nunits) {    /* big enough */
            if (p->s.size == nunits) /* exactly */
                q->s.ptr = p->s.ptr;
            else {    /* allocate tail end */
                p->s.size -= nunits;
                p += p->s.size;
                p->s.size = nunits;
            }
            allocp = q;
            return((char *)(p+1));
        }
        if (p == allocp)  /* wrapped around free list */
            if ((p = morecore(nunits)) == NULL)
                return(NULL);  /* none left */
    }
}
```

La variable `base` s'emploie pour démarrer ; si `allocp` égale NULL dès le premier appel à la fonction `alloc`, alors on crée une liste réduite d'espaces libres ; elle contient un bloc de taille zéro et une variable pointant sur elle-même. Dans tous les cas, la liste est explorée. La recherche d'un bloc libre de taille adéquate commence à l'endroit (`allocp`) où l'on a trouvé le précédent bloc recherché ; cette stratégie permet de garder une liste homogène. Quand on a trouvé un bloc tros gros, c'est le morceau comprenant la fin du bloc qui est transmis à l'utilisateur ; ainsi l'«en-tête» du bloc original n'a besoin que d'un réajustement de sa taille. Dans tous les cas, le pointeur qui est transmis à l'utilisateur indique la surface libre réelle qui se trouve une unité plus loin que l'«en-tête». Remarquez la conversion de `p` en un pointeur de caractères avant de le transmettre à `alloc`.

La fonction `morecore` se procure de la mémoire auprès du système d'exploitation. Les détails du procédé employé varient d'un système à l'autre. Dans le cas de l'UNIX, `sbrk(n)` transmet une variable pointant sur plus de `n` bits de mémoire. (Le pointeur satisfait à toutes les restrictions de cadrage). Puisque le fait de demander de la mémoire au système coûte assez cher, nous refusons qu'à chaque appel à la fonction `alloc`, `morecore` arrondisse le nombre d'unités demandées à une valeur supérieure ; ce bloc trop grand sera coupé en morceaux selon le besoin. La dimension du cadrage est un paramètre sur lequel on peut jouer judicieusement.

```
#define    NALLOC    128  /* #units to allocate at once */

static HEADER *morecore(nu)    /* ask system for memory */
unsigned nu;
{
    char *sbrk();
    register char *cp;
    register HEADER *up;
    register int rnu;

    rnu = NALLOC * ((nu+NALLOC-1) / NALLOC);
    cp = sbrk(rnu * sizeof(HEADER));
    if ((int)cp == -1)   /* no space at all */
        return(NULL);
    up = (HEADER *)cp;
    up->s.size = rnu;
    free((char *)(up+1));
    return(allocp);
}
```

sbrk renvoie un − 1 s'il n'y a pas d'espace, même si NULL aurait mieux convenu dans ce cas. En effet, le − 1 doit être converti en un entier positif de façon à ce qu'on puisse le comparer sans risque. De même, nous avons utilisé souvent des «casts», aussi la fonction n'a pas besoin de s'embarrasser des détails concernant la représentation des pointeurs selon le type de machine.

La fonction `free` intervient en dernier. Elle explore simplement la liste des espaces libres, en commençant à partir de `allocp`, pour trouver un endroit

propre à recevoir le bloc libre, soit entre deux blocs existant déjà, soit à la fin
de la liste. Dans tous les cas, si le bloc ajouté est adjacent à d'autres blocs, on les
rassemble tous en un seul. Cependant, il faut vérifier que les pointeurs indiquent
bien les bonnes choses et que les tailles soient correctes.

```
free(ap)  /* put block ap in free list */
char *ap;
{
     register HEADER *p, *q;

     p = (HEADER *)ap - 1;      /* point to header */
     for (q=allocp; !(p > q && p < q->s.ptr); q=q->s.ptr)
          if (q >= q->s.ptr && (p > q || p < q->s.ptr))
               break;    /* at one end or other */

     if (p+p->s.size == q->s.ptr) { /* join to upper nbr */
          p->s.size += q->s.ptr->s.size;
          p->s.ptr = q->s.ptr->s.ptr;
     } else
          p->s.ptr = q->s.ptr;
     if (q+q->s.size == p) {  /* join to lower nbr */
          q->s.size += p->s.size;
          q->s.ptr = p->s.ptr;
     } else
          q->s.ptr = p;
     allocp = q;
}
```

Bien que l'allocation de la mémoire soit intrinsèquement dépendante de la
machine, le code ci-dessus montre comment on peut parvenir à contrôler tout ce
qui dépend de la machine et à le rassembler dans une toute petite partie du programme. L'utilisation de `typedef` et de `union` permet de traiter le cadrage (étant
donné que `sbrk` fournit un pointeur adéquat). Les «casts» rendent des conversions de pointeurs, explicites, et permettent même de surmonter le problème d'un
interface avec le système mal conçu. Bien qu'ici les détails se rapportent à l'allocation de mémoire, l'approche générale peut aussi bien s'appliquer à d'autres situations.

Exercice 8 - 6 La fonction de la bibliothèque standard `calloc(n, size)` transmet une variable pointant sur n objets de taille donnée par `size` , la mémoire
ayant été initialisée à zéro. Écrire la fonction `calloc` soit en prenant pour modèle `alloc` , soit en faisant appel à elle.☐

Exercice 8 - 7 La fonction `alloc` accepte toute demande de n'importe quelle
taille sans vérifier si celle-ci est plausible. Quant à `free` , elle croit que les blocs
qu'on lui demande de libérer contiennent tous un champ de taille correcte. Modifier ces fonctions de façon à ce qu'elles arrivent à déceler mieux les erreurs.
☐

Exercice 8 - 8 Écrire une fonction `bfree(p, n)` qui libèrera un bloc arbitraire p comprenant n caractères dans une liste gérée par `alloc` et `free`. En employant `bfree`, un utilisateur peut, à n'importe quel moment, ajouter un tableau soit de type statique, soit externe à la liste d'espaces libres.□

Appendice A :
Manuel de référence du langage C

1. INTRODUCTION.

Ce manuel décrit le langage C utilisé sur le DEC PDP11, le Honeywell 6000, le système IBM/370 et l'Interdata 8/32. Lorsque des différences existent selon les machines, nous insistons sur le PDP11 tout en indiquant les détails qui dépendent de la mise en œuvre. A quelques exceptions près, ces dépendances résultent directement des structures fondamentales de la structure matérielle ; les divers compilateurs sont, en général, assez compatibles.

2. CONVENTIONS.

On dénombres six sortes d'éléments : des identificateurs, des mots clés, des constantes, des chaînes, des opérateurs et d'autres caractères de séparation. Les blancs, les caractères de tabulation et d'interligne ainsi que les commentaires (qu'on regroupe sous le terme «espace blanc») dont on parlera ci-dessous sont ignorés sauf quand ils servent à séparer des éléments.

Si la chaîne de données a été décomposée en éléments jusqu'à un caractère donné, l'élément suivant est construit pour contenir la plus longue chaîne de caractères qui puisse constituer un élément.

2.1 Les commentaires.

Les caractères / * introduisent un commentaire, celui-ci se termine alors par */ . On ne peut pas imbriquer des commentaires, les uns dans les autres.

2.2 Les identificateurs (Noms).

Un identificateur est composé de lettres et de chiffres, le premier caractère devant être une lettre. On considère le symbole — (souligné) comme une lettre. Les lettres majuscules et les minuscules sont différentes. Seuls les huit premiers

caractères sont pris en compte bien qu'on puisse en utiliser davantage. Les identificateurs externes, utilisés par divers compilateurs et programmes de chargement,
sont moins nombreux :

sur le DEC PDP11	7 caractères,	2 types (majuscules et minuscules)
sur le Honeywell 6000	6 caractères,	1 type
sur le IBM 360/370	7 caractères,	1 type
sur le Interdata 8/32	8 caractères,	2 types.

2.3 Les mots clés.

Les identificateurs suivants ne peuvent être employés qu'en tant que mots
clés et pas autrement :

int	extern	else
char	register	for
float	typedef	do
double	static	while
struct	goto	switch
union	return	case
long	sizeof	default
short	break	entry
unsigned	continue	
auto	if	

Le mot clé `entry` n'est actuellement en circulation dans aucun compilateur, mais
on le garde pour un usage futur. Certaines mises en œuvre réservent également les
mots `fortran` et `asm`.

2.4 Les constantes

Il existe différentes sortes de constantes que nous présentons ci-dessous.
Les caractéristiques des structures matérielles qui affectent la taille de ces constantes sont résumées au paragraphe 2.6.

2.4.1 Les constantes entières.

Une constante entière qui est formée d'une suite de chiffres représente un
nombre en base huit si elle commence par 0 (le chiffre zéro), sinon en base dix.
En base huit, les chiffres 8 et 9 correspondent respectivement à 10 et 11. Une
suite de chiffres débutant par Ox ou OX (chiffre zéro) représente une valeur
en base seize. Les chiffres hexadécimaux comprennent les lettres allant de a ou
A , à f ou F dont les valeurs vont respectivement de 10 à 15. Une constante
décimale dont la valeur dépasse le plus grand nombre entier signé existant dans la
machine est considérée de type `long` ; une constante en base huit ou en base seize
qui dépasse le plus grand entier signé de la machine doit être prise également pour
un entier de type `long`.

2.4.2 Les constantes explicites de type long

Une constante entière en base dix, huit ou seize qui est immédiatement suivie d'un 1 (lettre l) ou d'un L représente une constante de type long . Comme nous l'avons indiqué, sur certaines machines, une valeur entière et une valeur de type long sont identiques.

2.4.3 Les constantes caractères.

Une constante caractère est constituée d'un caractère compris entre apostrophes comme 'x' . La valeur d'une constante caractère est égale à la valeur numérique du caractère dans le code des caractères de la machine.

Certains caractères non graphiques, l'apostrophe ' ainsi que le slash inverse\ peuvent être représentés par les symboles de la table suivante :

. caractère d'interligne	NL (LF)	\n
. caractère de tabulation horizontale	HT	\t
. caractère d'espacement arrière	BS	\b
. retour chariot	CR	\r
. caractère d'alimentation en papier	FF	\f
. slash inverse	\	\\
. apostrophe	'	\'
. configuration de bits	*ddd*	*ddd*

Le code *ddd* comprend un slash inverse suivi d'un, de deux ou de trois chiffres en base huit qui servent à préciser la valeur du caractère désiré. Un exemple particulier d'une telle structure est \0 (sans être suivi d'un chiffre), ce qui représente le caractère nul. Dans le cas où le caractère suivant le slash inverse ne fait pas partie de la liste ci-dessus, la machine ne tient pas compte de ce slash inverse.

2.4.4 Les constantes en virgule flottante.

Une constante en virgule flottante comprend une partie entière, un point décimal, une partie fractionnaire, un e ou E, ainsi qu'un exposant entier signé qui peut être facultatif. On peut omettre soit la partie entière, soit la partie fractionnaire (mais pas les deux) ; de même, on peut omettre soit le point décimal, soit le e et l'exposant (mais pas les deux). Toute constante en virgule flottante peut être considérée de type double précision.

2.5 Les chaînes

Une chaîne est une suite de caractères entre guillemets comme dans "..." . Une chaîne est du type «tableau de caractères» et se range en mémoire comme les variables static (voir le paragraphe 4). Elle est initialisée lorsqu'on donne les caractères. Toutes les chaînes, même écrites de manière identique, sont distinctes. Le compilateur place un caractère nul \0 à la fin de chaque chaîne afin que les programmes qui analysent des chaînes puissent reconnaître où chacune se termine. Dans une chaîne, le caractère guillemet " doit être précédé d'un \; de plus, on peut également utiliser les mêmes séquences que nous avons décrites pour les constantes caractères. Enfin, la machine ignore un \ qui est suivi immédiatement par un caractère d'interligne.

2.6 Caractéristiques des structures matérielles

La table suivante résume certaines propriétés des structures matérielles qui varient d'une machine à l'autre. Bien que celles-ci affectent la portabilité des programmes, en pratique, le problème a moins d'importance qu'on ne pourrait le penser à priori.

	DEC PDP11 ASCII	HONEYWELL 6000 ASCII	IBM 370 EBCDIC	INTERDATA 8/32 ASCII
char	8 bits	9 bits	8 bits	8 bits
int	16	36	32	32
short	16	36	16	16
long	32	36	32	32
float	32	36	32	32
double	64	72	64	64
capacité	$\pm10^{\pm38}$	$\pm10^{\pm38}$	$\pm10^{\pm76}$	$\pm10^{\pm76}$

Pour ces quatre machines, les nombres en virgule flottante ont tous des exposants comportant 8 bits.

3. LA SYNTAXE.

Dans la notation utilisée dans ce livre, les catégories syntaxiques sont indiquées en italique, les mots et les caractères littéraux, en caractères **gras** . D'autres catégories apparaissent sur des lignes séparées. Un symbole facultatif n'appartenant pas au terminal est indiqué par l'indice «opt» afin que

{ expression opt }

puisse indiquer une expression facultative entre accolades. La syntaxe est résumée au paragraphe 18.

4. QU'EST-CE-QU'UN NOM ?

Le langage C base son interprétation d'un identificateur sur deux caractéristiques de cet identificateur : sa «classe de mémorisation» et son «type». La classe de mémorisation détermine l'endroit et la vie de la mémoire associée à un identificateur ; le type permet d'identifier les valeurs qu'on trouve dans la mémoire correspondant à l'identificateur.

Il existe quatre déclarations qui définissent la manière selon laquelle on va ranger des éléments en mémoire : automatic, static, external et register . Les variables automatiques sont des variables internes à un bloc (voir paragraphe 9.2), elles sont détruites lorsque l'on quitte ce bloc ; les variables statiques sont aussi internes à un bloc, mais elles conservent leurs valeurs jusqu'au moment où l'on est de retour dans le bloc ; les variables externes existent et conservent leurs valeurs pendant l'exécution du programme complet, elles peuvent être utilisées pour communiquer entre deux fonctions, même dans le cas de fonctions compilées séparément. Les variables de type register sont mémorisées (si possible) dans les registres rapides de la machine ; comme les variables automatiques, elles sont internes à un bloc et disparaissent lorsque l'on quitte ce bloc.

Le langage C prend en charge plusieurs types fondamentaux d'objets :

Les objets déclarés en tant que caractères (char) sont assez grands pour mémoriser n'importe quel élément du jeu de caractères mis en œuvre et si un authentique caractère provenant du code est mémorisé dans une variable de type caractère, la valeur de cette variable est égale à la valeur entière de ce caractère. On peut ranger dans des variables de ce type d'autres quantités, mais la mise en œuvre dépend de la machine.

On peut utiliser jusqu'à trois tailles différentes d'entiers, on les déclare ainsi : short int, int, et long int. Les entiers les plus grands n'exigent pas moins de mémoire que les plus petites, mais la mise en œuvre peut permettre de faire correspondre soit des entiers de type long , soit de type short ou soit les deux à la fois avec les entiers simples de type int . Ces entiers simples ont la taille normale donnée par l'architecture de la machine ; les autres tailles ne servent que dans des cas particuliers.

Les entiers non signés et qui sont déclarés unsigned suivent les lois du calcul modulo 2^n où n est le nombre de bits sur lequel on travaille. (Sur le PDP11, on ne peut manipuler des quantités non signées de type long).

Les nombres en virgule flottante et en simple précision (float) ainsi que les nombres en virgule flottante et en double précision (double) peuvent être équivalents sur certaines machines.

Puisque les objets correspondant aux types précédents peuvent être interprétés comme des nombres, on parlera de types «arithmétiques». Les types char et int , sans tenir compte de leurs tailles, seront regroupés sous le terme type «entier». Les types float et double seront baptisés type «virgule flottante».

A côté de ces types fondamentaux arithmétiques, il existe une vaste gamme de types dérivés obtenus à partir des types fondamentaux, de la manière suivante :

— des tableaux d'éléments, de divers types ;
— des fonctions qui transmettent comme résultat, un objet de type donné ;
— des variables qui pointent sur des objets d'un certain type ;

— des structures contenant des séquences d'objets de différents types ;
— des unions capables de contenir plusieurs objets de types différents.
En général, on peut appliquer ces méthodes de constructions d'objets, de façon récursive.

5. LES «OBJETS» ET LES «LVALUES».

Un «objet» est une zone de mémoire qu'on peut manipuler ; une «lvalue» est une expression qui renvoie un objet. Un exemple évident de «lvalue» est un identificateur. Il existe des opérateurs qui donnent naissance à des «lvalues» : par exemple, si E est une expression de type pointeur, *E est une «lvalue» qui fait allusion à l'objet sur lequel pointe E. Le nom «lvalue» provient de l'expression d'affectation E1 = E2 dans laquelle l'opérande de gauche E1, doit recevoir une valeur définie. Dans le paragraphe qui présentera chaque opérateur, nous verrons si, pour un opérateur donné, on peut attendre un opérande «lvalue» ou si cet opérateur peut donner naissance à une «lvalue».

6. LES CONVERSIONS.

Un certain nombre d'opérateurs peuvent, selon leurs opérandes, engendrer des conversions de la valeur d'un opérande d'un type ou un autre. Ce paragraphe explique les résultats qui découlent de telles conversions. Le paragraphe 6.6 résumera les conversions exigées par les opérateurs les plus courants. Il sera complété nécessairement par le paragraphe concernant la présentation de chaque opérateur.

6.1 Les caractères et les entiers.

Un caractère ou un entier de type short peut être utilisé partout où l'on peut trouver un entier. Dans tous les cas, sa valeur est convertie en un entier. La conversion d'un entier de type short en un entier de taille supérieure entraîne toujours une extension de signe ; les entiers sont des quantités signées. Le fait que l'extension de signe puisse apparaître dans le cas des caractères dépend ou non de la machine, mais cette extension garantit qu'un élément de l'ensemble des caractères standards ne sera pas négatif. Sur les différentes machines dont on parle dans ce livre, seul le PDP11 utilise l'extension de signe. Sur le PDP11, les variables de type caractère sont rangées par ordre de valeur de − 128 à 127 ; les caractères du code ASCII sont tous positifs. Une constante de type caractère dont la valeur est donnée par un nombre en base huit est sujette à l'extension de signe et peut même être négative : par exemple, '\377' a pour valeur : − 1.

Quand un entier de type long est converti en un entier de type short ou en un élément de type char, on effectue une troncature à gauche, les bits en surnombre sont tout simplement détruits.

6.2 Les types `Float` et `double`.

Tous les calculs effectués sur des nombres en virgule flottante sont menés en double précision, en langage C. Lorsque l'on rencontre un type `float` dans une expression, on le transforme en `double` en rajoutant des zéros à sa partie fractionnaire. Inversement, quand on convertit un élément de type `double` en `float`, par exemple dans une affectation, on arrondit sa valeur avant de la tronquer pour lui donner une longueur correspondant au type `float`

6.3 Le type «virgule flottante» et le type «entier».

Des conversions de valeurs «en virgule flottante» en valeurs «entières» dépendent assez de la machine ; en particulier, en ce qui concerne les nombres négatifs, le côté (droite ou gauche) sur lequel on effectue la troncature varie selon la machine. Le résultat n'est pas défini si la valeur ne correspond pas à une adresse réelle.

Les conversions de valeurs «entières» en valeurs «en virgule flottante» se réalisent très bien. On peut perdre de la précision si le nombre de bits à l'arrivée n'est pas suffisant.

6.4 Les pointeurs et les entiers

Un entier ou un entier de type `long` peut être additionné ou soustrait à un pointeur ; dans ce cas, le premier élément est converti d'une manière qui sera précisée dans le paragraphe traitant de l'opérateur d'addition.

Deux variables pointant sur des objets du même type peuvent être soustraites ; dans ce cas, le résultat est converti en un entier comme on le verra lors de l'étude de l'opérateur de soustraction.

6.5 Les objets non signés.

Quand on combine un entier non signé et un entier ordinaire, on transforme ce dernier en un entier non signé et le résultat obtenu est non signé. Ce résultat est le plus petit entier non signé modulo la valeur de l'entier signé (modulo $2^{\text{taille du mot}}$). Dans une représentation en complément à 2, la conversion reste théorique et il n'y a pas de changement réel dans la configuration des bits.

Quand un entier non signé est converti en `long`, la valeur numérique du résultat égale celle de l'entier non signé. Ainsi la conversion se résume à ajouter des zéros à gauche.

6.6 Les conversions de calcul.

Une grande partie des opérateurs nécessitent des conversions de leurs opérandes et donnent naissance à des types de résultats bien précis. C'est ce que l'on résume sous le nom de «conversions usuelles de calcul».

Tout d'abord, tous les opérandes de type `char` ou `short` sont convertis
en `int`, et ceux de type `float` en `double`.

Puis, si l'un des opérandes est de type `double`, les autres sont convertis
en `double` et le résultat sera de ce type.

Sinon, si l'un des opérandes est de type `long`, les autres sont convertis
en `long` et le résultat sera de ce type.

Sinon encore, si l'un des opérandes est de type `unsigned`, les autres
sont convertis en `unsigned` et le résultat sera de ce type.

Autrement les opérandes doivent être tous de type `int` et le résultat sera
de ce type.

7. LES EXPRESSIONS.

La priorité des opérateurs d'expressions est donnée par l'ordre des sous-
paragraphes suivants, on débute par les plus prioritaires. Par exemple, les expressions censées être les opérandes de + (& 7.4) sont définies dans les paragraphes
7.1, 7.3. A l'intérieur de chaque sous-paragraphe, les opérateurs ont même priorité et on précise pour chaque opérateur s'il y a associativité à gauche ou à droite.
La priorité et l'associativité de tous les opérateurs d'expression seront résumées
dans la grammaire du paragraphe 18.

Autrement, l'ordre d'évaluation des expressions n'est pas défini. En particulier, les compilateurs se réservent le droit de calculer des sous-expressions
suivant l'ordre qu'ils trouvent le plus efficace même si ces sous-expressions
influent sur d'autres expressions. L'ordre dans lequel les effets à rebond apparaissent n'est pas précisé. Les expressions où intervient un opérateur associatif
et commutatif (*, +, &, |, ^) peuvent être remaniées arbitrairement, même
à l'aide de parenthèses. On peut utiliser une formulation provisoire explicite
pour obtenir un ordre particulier d'évaluation.

Le comportement du programme face à un dépassement de capacité ou
à une division par zéro dans l'évaluation d'une expression dépend de la machine
sur laquelle on travaille. Toutes les mises en œuvre existantes du langage C ignorent les dépassements de capacité de nombres entiers ; par contre, le traitement
de la division par zéro et de toutes les exceptions concernant la virgule flottante
varie selon les machines et peut être ajusté par une fonction de la bibliothèque.

7.1 Les expressions primaires.

Les expressions primaires utilisant le ., le ->, les indices et les appels à des
fonctions regroupent le membre de gauche avec celui de droite.

expressions - primaires :
  identificateur
  constante
  chaîne
  (expression)
  expression - primaire [expression]

expression - primaire (liste - expressions opt)
«lvalue» - primaire . identificateur
expression - primaire–>identificateur

liste - expressions :
    expression
    liste - expressions , expression

Un identificateur est une expression primaire qui a été convenablement déclarée. Son type est précisé lors de sa déclaration. Toutefois, si le type de l'identificateur est «tableau de ...», alors la valeur de l'expression qui sert d'identificateur indique le premier objet de ce tableau et, dans ce cas, le type de l'expression est «pointeur sur ...». De plus, un identificateur de tableau n'est pas une «lvalue». De même, un identificateur déclaré «fonction qui transmet comme résultat ...» est converti en «une variable pointant sur une fonction qui transmet comme résultat ...», sauf lorsqu'il intervient dans le nom de la fonction lors d'un appel.

Une constante est une expression primaire. Elle peut être de type `int` , `long` ou `double` selon sa forme. Les constantes de caractères sont toutes de type `int` et celles en virgule flottante sont du type `double`.

Une chaîne est également une expression primaire. A l'origine, elle est de type «tableau de type `char` », mais lorsqu'on suit la règle énoncée ci-dessus pour les identificateurs, elle devient «variable qui pointe sur un `char` » et le résultat donne une variable pointant sur le premier caractère de la chaîne. (Il existe une exception pour certaines initialisations, voir le paragraphe 8.6).

Une expression mise entre parenthèses est une expression primaire dont le type et la valeur sont identiques à ceux de l'expression sans parenthèses. La présence de parenthèses ne modifie rien si l'expression est une «lvalue».

Une expression primaire suivie d'une expression entre crochets est elle-même une expression primaire. Le sens intuitif d'une telle expression est celui d'un indice. En général, l'expression primaire est du type «pointeur sur ...», l'expression servant d'indice est du type `int` et le résultat, du type «....». L'expression `E1[E2]` est par définition équivalente à `*((E1)+(E2))` . Tous les éléments qui nous servent à comprendre cette notation sont rassemblés dans les paragraphes 7.1, 7.2 et 7.4, traitant respectivement des identificateurs, de `*` et de `+`.

Le paragraphe 14.3 résume les implications.

Un appel à une fonction est constitué d'une expression primaire suivie de parenthèses contenant une liste d'expressions séparées par des virgules et présentant les arguments réels de la fonction ; cette liste peut être vide. L'expression primaire est du type «fonction qui transmet comme résultat ...», et le résultat obtenu en faisant appel à cette fonction est du type «...». Comme nous l'indiquons ci-dessous, un identificateur jusqu'ici inconnu suivi immédiatement d'une parenthèse gauche sera censé représenter une fonction qui transmet un résultat de type entier ; ainsi dans la plupart des cas, on n'a pas besoin de déclarer des fonctions dont le résultat est un entier .

Tout argument de type `float` est converti en `double` avant de faire appel à la fonction, de même les arguments de type `char` ou `short` sont transformés en `int` ; comme d'habitude les noms des tableaux sont transformés en pointeurs. Il n'existe aucune autre conversion s'effectuant automatiquement ; en particulier, le compilateur ne compare pas les types des arguments réels avec ceux des arguments formels. Si une conversion s'avère nécessaire, il faut utiliser un «cast». (Voir les paragraphes 7.2 et 8.7).

En préparant un appel à une fonction, on réalise une copie de chaque argument réel, ainsi la transmission d'un argument, en langage C, ne peut se faire que par sa valeur. Une fonction peut modifier la valeur de ses paramètres formels, mais ces modifications ne peuvent affecter la valeur des paramètres réels. Par contre, il est possible de transmettre un pointeur à condition que la fonction puisse changer la valeur de l'objet sur lequel pointe le pointeur. Un nom de tableau est, en fait, une expression de type pointeur. L'ordre d'évaluation des arguments n'est pas défini par le langage ; remarquons qu'il varie selon les compilateurs.

Il est permis de faire des appels récursifs à une fonction.

Une expression primaire suivie par un point, lui-même suivi par un identificateur est une expression. La première expression doit être une «lvalue» qui sert à nommer cette structure ou cette union. L'identificateur doit désigner un membre de la structure ou de l'union. Le résultat est une «lvalue» qui fait référence au membre désigné de la structure ou de l'union.

Une expression primaire suivie par une flèche (formée d'un — et d'un >) elle-même suivie d'un identificateur constitue une expression. La première expression doit être une variable qui pointe sur une structure ou une union et l'identificateur désigne un membre de cette structure ou de cette union. Le résultat est une «lvalue» qui renvoie au membre désigné de la structure ou de l'union sur laquelle pointe le pointeur.

Ainsi l'expression `E1->MOS` équivaut à `(*E1).MOS`. On parlera des structures et des unions au paragraphe 8.5. Les lois énoncées ici pour utiliser des structures et des unions ne sont pas appliquées à la lettre dans le but d'échapper aux règles de la dactylographie.

7.2 Les opérateurs unaires.

Les expressions contenant des opérateurs unaires affectent ce qui est à droite, à gauche.

expressions unaires :

`*`	expression
`&`	«lvalue»
`-`	expression
`!`	expression
`~`	expression
`++`	«lvalue»
`--`	«lvalue»
«lvalue»	`++`

«lvalue»   --
(nom − type)   expression
sizeof expression
sizeof (nom − type)

L'opérateur unaire * indique l'adressage indirect : l'expression doit être un pointeur et le résultat une «lvalue» correspondant à l'objet sur lequel pointe l'expression. Si le type de l'expression est «pointeur sur ...», le type du résultat est «...».

L'opérateur unaire & fournit une variable pointant sur l'objet auquel fait référence la «lvalue». Si le type de cette «lvalue» est «...», le résultat sera du type «pointeur sur ...».

L'opérateur unaire − fournit l'opposé de son opérande. On réalise les conversions arithmétiques courantes. L'opposé d'une quantité non signée est calculé en soustrayant sa valeur à 2^n où n est le nombre de bits dans un int. Il n'y a pas d'opérateur unaire +.

L'opérateur logique de négation ! donne la valeur 1 lorsque la valeur de son opérande est nulle, 0 si celle-ci n'est pas nulle. Le type de résultat est int. On peut l'utiliser avec n'importe quel type arithmétique ou avec des pointeurs.

L'opérateur - fournit le complément à un de son opérande. Les conversions arithmétiques usuelles sont effectuées. Le type de l'opérande doit être «entier».

L'opérateur ++ utilisé devant l'opérande incrémente l'objet auquel se rapporte la «lvalue» servant d'opérande. La valeur représente alors la nouvelle valeur de l'opérande, mais ce n'est pas une «lvalue». L'expression ++x équivaut à x+=1. Voici les remarques concernant l'addition (§ 7.4) et les opérateurs d'affectation (§ 7.14) pour obtenir des informations sur les conversions.

L'opérateur -- placé devant son opérande décrémente de la même manière la «lvalue».

Quand on utilise ++ placé derrière une «lvalue», on obtient la valeur de l'objet auquel se rapporte cette «lvalue». Lorsque le résultat est noté, on incrémente l'objet comme le faisait ++ lorsqu'il était devant son opérande. Le type du résultat est identique à celui de la «lvalue».

Le raisonnement est exactement le même lorsque l'opérateur -- se situe derrière son opérande. La seule différence est qu'il décrémente.

Une expression précédée d'un nom de type de données entre parenthèses effectue la conversion de la valeur de l'expression pour que celle-ci devienne du type désigné. Cette construction est appelée «cast». On décrira les noms des types au paragraphe 8.7.

L'opérateur sizeof calcule la taille, en bytes, de son opérande. (Un «byte» n'est pas défini par le langage sauf à l'aide de la valeur de sizeof. Toutefois, dans toutes les implantations existantes, on définit un byte comme l'espace nécessaire pour contenir un char). Quand on applique cet opérateur à un tableau, on obtient le nombre total de bytes du tableau. La taille est déterminée à partir des déclarations des objets de l'expression. En fait, cette expression est une constante entière sur le plan sémantique et peut être utilisée comme n'importe quelle constante. Elle sert principalement dans les communications avec des programmes comme les allocateurs de mémoire et les systèmes entrées-sorties.

L'opérateur `sizeof` peut aussi s'appliquer à un nom de type entre parenthèses. Dans ce cas, il calcule la taille, en bytes, d'un objet d'un type indiqué.

La construction `sizeof(type)` forme un ensemble qu'on ne peut dissocier, aussi l'expression `sizeof(type)-2` équivaut à `(sizeof(type))-2`.

7.3 Les opérateurs de multiplication.

Les opérateurs de multiplication `*`, `/` et `%` prennent l'opérande de gauche et le mettent en relation avec celui de droite. On réalise les conversions arithmétiques usuelles.

expressions-de-multiplication
    expression `*` expression
    expression `/` expression
    expression `%` expression

L'opérateur binaire `*` sert à multiplier. Il est associatif, le compilateur peut donc réorganiser des expressions comportant plusieurs multiplications de même niveau.

L'opérateur binaire `/` sert à diviser. Quand des entiers positifs sont divisés, la troncature est proche de 0, mais la manière d'effectuer cette troncature dépend de la machine dans le cas où l'un des opérandes est négatif. Sur toutes les machines présentées par ce manuel, le reste a le même signe que le dividende. Il est toujours vrai que `(a/b)*b + a%b` est égal à `a` (si `b` n'est pas nul).

L'opérateur binaire `%` calcule le reste de la division de la première expression par la seconde. On effectue les conversions arithmétiques usuelles. Les opérandes ne doivent pas être du type `float`.

7.4 Les opérateurs d'addition.

Les opérateurs d'addition `+` et `−` considèrent l'opérande de gauche et le mettent en relation avec celui de droite. On effectue les conversions arithmétiques usuelles. Il existe plusieurs possibilités de types supplémentaires pour chaque opérateur.

expressions-d'addition :
    expression `+` expression
    expression `−` expression

L'opérateur `+` calcule la somme des opérandes. On peut additionner une variable qui pointe sur un élément d'un tableau et une valeur de type «entier». Cette dernière valeur correspond en fait à une différence d'adresses qui sera obtenue en multipliant la valeur par la longueur de l'objet sur lequel pointe le pointeur. Le résultat est un pointeur du même type que le pointeur initial mais qui pointe sur un autre objet du même tableau, cet objet sera séparé de l'objet initial par la différence d'adresses données. Ainsi, si `p` est une variable pointant sur un objet d'un tableau, l'expression P+1 pointe sur l'objet suivant de ce tableau.

Aucune autre combinaison n'est tolérée avec les pointeurs.

L'opérateur + est associatif et le compilateur peut réorganiser des expressions comprenant plusieurs additions de même niveau.

L'opérateur − calcule la différence entre ses opérandes. Les conversions arithmétiques usuelles sont effectuées. De plus, on peut soustraire d'un pointeur, une valeur de type entier, on réalise alors les mêmes conversions que pour l'addition.

Si on soustrait deux variables pointant sur des objets de même type, le résultat est converti (en divisant par la longueur d'un objet) en un int représentant le nombre d'objets séparant les deux objets sur lesquels on pointait. Cette conversion donnera en général des résultats inattendus à moins que les pointeurs ne pointent sur le même tableau, puisque des pointeurs, même pointant sur des objets de même type, ne diffèrent pas nécessairement d'un multiple de la longueur des objets.

7.5 Les opérateurs de décalage.

Les opérateurs de décalage << et >> associent l'opérande de gauche à celui de droite. Ils réalisent les conversions arithmétiques usuelles sur leurs opérandes qui doivent tous être de type «entier». Puis l'opérande de droite est converti en int , le type du résultat est donné par le type de l'opérande de gauche. Le résultat n'est pas défini si l'opérande de droite est négatif, ou s'il est supérieur à la longueur de l'objet en bits.

expressions-de-décalage :

    expression << expression

    expression >> expression

La valeur de E1<<E2 égale E1 (interprétée comme une configuration de bits) qui est décalée vers la gauche de E2 bits, les bits laissés vacants sont remplis par des zéros. La valeur de E1>>E2 égalerait E1 qui serait décalée de E2 bits vers la droite. Le décalage vers la droite peut toujours être logique (on remplit par des zéros) si E1 est unsigned ; autrement il peut être (et il est, sur le PDP11) arithmétique (on remplit par une copie du bit de signe).

7.6 Les opérateurs de relation.

Les opérateurs de relation mettent en liaison l'opérande de gauche avec celui de droite, mais cela n'est pas très utile ; a<b<c ne signifie pas ce qu'on pourrait croire.

expressions-de-relation :

    expression < expression

    expression > expression

    expression <= expression

    expression >= expression

Les opérateurs < (inférieur à), > (supérieur à), <= (inférieur ou égal à) et >= (supérieur ou égal à) donnent tous la valeur 0 si la relation indiquée est fausse, et 1 si elle est vraie. Le type du résultat est `int` . On réalise aussi les conversions arithmétiques usuelles. On peut comparer deux pointeurs, le résultat dépend de l'emplacement relatif dans l'espace adresse des objets pointés. La comparaison n'est portable que lorsque les pointeurs pointent sur des éléments du même tableau.

7.7 Les opérateurs d'égalité.

expressions-d'égalité :
      expression `==` expression
      expression `!=` expression

Les opérateurs `==` (égal à) et `!=` (différent de) sont absolument analogues aux opérateurs de relation, seule leur priorité est inférieure à celle des opérateurs de relation. (Ainsi `a<b == c<d` égale 1 lorsque `a<b` et `c<d` sont tous les deux vrais ou tous les deux faux).

      On peut comparer un pointeur avec un entier, mais le résultat dépend de la machine, à moins que l'entier soit la constante 0. Un pointeur auquel on a affecté la valeur 0 est sûr de ne pointer sur aucun objet, il apparaîtra égal à zéro ; en théorie un tel pointeur sera considéré comme nul.

7.8 L'opérateur ET qui travaille sur les bits.

expression-ET :
      expression `&` expression

L'opérateur `&` est associatif et on peut réorganiser des expressions comprenant `&` . Les conversions arithmétiques usuelles sont effectuées ; l'opérateur réalise la fonction ET sur les bits des opérandes. Il ne peut s'appliquer qu'à des opérandes de type «entier».

7.9 L'opérateur OU exclusif qui travaille sur les bits.

expression-OU-exclusif :
      expression `^` expression

L'opérateur `^` est associatif et les expressions comprenant `^` peuvent être réorganisées. Les conversions arithmétiques usuelles sont effectuées ; l'opérateur réalise la fonction OU exclusif sur les bits des opérandes. Il ne peut s'appliquer qu'à des opérandes de type «entier».

7.10 L'opérateur OU inclusif qui travaille sur les bits.

expression-OU-inclusif :
      expression `|` expression

L'opérateur ⏐ est associatif et les expressions comprenant ⏐ peuvant être réorganisées. Les conversions arithmétiques usuelles sont effectuées ; l'opérateur réalise la fonction OU inclusif sur les bits des opérandes. Il ne peut s'appliquer qu'à des opérandes de type «entier».

7.11 L'opérateur ET logique.

expression-logique-ET :
> expression && expression

L'opérateur && prend l'opérande de gauche, puis évalue celui de droite. Le résultat égale 1 si les deux opérandes sont non nuls, 0 sinon. A la différence de &, l'opérateur && assure une évaluation de gauche à droite, de plus, le second opérande n'est pas évalué si le premier est nul.

Les opérandes n'ont pas besoin d'être du même type, mais chacun doit soit appartenir à un type fondamental, soit être un pointeur. Le résultat est toujours un int.

7.12 L'opérateur OU logique.

expression-logique-OU :
> expression ⏐⏐ expression

L'opérateur ⏐⏐ prend l'opérande de gauche, puis évalue celui de droite. Le résultat égale à 1 si l'un des opérandes est non nul, 0 sinon. A la différence de ⏐ l'opérateur ⏐⏐ assure une évaluation de gauche à droite ; de plus, le second opérande n'est pas évalué si le premier est non nul.

Les opérandes n'ont pas besoin d'être de même type, mais chacun doit appartenir à un type fondamental ou être un pointeur. Le résultat est toujours un int.

7.13 L'opérateur conditionnel.

expression-conditionnelle :
> expression ? expression : expression

Les expressions conditionnelles sont groupées de droite à gauche. On évalue la première expression, si elle est non nulle, le résultat est la valeur de la seconde expression, sinon c'est celle de la troisième expression. Dans la mesure du possible, les conversions arithmétiques usuelles sont réalisées pour que la seconde et la troisième expression soient du même type ; autrement si les deux pointent sur un même type, le résultat sera de ce type-là ; dans le cas où l'une est un pointeur et l'autre la constante nulle, le résultat sera du type du pointeur. En fait, on évalue soit la deuxième expression, soit la troisième, mais jamais les deux.

7.14 Les opérateurs d'affectation.

Il existe plusieurs opérateurs d'affectation qui tous associent l'opérande de droite à celui de gauche. Tous exigent une «lvalue» comme opérande de gauche et le type de l'expression d'affectation sera celui de l'opérande de gauche. La valeur de cette expression sera la valeur mémorisée dans l'opérande de gauche après avoir effectué l'affectation. Les deux parties d'un opérateur d'affectation composé sont des éléments distincts.

expressions-d'affectation :

«lvalue» = expression
«lvalue» += expression
«lvalue» -= expression
«lvalue» *= expression
«lvalue» /= expression
«lvalue» %= expression
«lvalue» >>= expression
«lvalue» <<= expression
«lvalue» &= expression
«lvalue» ^= expression
«lvalue» |= expression

Dans le cas de la simple affectation avec = , la valeur de l'expression remplace celle de l'objet auquel se rapporte la «lvalue». Si les deux opérandes sont de type arithmétique, l'opérande de droite est converti dans le type de celui de gauche, préalablement à l'affectation.

Le comportement d'une expression de la forme E1 *op=* E2 peut se déduire de l'expression équivalente E1 = E1 *op* (E2) ; toutefois E1 n'est évaluée qu'une fois. Dans += et -= , l'opérande de gauche peut être un pointeur, auquel cas l'opérande de droite (de type entier) est converti comme on l'a expliqué au paragraphe 7.4 ; tous les opérandes de gauche qui ne sont pas des pointeurs et tous les opérandes de droite doivent être de type arithmétique.

Les compilateurs permettent fréquemment d'affecter un entier à un pointeur, un pointeur à un entier et un pointeur à un pointeur d'un autre type. L'affectation est une simple opération de recopie sans conversion. Cette utilisation n'est pas portable et peut produire des pointeurs qui provoquent des anomalies d'adressage quand on les emploie. Toutefois, on est sûr que l'affectation de la constante 0 à un pointeur fournira un pointeur nul qui sera reconnaissable d'un pointeur pointant sur un objet quelconque.

7.15 L'opérateur virgule.

expression-virgule :

expression , expression

Une paire d'expressions séparées par une virgule est évaluée de gauche à droite et la valeur de l'expression de gauche est détruite. Le type et la valeur du résultat correspondent au type et à la valeur de l'opérande de droite. Cet opérateur combine la gauche avec la droite. Dans les cas où l'on donne à la virgule un rôle spécial, par exemple dans une liste d'arguments réels de fonctions (§ 7.1) et dans une liste servant à initialiser (§ 8.6), l'opérateur virgule tel qu'il est décrit ici, ne peut apparaître que dans des parenthèses ; par exemple :

`f(a, (t=3, t+2), c)` a trois arguments, le second a pour valeur 5.

8. LES DÉCLARATIONS.

Les déclarations sont utilisées pour préciser comment le langage C interprète chaque identificateur ; elles ne réservent pas nécessairement de la place en mémoire associée à l'identificateur. Les déclarations ont la forme :
déclaration :
     indicateur-de-déclaration   liste-d'elt-déclarable opt ;
Les indicateurs de déclaration se composent des indicateurs de types et des indicateurs de classes de mémorisation.
indicateur-de-déclaration :
     indicateur-de-type   indicateur-de-déclaration opt
     indicateur-de-classe   indicateur-de-déclaration opt
     -de-mémorisation
La liste doit être cohérente en elle-même comme nous l'indiquerons ci-dessous.

8.1 Les indicateurs de classe de mémorisation.

Voici la liste :

```
auto
static
extern
register
typedef
```

L'indicateur `typedef` ne réserve pas de place en mémoire, mais il est baptisé «indicateur de classe de mémorisation» pour plus de commodité syntaxique ; on en parlera au paragraphe 8.8. Les significations des différentes classes de mémorisation sont expliquées au paragraphe 8.4.

Les déclarations `auto`, `static` et `register` servent également de définition puisqu'elles provoquent la réservation d'une place appropriée en mémoire. En ce qui concerne `extern`, il doit y avoir une définition externe (voir § 8.10) des identificateurs donnés, quelque part à l'extérieur de la fonction dans laquelle ceux-ci sont déclarés.

Une déclaration `register` est plus intéressante qu'une déclaration `auto`, on sous-entend au compilateur que les variables déclarées de cette manière seront très largement utilisées. Seules les toutes premières déclarations seront prises en compte. De plus seules certaines variables de certains types pourront être mémorisées dans des registres ; sur le PDP11, ce sont les `int`, les `char` et les pointeurs.

Une autre restriction concerne les variables de type `register` : on ne peut utiliser avec elles l'opérateur `&` . Les programmes peuvent être raccourcis, tout en augmentant leur rapidité, si l'on emploie de façon appropriée des déclarations `register` , mais des améliorations futures dans la génération de code pourraient bien les rendre inutiles.

Dans une déclaration, on doit trouver au moins un indicateur de classe de mémorisation. Si celui-ci manque, il sera considéré comme `auto` à l'intérieur d'une fonction et `extern` à l'extérieur. Une exception : des fonctions ne sont jamais automatiques.

8.2 Les indicateurs de types.

Voici la liste :
indicateur-de-type :

```
char
short
int
long
unsigned
float
double
```

indicateur-de-structure-ou-d'union
nom-typedef

Les mots `long` , `short` et `unsigned` peuvent être considérés comme des adjectifs ; les combinaisons suivantes sont acceptées :

```
short int
long int
unsigned int
long float
```

La dernière équivaut à `double` . Dans chaque déclaration, on doit trouver au moins un indicateur de types. Si celui-ci manque, l'identificateur sera considéré comme étant `int`.

On parlera au paragraphe 8.5, des indicateurs de structures et d'unions, et au paragraphe 8.8, des déclarations utilisant des noms `typedef.`

8.3 Les éléments déclarables.

La liste des éléments déclarables qui apparaît dans une déclaration est constituée d'une suite d'éléments déclarables séparés par des virgules et devant avoir chacun une valeur correspondante qui les initialise.

liste-elt-déclarable :
    elt-déclarable-init
    elt-déclarable-init , liste-elt-déclarable
elt-déclarable-init :
    elt-déclarable   initialisateur opt

On parlera de l'initialisation au paragraphe 8.6. Les indicateurs contenus dans la déclaration précisent le type et la classe de mémorisation des objets auxquels se réfèrent les éléments déclarables. Ceux-ci ont la syntaxe suivante :

elt-déclarable :
    identificateur
    (elt-déclarable)
    ∗ elt-déclarable
    elt-déclarable ( )
    elt-déclarable   [expression-constante opt]

Le groupage est le même que pour les expressions.

8.4 Signification des éléments déclarables.

Chaque élément déclarable est considéré comme une assertion donnant naissance à un objet du type et de la classe de mémorisation indiqués lorsqu'une construction du même genre qu'un élément déclarable apparaît dans une expression. Chaque élément déclarable contient exactement un identificateur et c'est celui-ci qui est déclaré.

Si un identificateur naturel apparaît en tant qu'élément déclarable, alors il a le type donné par l'indicateur se trouvant en tête de la déclaration.

Un élément déclarable entre parenthèses est identique à celui qui n'est pas entre parenthèses, mais les parenthèses peuvent modifier les liens qui existent dans des éléments déclarables plus complexes. Voir les exemples ci-dessous :
Imaginons la déclaration

    T D1

où T est un indicateur de type (comme int , etc ...) et D1 un élément déclarable. Supposons que cette déclaration impose à l'identificateur d'être du type «.... T» où «....» est vide si D1 est juste un simple identificateur. (Pour que le type de x dans «int x» soit simplement int). Alors si D1 est de la forme :

    ∗D

le type de l'identificateur contenu est «..... variable qui pointe sur un élément de type T». Si D1 est de la forme D( ) , alors l'identificateur est du type «.... fonction qui transmet un résultat de type T».
Si D1 est de la forme D[expression constante] ou de la forme D[] , alors l'identificateur contenu est du type «..... tableau dont les éléments sont de type T». Dans le premier cas, l'expression constante est une expression dont la valeur est déterminée à la compilation et dont le type est int . (Les expressions constantes sont définies précisément au paragraphe 15). Quand plusieurs spécifications du genre «tableau de» sont mises côte à côte, on crée un tableau multidimensionnel ; les expressions constantes qui précisent les bornes des tableaux ne peuvent être omises que pour le premier membre de la suite. Cette élision est utile quand le tableau est externe et la définition réelle qui réserve la mémoire sera donnée à un autre endroit. La première expression constante peut également être omise quand l'élément déclarable est suivi par l'initialisation. Dans ce cas, la taille

du tableau est calculée à partir du nombre d'éléments servant à initialiser.

Un tableau peut être construit à partir d'un type fondamental, d'un pointeur, d'une structure ou d'une union, ou même d'un autre tableau (pour engendrer un tableau à plusieurs dimensions).

Les possibilités offertes par la syntaxe ne sont pas encore toutes permises ; il existe les restrictions suivantes : les fonctions ne peuvent transmettre comme résultats, ni tableaux, ni structures, ni unions, ni fonctions, bien qu'elles puissent renvoyer des variables qui pointent sur de tels objets ; il n'existe pas de tableaux dont les éléments sont des fonctions, bien qu'il puisse y avoir des tableaux dont les éléments sont des variables qui pointent sur des fonctions. De même, une structure ou une union ne peut pas contenir de fonctions, mais peut comprendre une variable qui pointe sur une fonction.

Comme exemple, voici la déclaration :

```
int i, *ip, f(), *fip(), (*pfi)();
```

Elle déclare i entier, ip variable qui pointe sur un entier, f fonction qui transmet comme résultat un entier, fip fonction qui transmet comme résultat une variable pointant sur un entier et pfi une variable pointant sur une fonction qui renvoie un entier comme résultat. Il est intéressant de comparer les deux derniers éléments. On peut relier *fip() avec *(fip()), et ainsi la déclaration suggère, comme l'exige la même construction dans une expression, l'appel à la fonction   fip
puis l'utilisation de l'adressage indirect par l'intermédiaire du résultat obtenu (un pointeur) pour finalement donner un entier. Dans (*pfi)() les parenthèses supplémentaires sont nécessaires, comme elles le sont dans une expression, afin d'indiquer que l'adressage par l'intermédiaire d'une variable qui pointe sur une fonction aboutit à une fonction, qui est ensuite appelée ; celle-ci calcule un entier.

Voici un autre exemple :

```
float fa[17], *afp[17];
```

Cette déclaration indique un tableau de nombres de type float et un tableau de variables pointant sur des nombres de type float . Enfin,

```
static int x3d[3][5][7];
```

déclare un tableau d'entiers statique à trois dimensions, la taille de ce tableau est donnée par $3 \times 5 \times 7$. Si l'on détaille, x3d est un tableau comprenant trois éléments ; chaque élément est lui-même un tableau comprenant cinq éléments qui représentent chacun un tableau contenant sept entiers. Toutes les expressions suivantes   x3d, x3d[i]   , x3d[i][j] et x3d[i][j][k] peuvent elles-mêmes apparaître à l'intérieur d'une expression. Les trois premières sont des tableaux, la dernière est un entier.

8.5 Les déclarations des structures et des unions.

Une structure est un objet comprenant une liste de membres nommés. Chaque membre peut être de n'importe quel type. Une union est un objet pouvant contenir, à des instants donnés, n'importe quel élément parmi plusieurs membres. Les indicateurs de structures et d'unions ont la même forme.

indicateurs-de-structure-ou-d'union :
    struct-ou-union (liste-decl-struct)
    struct-ou-union identificateur (liste-decl-struct)
    struct-ou-union identificateur
struct-ou-union :
    struct
    union

La notation «liste-decl-struct» représente une suite de déclarations des membres de la structure ou de l'union.

    liste-decl-struct :
        déclaration-struct
        déclaration-struct   liste-decl-struct
    avec déclaration-struct :
        indicateur de type   liste-mem-struct ;
    et liste-mem-struct :
        mem-struct
        mem-struct , liste-mem-struct

Dans le cas général, un «mem-struct» représente un élément déclarable qui est un membre d'une structure ou d'une union. Un membre d'une structure peut également comprendre un nombre de bits précis ; dans ce cas, ce membre est baptisé un «champ», sa longueur est séparée du nom du champ par un « : »

    On a mem-struct :
        elt-déclarable
        elt-déclarable : expression constante
        : expression constante

A l'intérieur d'une structure, les objets déclarés ont leurs adresses dont la valeur augmente selon l'ordre de leurs déclarations, puisque la lecture s'effectue de gauche à droite. Chaque membre d'une structure qui n'est pas un champ commence à une limite correspondant à une zone d'adresse appropriée à son type ; de plus, il peut y avoir des trous sans noms dans une structure. Les membres qui constituent des champs sont «tassés» dans les entiers de la machine ; ils ne peuvent pas chevaucher de mots. Un champ ne pouvant être contenu dans l'espace restant libre dans un mot est mis dans le mot suivant. Aucun champ ne peut être plus large qu'un mot. Les champs sont affectés dans un mot de droite à gauche sur le PDP11, de gauche à droite sur d'autres machines.

Un «mem-struct» ne contenant pas d'éléments déclarables, mais seulement un « : » et une largeur, indique un champ qui n'a pas de nom et qui est utilisé pour le remplissage de façon à se conformer à l'implantation imposée par l'environnement. Un champ sans nom et de largeur 0 signale que l'on cadrera le champ suivant avec un des bords du mot. On suppose que le «champ suivant» est un champ, et pas un membre ordinaire de structure, parce que, dans ce dernier cas, le cadrage aurait été automatique.

Le langage ne limite pas les types d'objets qui peuvent être déclarés comme des champs, mais les mises en œuvre ne permettent pas de traiter des champs autres qu'entiers. De plus, même les champs de type int peuvent être considérés comme n'étant pas signés. Sur le PDP11, les champs ne sont pas signés et n'ont que des valeurs entières. Dans toutes les réalisations, il n'existe jamais de tableaux dont les éléments sont des champs et on ne peut appliquer l'opérateur & à des champs, de ce fait, il n'y a pas de variables qui pointent sur des champs.

On peut considérer une union comme une structure dans laquelle il n'y a pas de décalage entre les différents membres et dont la taille est suffisante pour contenir n'importe quel de ses membres. A tout instant, un membre au moins peut être mémorisé dans une union.

Un indicateur de structure ou d'union de type
```
struct identificateur ( liste-decl-struct )
union  identificateur ( liste-decl-struct )
```
déclare que l'identificateur représente «l'étiquette» de la structure (ou de l'union) qui est précisée par la liste. Une déclaration postérieure peut également comprendre la troisième forme d'indicateur

```
struct identificateur
union  identificateur
```

Les étiquettes permettent de définir des structures qui se réfèrent à elles-mêmes ; elles permettent d'énoncer une seule fois la déclaration entière et de l'utiliser sans la répéter. Il est interdit de déclarer une structure ou une union contenant une référence à elle-même, mais une structure ou une union peut contenir une variable pointant sur une référence à elle-même.

Les noms des membres et des étiquettes sont semblables à ceux des variables normales. Toutefois, on doit pouvoir distinguer les étiquettes des membres.

Deux structures peuvent avoir en commun un certain nombre de membres ; ainsi un même membre peut apparaître dans deux structures différentes si ce membre est du même type dans les deux et si tous les membres précédents sont identiques dans les deux structures. (En réalité, le compilateur vérifie seulement qu'un nom intervenant dans deux structures différentes a même type et même décalage dans les deux ; mais si les membres précédents diffèrent, la construction n'est pas portable).

Un exemple simple de déclaration est :
```
struct tnode (
    char tword[20];
    int count;
    struct tnode *left;
    struct tnode *right;
);
```
Cette structure contient un tableau de 20 caractères, un entier et deux variables qui pointent sur des structures identiques. Cette déclaration étant faite,
```
struct tnode s, *sp;
```
indique que s est une structure du type déclaré plus haut et que sp est une variable pointant sur une structure du même type. A l'aide de ces déclarations, l'expression
```
sp->count
```

fait référence au champ `count` de la structure sur laquelle pointe `sp`

   `s.left`

se réfère au pointeur du sous-arbre de gauche de la structure s et

   `s.right->tword[0]`

représente le premier élément du membre `tword` du sous-arbre droit de `s`.

8.6 Initialisation.

  Un élément déclarable peut préciser une valeur initiale de l'identificateur qui vient d'être déclaré. L'initialisateur est précédé du signe = et peut être constitué d'une expression ou d'une liste de valeur entre accolades.

   initialisateur :
    = expression
    = ⟨ liste-initialisateur ⟩
    = ⟨ liste-initialisateur , ⟩
   avec liste-initialisateur :
     expression
     liste-initialisateur , liste-initialisateur
    ⟨ liste-initialisateur ⟩

  Toutes les expressions servant à initialiser une variable statique ou externe doivent être soit des expressions constantes qui seront décrites au paragraphe 15, soit des expressions qui peuvent exprimer l'adresse d'une variable déclarée auparavant, cette adresse pouvant être modifiée en lui ajoutant ou en lui retranchant une expression constante.
Les variables automatiques ou de type `register` peuvent être initialisées par des expressions arbitraires utilisant des constantes ainsi que des variables et des fonctions que l'on a déclarées auparavant.

  Les variables statiques ou externes qui ne sont pas initialisées sont mises à zéro, alors que les variables automatiques ou du type `register` qui ne sont pas initialisées peuvent avoir n'importe quelle valeur au départ.

  Quand on veut initialiser un «scalaire» (un pointeur ou un élément de type arithmétique), on emploie une seule expression qui peut être entre accolades. De cette expression, on tire alors la valeur initiale du scalaire ; on réalise les mêmes conversions que dans le cas d'une affectation.

  Pour initialiser un «ensemble» (une structure ou un tableau), on utilise, entre accolades, une liste dont chaque élément, séparé par une virgule, sert à initialiser les membres de l'ensemble ; ces éléments seront écrits soit par ordre d'indice croissant, soit selon l'ordre des membres. Si l'ensemble contient des sous-ensembles, ces règles s'appliquent alors de manière récursive aux membres de l'ensemble. Si le nombre d'initialisateurs de la liste est inférieur au nombre des membres de l'ensemble, alors on remplit l'ensemble avec des zéros. On ne peut pas initialiser des unions ou des ensembles automatiques.

  On peut omettre parfois les accolades. Si l'initialisateur commence par une accolade de gauche, alors la liste qui suit et dont les éléments sont séparés par des virgules initialise les membres de l'ensemble. Ce serait une erreur que d'avoir plus d'initialisateurs que de membres. Si toutefois, l'initialisateur ne commence pas par une accolade gauche, alors le compilateur ne prend en compte que le nombre d'éléments de la liste qui correspond au nombre de membres de l'ensemble ; les éléments restant servent à initialiser le membre suivant de l'ensemble dans lequel l'ensemble qui vient d'être initialisé ne représente qu'un simple membre.

Enfin, en abrégeant encore l'instruction, il est permis d'initialiser un tableau de type `char`, à l'aide d'une chaîne. Dans ce cas, les caractères successifs de la chaîne initialisent les membres du tableau.

Par exemple,

```
int x[] = { 1, 3, 5 };
```

déclare et initialise x comme un tableau à une dimension qui comprend trois membres puisque la taille n'est pas précisée et qu'il y a trois initialisateurs.

```
float y[4][3] = {
    { 1, 3, 5 },
    { 2, 4, 6 },
    { 3, 5, 7 },
};
```

est une initialisation entièrement délimitée : 1, 3 et 5 initialisent la première ligne du tableau `y[0]`, à savoir `y[0][0]`, `y[0][1]` et `y[0][2]`. De même les deux lignes suivantes initialisent `y[1]` et `y[2]`. Il n'y a plus d'autres valeurs et donc on initialise `y[3]` avec des zéros. On peut obtenir la même chose en écrivant.

```
float y[4][3] = {
    1, 3, 5, 2, 4, 6, 3, 5, 7
};
```

L'initialisation de `y` commence avec une accolade gauche mais pas celle de `y[0]`, on prend les trois premiers éléments de la liste. De même, les trois suivants successifs servent à initialiser `y[1]` puis `y[2]`.

```
float y[4][3] = {
    { 1 }, { 2 }, { 3 }, { 4 }
};
```

initialise la première colonne du tableau `y` (considéré comme un tableau à deux dimensions) et met le reste à zéro.

Enfin,

```
char msg[] = "Syntax error on line %s\n";
```

présente un tableau de caractères qui est initialisé par une chaîne.

8.7 Les noms des types.

Dans deux contextes (pour préciser explicitement les conversions de type à l'aide d'un «cast» et en tant qu'argument de `sizeof`), on désire fournir le nom d'un type de donnée. Cela se réalise en utilisant un «nom de type» qui est essentiellement une déclaration d'un objet de ce type qui omet le nom de l'objet.

nom-de-type :
> indicateur-de-type   declar-abstrait

où declar-abstrait :
> vide
> (declar-abstrait)
> * declar-abstrait
> declar-abstrait ()
> declar-abstrait [expression constante opt]

Pour lever l'ambiguïté, dans la construction (declar-abstrait), le declar-abstrait est censé n'être pas vide. Compte-tenu de cette restriction, il est possible d'identifier l'endroit unique dans le declar-abstrait où l'identificateur apparaitrait si la construction était un élément déclarable dans une déclaration. Le type nommé est alors identique à celui de l'identificateur hypothétique. Par exemple :

```
int
int *
int *[3]
int (*)[3]
int *()
int (*)()
```

représentent respectivement les types «entier», «variable pointant sur un entier», «tableau contenant trois variables pointant sur des entiers», «variable pointant sur un tableau de trois entiers», «fonction qui transmet comme résultat une variable pointant sur un entier» et «variable pointant sur une fonction dont le résultat est un entier».

8.8 Typedef.

Les déclarations dont la «classe de mémorisation» est donnée par typedef ne définissent pas d'espace mémoire mais définissent des identificateurs qui peuvent être utilisés plus tard comme des mots clés représentant des types fondamentaux ou dérivés.

nom-typedef :
> identificateur

A l'intérieur de l'espace de validité de la déclaration utilisant typedef , chaque identificateur, qui apparaît à cet égard comme une partie d'un élément déclarable, devient équivalent, sur le plan de la syntaxe, au mot clé représentant le type associé à l'identificateur de la manière décrite au paragraphe 8.4. Par exemple, après

```
typedef int MILES, *KLICKSP;
typedef struct ( double re, im;} complex;
```

les constructions

```
MILES distance;
extern KLICKSP metricp;
complex z, *zp;
```

sont toutes des déclarations correctes ; `distance` est de type `int`, `metricp` est
une «variable qui pointe sur un `int` » et `z` représente la structure indiquée plus
haut. `zp` est une variable pointant sur cette structure.

`typedef` n'introduit pas de nouveaux types, mais uniquement des synonymes de types qui peuvent être indiqués d'une autre façon. Ainsi dans l'exemple ci-dessus, on considère que `distance` a exactement le même type qu'un
autre objet `int`.

9. LES INSTRUCTIONS.

Les instructions sont exécutées à la suite l'une de l'autre, sauf dans certains
cas.

9.1 L'instruction expression.

La plupart des instructions sont des instructions expressions de la forme :
expression ;
Généralement les instructions expressions sont des affectations ou des appels
de fonctions.

9.2 L'instruction composée ou bloc.

Pour pouvoir utiliser plusieurs instructions là où on n'en voulait qu'une,
on a créé l'instruction composée (également baptisée «bloc»).
instruction-composée :
    (liste-de-déclarations opt   liste-d'-instructions opt)
liste-de-déclarations :
    déclaration
    déclaration   liste-de-déclarations
liste-d'-instructions :
    instruction
    instruction   liste-d'-instructions
Si l'on a déclaré auparavant certains des identificateurs de la liste-de-
déclarations, la déclaration externe est mise de côté pendant toute la durée du
bloc et on la retrouve à la fin.

Toutes les variables de type `auto` et `register` sont initialisées à chaque
fois que l'on pénètre dans le bloc par le début. Il est possible d'entrer à l'intérieur
d'un bloc à l'aide d'un branchement ; dans ce cas, on n'effectue pas les initialisations. Les variables du type `static` ne sont initialisées qu'une fois, lorsque le
programme commence l'exécution. A l'intérieur d'un bloc, les déclarations du type `extern` ne réservent pas de place en mémoire, aussi leur initialisation n'est
pas permise.

9.3 L'instruction conditionnelle.

L'instruction conditionnelle prend les deux formes suivantes :
`if` (expression)   instruction
`if` (expression)   instruction `else` instruction
Dans les deux cas, on évalue l'expression ; si elle est non nulle, on exécute la première sous-instruction. Dans le second cas, si l'expression est nulle, on exécute la deuxième sous-instruction. Comme d'habitude, l'ambiguïté du `else` est levée en associant le `else` avec la dernière instruction `if` qu'on a rencontrée et qui n'avait pas de `else`.

9.4 L'instruction While.

L'instruction `while` est de la forme :
`while` (expression) instruction
La sous-instruction est exécutée de manière répétée tant que la valeur de l'expression reste non nulle. On teste l'expression avant d'exécuter l'instruction.

9.5 L'instruction Do.

L'instruction `do` est de la forme
`do` instruction `while` (expression) ;
On exécute la sous-instruction jusqu'à ce que la valeur de l'expression devienne nulle. On teste l'expression après avoir exécuté l'instruction.

9.6 L'instruction For.

L'instruction `for` est de la forme
`for` (expression 1 opt ; expression 2 opt ; expression 3 opt) instruction

Cette instruction équivaut à
expression 1 ;
`while` (expression 2) {
instruction
expression 3 ;
}
Ainsi la première expression précise l'initialisation de la boucle ; la seconde indique un test qui se fait avant chaque itération, de telle façon qu'on sorte de la boucle quand l'expression devient nulle ; la troisième expression représente souvent l'incrémentation qui est réalisée à chaque itération.

N'importe laquelle et même toutes ces expressions peuvent être omises. Une expression ne comprenant pas d'expression 2 équivaudrait à avoir un `while(1)`; dans ce livre, on n'a pas utilisé cette instruction avec d'autres expressions manquantes.

9.7 L'instruction Switch.

L'instruction `switch` force le programme à exécuter une instruction parmi plusieurs selon la valeur d'une expression. Elle a la forme :

`switch (expression)` `instruction`

On réalise les conversions arithmétiques usuelles sur l'expression, mais le résultat doit être de type `int`. L'instruction est généralement composée. Chaque instruction intérieure à l'instruction composée peut recevoir une étiquette constituée par un ou plusieurs préfixes de type `case` comme ci-dessous :

`case expression constante :`

où l'expression constante doit être de type `int`. Deux constantes `case` appartenant à la même instruction `switch` ne peuvent avoir la même valeur. Les expressions constantes sont définies plus précisément au paragraphe 15.

Il peut y avoir également un préfixe d'instruction de la forme :

`default :`

Quand on exécute l'instruction `switch`, on évalue son expression et on la compare avec chaque « `case` ». Si l'une de ces constantes égale la valeur de l'expression, on exécute l'instruction qui suit le préfixe correspondant à cette constante. Si aucune des constantes n'égale la valeur de l'expression et s'il existe un préfixe `default`, on exécute l'instruction correspondante. Enfin si aucune des constantes ne convient et s'il n'y a pas de `default`, alors aucune instruction du `switch` n'est exécutée.

Les préfixes `case` et `default` par eux-mêmes ne modifient en rien l'ordre d'exécution du programme qui continue sans avoir été entravé par de tels préfixes. Pour sortir du `switch`, voir l'instruction `break` au paragraphe 9.8.

En général, l'instruction que l'on trouve dans un `switch` est une instruction composée. Des déclarations peuvent apparaître en tête de cette instruction, mais les initialisations des variables automatiques ou de type `register` restent sans effet.

9.8 L'instruction Break.

L'instruction `break ;`

provoque la fin de l'instruction `while`, `do`, `for` ou `switch` dans laquelle elle se trouve ou qui soit la plus proche ; on exécute alors l'instruction qui suit l'instruction que l'on vient de quitter.

9.9 L'instruction Continue.

L'instruction `continue ;`

évite l'exécution du corps de la boucle de l'instruction `while`, `do` ou `for` dans laquelle elle se trouve ; c'est-à-dire que l'on vient se positionner à la fin de la boucle. Plus précisément, dans chacune des instructions suivantes :

```
while (...) {        do {              for (...) {
  ...                  ...               ...
contin: ;            contin: ;         contin: ;
}                    } while (...);    }
```

un `continue` équivaut à un `goto contin`. Derrière le `contin:` , il y a une instruction nulle, voir § 9.13).

9.10 L'instruction `Return`.

Une fonction transmet son résultat au programme appelant à l'aide de l'instruction `return` qui a l'une des formes suivantes :

```
return ;
return expression ;
```

Dans le premier cas, la valeur transmise est indéfinie. Dans le second cas, c'est la valeur de l'expression qui est renvoyée au programme appelant. Si nécessaire, l'expression est convertie, comme pour une affectation, dans le type de la fonction dans laquelle elle se situe. Quitter la fin d'une fonction équivaut à un `return` sans valeur à transmettre.

9.11 L'instruction `Goto`.

On peut effectuer un branchement inconditionnel à l'aide de l'instruction :

```
goto identificateur ;
```

L'identificateur doit être une étiquette appartenant à la fonction dans laquelle on se trouve. (Voir le paragraphe 9.12).

9.12 L'instruction précédée d'une étiquette.

N'importe quelle instruction peut être précédée par des étiquettes de la forme

```
identificateur :
```

qui servent à déclarer l'identificateur comme une étiquette. La seule utilité d'une étiquette est de servir de repère dans un `goto` . Une étiquette reste valable à l'intérieur d'une fonction, à l'exclusion de sous-blocs dans lesquels on a redéclaré le même identificateur. Voir § 11.

9.13 L'instruction nulle.

L'instruction nulle a la forme

```
;
```

Une instruction nulle est utile pour servir à positionner une étiquette juste avant le } d'une instruction composée ou pour munir une boucle comme un `while` , d'un corps nul (c'est-à-dire sans instructions exécutables).

10. LES DÉFINITIONS EXTERNES.

Un programme en langage C comprend une suite de définitions externes. Une définition externe déclare qu'un identificateur a une classe de mémorisation de type `extern` (par défaut) ou peut être `static`, ainsi qu'un type précis. L'indicateur de type (voir § 8.2) peut aussi être vide, dans ce cas, on considère que l'on a affaire à un `int`. Les définitions externes restent valables jusqu'à la fin du fichier dans lequel elles ont été déclarées, tout comme les déclarations sont valables jusqu'à la fin d'un bloc. La syntaxe des définitions externes est la même que celle de toutes les déclarations, sauf qu'à ce niveau seulement on peut donner le code pour des fonctions.

10.1 Les définitions externes des fonctions.

Les définitions des fonctions ont la forme
définition-de-fonction :
        indicateur-de-déclarations opt   declar-fonction   corps-fonction
Les seuls indicateurs-classe-mémorisation autorisés parmi les indicateurs-de-déclarations sont `extern` ou `static` ; voir le § 11.2 pour la distinction entre les deux. Un decl-fonction est identique à un elt-déclarable représentant «une fonction transmettant ...», sauf qu'il dresse la liste des paramètres formels de la fonction à définir.
decl-fonction :
        elt-déclarable   (liste-de-paramètres opt)
liste-de-paramètres :
        identificateur
        identificateur , liste-de-paramètres
Le corps-fonction a la forme
corps-fonction :
        liste-de-déclarations   instruction-composée

Les identificateurs dans la liste de paramètres, et seulement ces identificateurs, peuvent être déclarés dans la liste de déclarations. Tous les identificateurs dont le type n'est pas donné sont considérés comme des `int`. La seule classe de mémorisation pouvant être précisée est `register`. Si elle est précisée, le paramètre réel correspondant sera recopié, si possible, dans un registre au début de la fonction.

Un exemple simple d'une définition complète de fonction est :

```
int max(a, b, c)
int a, b, c;
{
    int m;

    m = (a > b) ? a : b;
    return((m > c) ? m : c);
}
```

Ici `int` est l'indicateur-de-type ; `max(a, b, c)` est le decl-fonction ;`int a, b, c;` est la liste-de-déclaration des paramètres formels ; `{ ... }` est le bloc donnant le code pour l'instruction.

Le langage C convertit tous les paramètres réels du type `float` en `double`, aussi les paramètres formels déclarés de type `float` ont-ils leur déclaration réglée pour lire `double`. Donc, puisque, dans n'importe quel contexte (en particulier, en tant que paramètre réel), une référence à un tableau est considérée comme l'équivalent d'une variable pointant sur le premier élément du tableau, les déclarations des paramètres formels de type «tableau de ...» sont réajustées pour qu'on lise «pointeurs sur ...». Enfin, puisqu'on ne peut transmettre à une fonction ni structure, ni union, ni fonction, il est inutile de déclarer un paramètre formel comme étant une structure, une union ou une fonction. (Bien sûr, il est permis d'employer des variables pointant sur de tels éléments).

10.2 Définitions de données externes.

Une définition de donnée externe est de la forme
    définition-de-donnée :
        déclaration

La classe de mémorisation d'une telle donnée peut être de type `extern` (par défaut) ou `static`, mais ni `auto`, ni `register`.

11. LES REGLES D'ESPACE DE VALIDITÉ.

Un programme en langage C n'a pas besoin d'être compilé entièrement d'une seule traite : le texte source du programme peut être conservé dans plusieurs fichiers et des sous-programmes précompilés peuvent être chargés directement à partir de la bibliothèque. Les relations entre les fonctions d'un programme peuvent se faire à la fois au moyen d'appels explicites et par la manipulation de données externes.

Par conséquent, il existe deux sortes d'espaces à considérer : premièrement, ce qu'on peut appeler l'espace sémantique de validité d'un identificateur qui comprend essentiellement la région du programme où on ne peut l'utiliser sans craindre des diagnostics du genre «identificateur inconnu» ; deuxièmement, l'espace de validité associé aux identificateurs externes qui se caractérise par la règle suivante : les références à un même identificateur externe sont des références à un même objet.

11.1 L'espace sémantique de validité.

L'espace sémantique de validité des identificateurs qui ont été déclarés par des définitions externes s'étend de la définition à la fin du fichier source dans lequel ils apparaissent. L'espace sémantique de validité des identificateurs qui constituent des paramètres formels s'étend sur toute la fonction à laquelle ils sont associés. Dans le cas d'identificateurs déclarés en tête de blocs, les déclarations restent valables jusqu'à la fin du bloc. L'espace sémantique de validité des étiquettes est la fonction toute entière dans laquelle elles apparaissent.

Puisque toutes les références à un même identificateur concernent le même objet (voir § 11.2), le compilateur vérifie toutes les déclarations du même identificateur externe pour tester leur compatibilité ; en effet leur espace de validité est étendu à l'ensemble du fichier qui les contient.

Toutefois, dans tous les cas, si un identificateur est déclaré de façon explicite au début d'un bloc, y compris les blocs représentant des fonctions, toute déclaration de cet identificateur qui serait faite à l'extérieur du bloc serait annulée tant qu'on n'ait pas atteint la fin de ce bloc.

Souvenez-vous également (voir § 8.5) que les identificateurs associés à des variables ordinaires et ceux associés à des membres et à des étiquettes de structures ou d'unions forment deux classes disjointes qui ne peuvent entrer en conflit. Les membres et les étiquettes suivent les mêmes règles d'espace de validité que les identificateurs. Les noms `typedef` appartiennent à la même classe que les identificateurs courants. Ils peuvent être déclarés dans des blocs internes au programme, mais on peut leur donner alors un type explicite.

```
typedef float distance;
...
{
      auto int distance;
   ...
```

Le mot clé `int` doit être présent dans la seconde déclaration, sinon on croirait avoir une déclaration sans élément déclarable et de type `distance`.*

11.2 Les espaces de validité des éléments externes.

Si une fonction fait allusion à un identificateur déclaré `extern`, alors une définition externe de cet identificateur doit exister quelque part dans les fichiers ou les bibliothèques qui constituent le programme. Toutes les fonctions d'un programme donné qui utilisent un même identificateur externe se réfèrent toujours au même objet, aussi il faut vérifier soigneusement que le type et la taille indiquée dans la définition sont compatibles avec ceux précisés par chaque fonction faisant allusion à cette donnée.

L'apparition du mot clé `extern` dans une définition externe indique que l'espace mémoire correspondant aux identificateurs qui viennent d'être déclarés sera réservé dans un autre fichier. Ainsi, dans un programme écrit sur plusieurs fichiers, une définition externe d'une donnée ne comprenant pas l'indicateur `extern` ne se trouve que dans un seul fichier. Tous les autres fichiers qui désirent avoir une définition externe de cet identificateur doivent mentionner le terme `extern` dans la définition. L'identificateur ne peut être initialisé que dans la

---

* Il est vrai qu'on a affaire à un sujet délicat.

déclaration qui réserve en même temps l'espace mémoire correspondant.

Les identificateurs déclarés   static   au plus haut niveau dans les définitions externes ne sont pas utilisables dans d'autres fichiers. On peut déclarer des fonctions comme étant static.

12. LES LIGNES DE COMMANDE DU COMPILATEUR.

Le compilateur C contient un préprocesseur capable de réaliser des macro-substitutions, une compilation conditionnelle, ainsi que d'inclure des fichiers nommés. Les lignes débutant par # communiquent avec le préprocesseur. Ces lignes ont une syntaxe indépendante du reste du langage ; elles peuvent se situer partout et leur effet dure (indépendemment des espaces de validité) jusqu'à la fin du fichier source.

12.1 Remplacement d'un élément.

Une ligne de commande du compilateur, de la forme
#define identificateur chaîne-élément
(remarque : pas de point virgule à la fin) oblige le compilateur à remplacer les apparitions ultérieures de l'identificateur par la chaîne donnée d'éléments. Une ligne de la forme
#define identificateur (identificateur,...,identificateur) chaîne-élément
dans laquelle aucun espace ne sépare le premier identificateur et le (, constitue une macrodéfinition avec des arguments. Les apparitions ultérieures du premier identificateur suivi d'un (, puis d'une suite d'éléments séparés par des virgules et enfin d'un) seront remplacés par la chaîne d'éléments. Chaque apparition d'un identificateur qui a été cité dans la liste des paramètres formels de la définition est remplacée par la chaîne d'éléments correspondante provenant de l'appel. Les arguments réels dans l'appel sont des chaînes d'éléments séparés par des virgules ; toutefois, des virgules dans des chaînes entre guillemets ou à l'intérieur de parenthèses ne servent pas à séparer des arguments. Le nombre de paramètres formels et celui des paramètres réels doivent être identiques. Un texte à l'intérieur d'une chaîne ou d'une constante de caractère ne peut être remplacé.

Dans les deux formes présentées ci-dessus, la chaîne de remplacement peut être utilisée pour plusieurs identificateurs définis. Dans les deux cas, lors d'une très longue déclaration, on peut continuer à écrire sur la ligne suivante en terminant la première ligne par un \.
Cette facilité est précieuse pour définir des «constantes manifestes» comme dans

```
#define TABSIZE 100
int table[TABSIZE];
```

Une ligne de commande de la forme
#undef identificateur
permet de détruire la définition de l'identificateur faite par le préprocesseur.

12.2 L'inclusion des fichiers.

Une ligne de commande du compilateur de la forme

`#include «nom du fichier»`

permet de remplacer cette ligne par le contenu complet du fichier «nom du fichier». Le fichier nommé est d'abord recherché dans l'annuaire du fichier source original puis dans une série d'endroits normalisés. Par contre, la ligne de la forme

`#include < nom du fichier >`

n'effectue la recherche du fichier que dans les endroits standards et non pas dans l'annuaire du fichier source.

On peut emboîter des `#include`.

12.3 La compilation conditionnelle.

Une ligne de commande du compilateur de la forme

`#if` expression-constante

vérifie que l'expression constante (voir § 15) est non nulle. Une ligne de commande de la forme

`#ifdef` identificateur

vérifie que l'identificateur est défini dans le préprocesseur ; c'est-à-dire s'il a été défini par une ligne de commande `#define` . Une ligne de commande de la forme

`#ifndef` identificateur

vérifie que l'identificateur n'a pas été défini dans le préprocesseur.

Ces trois lignes différentes peuvent être suivies d'un nombre arbitraire de lignes pouvant comprendre une ligne de commande.

`#else`

ainsi qu'une ligne de commande

`#endif`

Si la condition testée est vraie, on ignore toutes les lignes comprises entre `#else` et `#endif`

Si la condition est fausse, on ignore toutes les lignes comprises entre le test et le `#else`, ou si celui-ci n'existe pas, entre le test et le `#endif` . On peut emboîter toutes ces instructions.

12.4 La gestion des lignes.

Au profit d'autres préprocesseurs qui engendrent des programmes écrits en langage C, une ligne de la forme

`#line` constante-identificateur

indique au compilateur, pour des questions de diagnostics d'erreur, que le numéro de ligne de la ligne source suivante est donné par la constante et que le nom du fichier dans lequel on se trouve est précisé par l'identificateur. Si ce dernier est absent, le nom du fichier n'a pas changé.

13. LES DÉCLARATIONS IMPLICITES.

Il n'est pas toujours nécessaire de préciser la classe de mémorisation et le type des identificateurs dans une déclaration. La classe de mémorisation est indiquée par le contexte dans les définitions externes et dans les déclarations des paramètres formels et des membres de structures. Dans une déclaration à l'intérieur d'une fonction, si on donne la classe de mémorisation et pas le type, l'identificateur est supposé être `int` ; si le type est précisé et pas la classe de mémorisation l'identificateur est censé être `auto`. Il y a une exception à cette règle pour les fonctions, puisque des fonctions `auto` n'ont pas de sens. (Le langage C étant incapable de compiler un code à l'intérieur de la pile) ; si le type d'un identificateur est «fonction transmettant ...», il est implicitement déclaré `extern`.

Dans une expression, un identificateur suivi par `(` et n'ayant pas déjà été déclaré représente une «fonction qui transmet un résultat de type int».

14. LES TYPES.

Ce paragraphe résume les opérations pouvant être réalisées sur des objets de certains types.

14.1 Les structures et les unions.

Avec une structure ou une union, on ne peut faire que deux choses : nommer un de ses membres (à l'aide de l'opérateur `.`) ou calculer son adresse (avec l'opérateur unaire `&`). D'autres opérations comme une affectation ou le fait de le transmettre en tant que paramètre, conduisent à des messages d'erreur. Dans le futur, on pense parvenir à autoriser de telles opérations.

Le paragraphe 7.1 dit que, dans une référence directe ou indirecte à une structure (avec `.` ou `->`) le nom qui apparaît à droite de l'opérateur représente un membre de la structure nommée ou pointée par l'expression située à gauche. Pour permettre d'échapper aux règles de dactylographie, le compilateur n'applique pas à la lettre cette loi. En fait, on autorise toute «lvalue» avant `.`, et cette «lvalue» est alors supposée avoir la forme de la structure dont le nom à droite du `.` représente un membre. De même, l'expression précédant un `->` doit être un pointeur ou un entier. Si c'est un pointeur, l'expression est supposée pointer sur une structure dont le nom de l'un des membres se situe à la droite de l'opérateur. Si c'est un entier, elle représente l'adresse absolue, en unités de mémoire de la machine, de la structure correspondante.

De telles constructions ne sont pas portables.

14.2 Les fonctions.

Avec une fonction, on peut réaliser deux choses : l'appeler, ou rechercher son adresse. Si le nom d'une fonction intervient dans une expression, à un endroit autre que celui d'un nom de fonction lors d'un appel à cette fonction, on engendre alors une variable qui pointe sur cette fonction. Ainsi, pour transmettre une fonction à une autre, on peut écrire :

```
int f();
...
g(f);
```

Alors, on a la définition suivante de `g`

```
g(funcp)
int (*funcp)();
{
      ...
      (*funcp)();
      ...
}
```

Remarquez que `f` doit être déclarée explicitement dans le programme appelant puisque son apparition dans `g(f)` n'est pas suivie d'un `(`.

14.3 Les tableaux, les pointeurs et les indices.

Chaque fois qu'un identificateur d'un type de tableau apparaît dans une expression, il est converti en une variable pointant sur le premier membre du tableau. A cause de cette conversion, les tableaux ne sont pas des «lvalues». Par définition, l'opérateur d'indiçage `[]` est interprété de telle façon que : `E1[E2]` soit identique à `*((E1)+(E2))`. En raison des lois de conversion qui s'appliquent à +, si `E1` est un tableau et `E2` un entier, alors `E1[E2]` représente le `E2` ième élément du tableau `E1`. En conséquence, malgré l'apparente dissymétrie, l'indiçage est une opération commutative.

Il existe une règle logique dans le cas des tableaux à plusieurs dimensions. Si `E` est un tableau à n dimensions de la forme i x j x ... x k, lorsque `E` intervient dans une expression, il est transformé en une variable qui pointe sur un tableau à (n−1) dimensions de la forme j x ... x k. Si on applique l'opérateur * à ce pointeur, soit explicitement, soit implicitement en tant que résultat d'un indiçage, on obtient un tableau à (n−1) dimensions qui est lui-même converti en un pointeur.

Par exemple, considérons

```
int x[3][5];
```

Ici x est un tableau 3 × 5 d'entiers. Quand `x` apparaît dans une expression, il est converti en une variable pointant sur le premier des trois tableaux d'entiers à 5 éléments. Dans l'expression `x[i]`, équivalente à `*(x + i)`, x est d'abord transformé en un pointeur comme ci-dessus, puis `i` est converti dans le type de `x`, ce qui permet de multiplier `i` par la longueur de l'objet sur lequel pointe le pointeur, à savoir cinq objets entiers. Les résultats sont additionnés et on utilise l'adressage indirect pour donner naissance à un tableau (de 5 entiers) qui est à son tour transformé en une variable pointant sur le premier des entiers. S'il y a un autre indice, on recommence le procédé ; cette fois le résultat est un entier.

On déduit de tout cela que les tableaux en langage C sont mémorisés suivant les lignes (les derniers indices varient le plus vite) et que le premier indice dans la déclaration contribue à déterminer l'espace mémoire utilisé par un tableau, mais ne joue aucun autre rôle dans les calculs d'indices.

14.4 Les conversions explicites de pointeurs.

Certaines conversions sur des pointeurs sont autorisées mais présentent des aspects qui dépendent de la mise en œuvre. Elles sont toutes indiquées au moyen d'un opérateur explicite de conversion de type, voir § 7.2 et § 8.7.

Un pointeur peut être converti en n'importe quel type «entier» assez grand pour le contenir. Savoir si on a besoin d'un int ou d'un long dépend, en fait, de la machine. La fonction qui établit l'implantation en mémoire dépend également de la machine mais ne doit pas surprendre ceux qui connaissent la structure de l'adressage de la machine. Des détails sur des machines particulières seront donnés ci-dessous.

Un objet de type «entier» peut être converti explicitement en pointeur. Le tableau de correspondance fait qu'un entier obtenu à partir d'un pointeur est reconverti en ce même pointeur mais cela dépend par ailleurs de la machine.

Une variable pointant sur un type peut être transformée en une variable pointant sur un autre type. Le résultat peut provoquer des exceptions dans l'adressage si le pointeur ne se réfère pas à un objet convenablement aligné en mémoire. Il est sûr qu'une variable pointant sur un objet de taille donnée peut être convertie en une variable pointant sur un objet de plus petite taille, si cette dernière variable est à son tour convertie, on retrouve la première sans aucune modification.

Par exemple, un programme qui réserve de la mémoire peut accepter une taille (en bits) d'un objet à mettre en mémoire et renvoyer un pointeur de type char ; il pourrait être utilisé de cette manière.

```
extern char *alloc();
double *dp;

dp = (double *) alloc(sizeof(double));
*dp = 22.0 / 7.0;
```

alloc doit s'assurer (d'une manière qui dépend de la machine) que la valeur transmise par la fonction est appropriée pour la conversion du pointeur en double; dans ce cas, l'utilisation de la fonction est portable.

Sur le PDP11, la représentation du pointeur correspond à un entier sur 16 bits et se mesure en bytes. Il n'y a pas de cadrage obligatoire pour les éléments de type char, tout le reste doit avoir une adresse paire.

Sur le système Honeywell 6000, un pointeur correspond à entier sur 32 bits ; la partie correspondant au mot comprend les 18 bits de gauche et on trouve juste à leur droite les 2 bits qui sélectionnent un caractère dans le mot. Ainsi, les pointeurs de type char sont mesurés en unités qui valent 2^{16} bytes, le reste est mesuré en unités de 2^{18} mots machines. Les quantités du type double et les ensembles les contenant doivent se trouver à une adresse de mot paire (0 modulo 2^{19}).

Les systèmes IBM 370 et Interdata 8/32 sont identiques. Sur les deux, les adresses sont mesurées en bytes ; les objets élémentaires sont cadrés sur une limite égale à leur longueur, aussi les variables pointant sur des éléments de type `short` doivent avoir leur adresse égale à 0 modulo 2, sur des éléments de type `int` et `float`, à 0 modulo 4 et sur `double`, à 0 modulo 8. Les ensembles sont cadrés sur la limite correspondant à l'élément qui impose le plus de restrictions.

15. LES EXPRESSIONS CONSTANTES.

Dans plusieurs cas, le langage C a besoin d'expressions représentant des constantes : après le mot clé, `case`, pour dimensionner des tableaux et en tant qu'initialisateurs. Dans les deux premiers cas, l'expression peut utiliser des constantes entières, des constantes de caractères et des expressions `sizeof` pouvant être liées soit par des opérateurs binaires :

    + - * / % & | ^ << >> == != < > <= >=

soit par des opérateurs unaires :

    - ~

soit par l'opérateur ternaire :

    ? :

On peut utiliser des parenthèses pour le groupage, mais pas pour faire l'appel à des fonctions.

On a une plus grande liberté d'action pour les initialisateurs ; à côté des expressions constantes évoquées ci-dessus, on peut appliquer également l'opérateur unaire & à des éléments externes ou statiques, ou à des tableaux externes ou statiques indicés par une expression constante. L'opérateur unaire & peut aussi être employé implicitement dans des tableaux non indicés et dans des fonctions. La règle fondamentale est que les initialisateurs donnent la valeur soit d'une constante, soit de l'adresse d'un objet qui a été déclaré précédemment externe ou statique, plus ou moins une constante.

16. LES CONSIDÉRATIONS DE PORTABILITÉ.

Certaines parties du langage C dépendent naturellement de la machine. La liste suivante des difficultés potentielles ne prétend pas être complète mais veut seulement énumérer les principales.

Les servitudes dues à la structure matérielle telles que la taille des mots et les propriétés du calcul en virgule flottante et de la division entière ont prouvé, en pratique, qu'elles ne posaient pas de problèmes. On voit d'autres facettes de la structure matérielle dans les différentes mises en œuvre. Certaines d'entre elles, telles que l'extension de signe (conversion d'un caractère négatif en entier négatif) ainsi que l'ordre dans lequel on place les bytes dans un mot, provoquent des désagréments qu'il faut soigneusement étudier. Le reste ne concerne que des problèmes mineurs.

Le nombre de variables de type `register` pouvant être réellement logées dans des registres varie d'une machine à l'autre, tout comme l'ensemble des types corrects. Néanmoins, les compilateurs réagissent convenablement en fonction de la machine ; ils ignorent les déclarations `register` excessives ou incorrectes.

Certaines difficultés n'apparaissent que lorsqu'on utilise des pratiques de cadrage douteuses. Il est très imprudent d'écrire des programmes qui dépendent de telle méthodes.

L'ordre d'évaluation des arguments des fonctions n'est pas précisé par le langage. Sur le PDP11, il est de droite à gauche, tandis qu'il est de gauche à droite sur d'autres machines. De même, l'ordre dans lequel se produisent les «effets à rebonds» n'est pas indiqué.

Puisque les constantes de caractères sont vraiment de type `int`, on peut construire des constantes de caractères comprenant plusieurs caractères. Toutefois, la mise en œuvre spécifique dépend beaucoup de la machine, en effet, l'ordre d'affectation des caractères dans un mot varie d'une machine à l'autre.

Les champs sont affectés à des mots et les caractères, à des entiers, de droite à gauche sur le PDP11 et de gauche à droite sur d'autres machines. Ces différences ne se voient pas sur des programmes isolés qui ne s'amusent pas à jouer avec les types (par exemple, en transformant un pointeur de type `int`, en pointeur de type `char` et en inspectant la place mémoire désignée), mais il faut en tenir compte lorsqu'on se conforme à des implantations en mémoire imposées par l'environnement. Les langages compris pas chaque compilateur ne diffèrent les uns des autres que par quelques légers détails. Plus particulièrement, le compilateur utilisé sur le PDP11 n'initialise pas de structures contenant des champs et n'accepte pas certains opérateurs d'affectation dans les cas où on utilise la valeur de l'affectation.

17 . LES ANACHRONISMES.

Puisque le langage C est un langage en évolution, on peut rencontrer certaines constructions désuettes dans de vieux programmes. Bien que la plupart des compilateurs acceptent de tels anachronismes, ceux-ci vont disparaître en fin de compte, ne laissant derrière eux qu'un problème de portabilité.

Certaines versions précédentes du langage C employaient la forme `= op` au lieu de `op =` pour les opérateurs d'affectation. Cela conduisait à des ambiguïtés du type : `x = - 1` qui décrémentait `x` puisque le signe `=` était adjacent au `-`, mais qui aurait pu facilement laisser croire qu'on affectait `- 1` à `x`.

La syntaxe des initialisateurs a changé : il n'existait pas auparavant de signe `=` introduisant l'initialisateur, on écrivait donc :

```
int  x    1;
```

au lieu de

```
int  x    = 1;
```

On a modifié cette écriture car l'initialisation

```
int  f    (1+2)
```

ressemblait trop à une déclaration et pouvait poser des problèmes de compilation.

18 . RÉSUMÉ DE LA SYNTAXE.

Ce résumé de la syntaxe a été fait dans le but d'aider à la compréhension plutôt que de représenter un relevé exact de tout le langage.

18.1 Les expressions.

Voici les expressions fondamentales :
expression :
         primaire
         * expression
         & expression
         - expression
         ! expression
         ~ expression
         ++lvalue
         --lvalue
         lvalue++
         lvalue--
    sizeof   expression
    (nom-type) expression
    expression opérat-bin expression
    expression?expression : expression
    lvalue opérat-affect expression
    expression , expression

primaire :
        identificateur
        constante
        chaîne
        (expression)
        primaire (liste-expressions opt)
        primaire [expression]
        lvalue . identificateur
        primaire->identificateur

lvalue :
        identificateur
        primaire [expression]
        lvalue. identificateur
        primaire->identificateur
        * expression
        (lvalue)

Les opérateurs travaillant sur des expressions primaires

```
() [] . ->
```
sont les plus prioritaires et effectuent les groupements de gauche à droite. Les opérateurs unaires
```
* & - ! ~ ++ -- sizeof (nom-type)
```
sont moins prioritaires que les opérateurs primaires, mais plus que tout opérateur binaire ; ils effectuent des groupements de droite à gauche. Les opérateurs binaires et l'opérateur conditionnel effectuent les opérations de gauche à droite et sont rangés ci-dessous par ordre de priorité décroissante :

opérat-bin :
```
*    /    %
+    -
>>   <<
<    >    <=    >=
==   !=
&
^
|
&&
||
?:
```
Les opérateurs d'affectation ont tous la même priorité et affectent le membre de droite à celui de gauche.

opérat-affec :
```
=  +=  -=  *=  /=  %=  >>=  <<=  &=  ^=  |=
```
L'opérateur virgule est le moins prioritaire de tous, il effectue les groupements de gauche à droite.

18.2 Les déclarations.

déclaration :
  indicateur-de-déclaration liste-decl-init opt ;
indicateur-de-déclaration :
  indicateur-de-type   indicateur-de-déclaration opt
  indicateur-classe-mémorisation   indicateur-de-déclaration opt
indicateur-classe-mémorisation :
```
auto
static
extern
register
typedef
```

indicateur-de-type :
      `char`
      `short`
      `int`
      `long`
      `unsigned`
      `float`
      `double`
      indicateur-de-structure-ou-d'union
      nom-typedef

list-decl-init :
      elt-déclarable-init
      elt-déclarable-init , list-decl-init
elt-declarable-init :
      elt-déclarable   initialisateur opt

elt-déclarable :
      identificateur
      (elt-déclarable)
      *elt-déclarable
      elt-déclarable()
      elt-déclarable [expression-constante opt]
   indicateur-de-structure-ou-d'union :
`struct` (list-decl-struct)
`struct` identificateur (liste-decl-struct)
`struct` identificateur
`union` (liste-decl-struct)
`union` identificateur (liste-decl-struct)
`union` identificateur
   liste-decl-struct :
                  déclaration-struct
                  déclaration-struct   liste-decl-struct
   déclaration-struct :
                  indicateur-de-type   liste-mem-struct ;
   liste-mem-struct :
                  mem-struct
                  mem-struct , liste-mem-struct
   mem-struct :
                  elt-déclarable
                  elt-déclarable : expression-constante
                  : expression-constante
   initialisateur :
                  = expression
                  = (liste-initialisateur)
                  = (liste-initialisateur ,)

liste-initialisateur :
        expression
        liste-initialisateur , liste-initialisateur
        (liste-initialisateur)

nom-de-type :
        indicateur-de-type elt-déclarable-abstrait

elt-déclarable-abstrait :
        vide
        (elt-déclarable-abstrait)
        * elt déclarable-abstrait
        elt-déclarable-abstrait ()
        elt-déclarable-abstrait [expression constante opt]

nom-typedef :
        identificateur

18.3 Les instructions.

instruction-composée :
        (liste-de-déclaration opt liste-d'instruction opt)

liste-de-déclaration :
        déclaration
        déclaration liste-de-déclaration

liste d'instruction :
        instruction
        instruction liste-d'instruction

instruction :
        instruction-composée
        expression ;
        `if` (expression) instruction
        `if` (expression) instruction `else` instruction
        `while` (expression) instruction
        `do` instruction `while` (expression) ;
        `for`(expression - 1 opt ; expression - 2 opt; expression-3 opt)
                        instruction
        `switch` (expression) instruction
        `case` expression-constante : instruction
        `default` : instruction
        `break` ;
        `continue` ;
        `return` ;
        `return` expression ;
        `goto` identificateur ;
        identificateur : instruction
        ;

18.4 Définitions externes.

programme :
>> définition-externe
>> définition-externe programme

définition-externe :
>> définition-fonction
>> définition-donnée

définition-fonction :
>> indicateur-de-type opt   elt-déclarable-fonction corps-fonction

elt-déclarable-fonction :
>> elt déclarable (liste-de-paramètre opt)

liste-de-paramètre :
>> identificateur
>> identificateur, liste-de-paramètre

corps-fonction :
>> liste-decl-type   instruction-fonction

instruction-fonction :
>> (liste-de-déclaration opt liste-d'instruction)

définition-donnée :
>> `extern` opt   indicateur-de-type opt   liste-decl-init opt ;
>> `static` opt   indicateur-de-type opt   liste-decl-init opt ;

18.5 Le préprocesseur.

```
#define  identificateur chaîne-élément
#define  identificateur ( identificateur , ... , identificateur )
#undef   identificateur
#include «nom de fichier»
#if      expression-constante
#ifdef   identificateur
#ifndef  identificateur
#else
#endif
#line    constante identificateur
#include < nom de fichier >
```

Index